Donna Partow

Gott will mich
Ein Kurs für Frauen, die im Glauben wachsen wollen

Donna Partow

Gott will mich

Ein Kurs für Frauen,
die im Glauben wachsen wollen

Christliche Verlagsgesellschaft mbH

Er selbst aber, der Gott des Friedens, heilige euch völlig;
und vollständig möge euer Geist und Seele und Leib
untadelig bewahrt werden
bei der Ankunft unseres Herrn Jesus Christus.
Treu ist, der euch beruft;
er wird es auch tun.

1. Thessalonicher 5,23-24

Partow, Donna:
Gott will mich
Ein Kurs für Frauen, die im Glauben wachsen wollen

ISBN 3-89436-285-5

2. Auflage

© Copyright 1996, Donna Partow
Originally published in English under the title:
Becoming a Vessel that God can use
Published by Bethany House Publishers,
11400 Hampshire, Minneapolis MN 55438, USA
All Rights reserved. Translated into German by permission.

© Copyright 2001 der deutschen Ausgabe:
Christliche Verlagsgesellschaft, Dillenburg
Übersetzung: Irmgard Grunwald, Pulheim
Satz: Enns Schrift & Bild, Bielefeld
Umschlaggestaltung: Werbestudio 71a, Wuppertal
Druck: Ebner & Spiegel, Ulm

Printed in Germany

Inhalt

ERSTE WOCHE: VERSTEHEN

Erster Tag: Muss ich vollkommen sein?	8
Zweiter Tag: Wo ist denn mein Platz?	12
Dritter Tag: Du bist gemeint, Gideon!	18
Vierter Tag: Scheinbar aussichtslose Bewerber	22
Fünfter Tag: Unvollkommene bitte vortreten!	27

ZWEITE WOCHE: ABHÄNGIGKEIT

Erster Tag: Gottvertrauen	32
Zweiter Tag: Was ist an Rahab so Besonderes?	36
Dritter Tag: Rahab hatte völliges Gottvertrauen	39
Vierter Tag: Sie können mit Gott rechnen; Er wird Sie nie hinauswerfen	44
Fünfter Tag: Gott kann Sie gebrauchen, egal wie Ihre Vergangenheit aussieht	48

DRITTE WOCHE: WISSEN

Erster Tag: Die Hoheit unseres Gottes	56
Zweiter Tag: Gott benötigt uns nicht	60
Dritter Tag: Die Sehnsucht unseres Gottes	64
Vierter Tag: Gott offenbart sich durch sein Wort	67
Fünfter Tag: Bewahren Sie Gottes Wort in Ihrem Herzen!	72

VIERTE WOCHE: SELBSTANNAHME

Erster Tag: Sie sind ein Tongefäß	80
Zweiter Tag: Hadern Sie mit Ihrem Schöpfer?	83
Dritter Tag: Sie sind ein neuer Mensch geworden	88
Vierter Tag: Gott wird Sie ganz umkrempeln	92
Fünfter Tag: Verstehen Sie, wer Sie in Christus sind?	96

FÜNFTE WOCHE: SELBSTVERLEUGNUNG

Erster Tag: Christus, unser Vorbild	102
Zweiter Tag: Leben wie Christus	107
Dritter Tag: Den Stolz auf die Vergangenheit loslassen	112
Vierter Tag: Den Schmerz der Vergangenheit loslassen	116
Fünfter Tag: Die Hoffnungen auf die Zukunft loslassen	120

SECHSTE WOCHE: REINIGUNG

Erster Tag: Die Putzkolonne: Gottes Leute 126
Zweiter Tag: Die Putzlappen: Gebet und Nachdenken 131
Dritter Tag: Der Reinigungsprozess: Prüfungen 135
Vierter Tag: Die reinigende Kraft der Stille 140
Fünfter Tag: Die reinigende Wirkung geistlicher Züchtigung 145

SIEBTE WOCHE: AUFTANKEN

Erster Tag: Erfüllt mit lebendigem Wasser 150
Zweiter Tag: Erfüllt mit Liebe und Freude 155
Dritter Tag: Erfüllt mit Frieden, Geduld,
Freundlichkeit und Güte 160
Vierter Tag: Erfüllt mit Treue, Sanftmut und Selbstbeherrschung . 166
Fünfter Tag: Nehmen Sie sich Zeit zum Auftanken! 171

ACHTE WOCHE: AUF GOTTES STIMME ACHTEN

Erster Tag: Gott spricht zu seinem Volk 178
Zweiter Tag: Gott spricht durch einen Esel 183
Dritter Tag: Gott spricht durch sein Wort 187
Vierter Tag: Gott spricht durch sein Wort durch uns 190
Fünfter Tag: Gott spricht zu uns, wenn wir beten 194

NEUNTE WOCHE: DIENEN

Erster Tag: Gehen Sie mit Gott! 200
Zweiter Tag: Die grobe Richtung 204
Dritter Tag: Zum Handeln bereit 209
Vierter Tag: Greifen Sie Gott nicht vor! 213
Fünfter Tag: Seien Sie auf Überraschungen gefasst! 217

ZEHNTE WOCHE: FREUDE ERFAHREN

Erster Tag: Woher kommt die Freude? 222
Zweiter Tag: Die Freude am Dienst und die Gefahr
zerschlagener Hoffnungen 227
Dritter Tag: Die Freude am Dienst (zweiter Teil) 232
Vierter Tag: In Christus bleiben 237
Fünfter Tag: Die Freude, die vor uns liegt 241
Anmerkungen für Gruppenleiterinnen 245

Erste Woche: Verstehen

Schwerpunkt der Woche:

Verstehen, wie und warum Gott unvollkommene Werkzeuge gebraucht

Leitvers der Woche:

*Denn meine Gedanken sind nicht eure Gedanken,
und eure Wege sind nicht meine Wege, spricht der HERR.
Denn so viel der Himmel höher ist als die Erde,
so sind meine Wege höher als eure Wege
und meine Gedanken als eure Gedanken.*

Jesaja 55,8-9

Erster Tag

Muss ich vollkommen sein?

Wenn Sie ein Buch suchen von einer Christin, die im Moment ziemlich bekannt ist, von einer idealen christlichen Ehefrau, die in mehr als zwanzig Jahren nie mit ihrem Mann gestritten hat ...

Wenn Sie Tipps bekommen möchten von einer liebevollen Mutter, die nie laut wird, die vollkommen wohlerzogene Kinder hat und die ihre Wohnung immer hygienisch sauber und fleckenlos rein hält – ich meine so eine Frau, deren hausfrauliche Fähigkeiten selbst Frau Saubermann erröten ließen ...

Wenn Sie Worte der Weisheit lesen möchten von einer Frau, deren Schrankfächer alle etikettiert sind, die nicht nur ihre eigene Garderobe selbst schneidert, sondern auch sagenhafte selbst gebastelte Geschenke für jede Gelegenheit bereithält; eine Frau, die morgens beim ersten Hahnenschrei aufsteht, fünf Kilometer joggen geht und noch rechtzeitig nach Hause kommt, um ihr Brot von Grund auf selber zu backen – und das alles, bevor ihr Mann zur Arbeit geht ...

Wenn Sie vertrauliche Ratschläge von einer Frau bekommen möchten, die überall beliebt ist und von jedem bewundert wird, der sie kennen lernt ...

Wenn Sie in die Fußstapfen einer Frau treten möchten, die seit fünfundzwanzig Jahren Hauskreise leitet und bereits vierhundert Frauen zum Herrn geführt hat ...

Dann beeilen Sie sich, zögern Sie nicht länger und legen Sie dieses Buch sofort weg! Sie müssen mich dann wohl mit irgendeiner anderen christlichen Autorin verwechselt haben!

Wenn Sie andererseits bereit sind, das Buch einer Frau zu lesen, die dafür bekannt ist, dass sie schon tausendmal alles vermasselt hat, einer Frau, deren Erfolgsquote bei höchstens 2 % liegt; wenn Sie bereit sind, Ihre Zeit mit einer Frau zu verbringen, die außerdem auch bekannt dafür ist, dass sie ihr Geschirr mehrere Tage ungespült stehen

Erste Woche: Verstehen

lässt, und die, sogar während sie diese Zeilen schreibt, ihre fünfjährige Tochter beobachtet, wie sie gerade mit Möbelpolitur die Fenster putzt, dann nehmen Sie sich eine Tasse Kaffee und setzen Sie sich. Ich glaube, wir können einiges miteinander erleben.

Durch dieses Buch lernen Sie *nicht*, wie Sie so werden können wie ich. Sie erfahren auch nichts darüber, wie ich zu weisen Erkenntnissen gekommen bin und wie ich Ihnen die „zehn todsicheren Schritte zur Super-Geistlichkeit" nahe bringen könnte. Ich schreibe dieses Buch nämlich gar nicht, weil ich mich selbst als leuchtendes Beispiel hinstellen möchte für ein Werkzeug in Gottes Hand – weit gefehlt. Ich schreibe dieses Buch, weil es ein so schwieriger und schmerzhafter Prozess war, ein Werkzeug in Gottes Hand zu werden; noch viel schwieriger und schmerzhafter, als ich es mir jemals vorgestellt hatte. Aus dieser Erfahrung heraus möchte ich anderen dienen. Ich möchte Sie trösten mit dem Trost, den ich erfahren haben.

Ich möchte, dass Sie diese fantastische Wahrheit begreifen können: Gott kann so unvollkommene Werkzeuge wie Sie und mich gebrauchen. Tatsächlich findet er oft Gefallen daran, die unwahrscheinlichsten Leute auszusuchen, um seine Ziele in dieser Welt zu erreichen. Jeder um Sie herum kann Sie für die aussichtsloseste Bewerberin halten, aber glücklicherweise arbeitet Gott selbst als seine eigene Personalabteilung. Egal, wer Sie sind, wenn Sie Ihr Leben Gott übergeben, dann können Sie ein Werkzeug in Gottes Hand werden.

Ich bitte Sie dringend, dass Sie sich während der nächsten zehn Wochen *täglich* die Zeit nehmen, sich auf Ihre Beziehung zu Ihrem himmlischen Vater zu konzentrieren. Sie werden nur ungefähr 20 bis 30 Minuten am Tag benötigen, und zwar an fünf Tagen in der Woche. Einmal in der Woche sollten Sie sich mit einer kleinen Gruppe von Frauen treffen, um die Fragen zu jeder Lektion durchzugehen, um zu beten, um einander zu ermutigen und um sich gegenseitig bei der Stange zu halten. Das Auswendiglernen des jeweiligen Wochenverses sollte einen besonderen Stellenwert besitzen. Zur Erleichterung finden Sie Karten mit Bibelversen zum Ausschneiden im Anhang. Stecken Sie diese Karten in Ihre Geldbörse und schauen Sie sie an, wenn Sie unterwegs sind. Sie können sich auch zusätzlich noch Karten machen und sie an deutlich sichtbaren Stellen aufhängen – z. B. an die Kühlschranktür oder über die Spüle oder im Badezimmer über das Waschbecken.

Gott will mich

Ich hoffe, dass diese täglichen Bibelarbeiten einen hohen Stellenwert in Ihrem Alltag bekommen. Der Hausputz kann warten; jemand anders kann in der Zwischenzeit mal Plätzchen backen; und all Ihre Lieblingssendungen im Fernsehen werden auch noch da sein, wenn dieses Buch zu Ende ist. Trotzdem kann ich mir vorstellen, dass auch hektische Zeiten kommen können; und dann kann es schwierig werden, täglich einen Abschnitt durchzuarbeiten. In solchen Fällen schlage ich vor, dass Sie sich jeweils auf den ersten Tag konzentrieren, denn hier wird das Wochenthema vorgestellt, und dann auf den fünften Tag. Hier wird noch einmal alles zusammengefasst. So, wie es Ihre Zeit zulässt, können Sie dann die übrigen Tage ergänzend durcharbeiten, um das Ganze noch besser zu verstehen. Um es noch einmal zu wiederholen: das Beste ist in jedem Fall, jeden Tag einen Abschnitt zu bearbeiten und nicht morgens vor dem wöchentlichen Gruppentreffen alles auf einmal zu pauken.

Das Durcharbeiten dieses Buches wird Sie natürlich nicht vollkommen machen, und es wird auch nicht unbedingt einfach werden, aber ich verspreche Ihnen: Sie werden zu einem tieferen Verständnis dessen gelangen, was es bedeutet, ein Werkzeug in Gottes Hand zu werden; mit allen Kosten und Mühen, mit allen Möglichkeiten und Freuden, die damit verbunden sind.

1. Müssen Sie vollkommen sein, um ein Werkzeug in Gottes Hand zu werden? Wie wichtig ist die Meinung anderer Leute über Ihre Fähigkeiten?

2. In welcher Art und Weise hat Gott Sie bereits gebraucht, um in das Leben anderer Menschen hineinzusprechen? Schreiben Sie die Namen derer auf, die Ihnen in den Sinn kommen, und danken Sie Gott für das Vorrecht, ein Werkzeug in seiner Hand zu sein.

Erste Woche: Verstehen

3. Schreiben Sie ein Gebet auf, in dem Sie sich dem Herrn gegenüber verpflichten, dieses Buch durchzuarbeiten, um besser zu verstehen, was es bedeutet, ein Werkzeug in seiner Hand zu sein.

4. Schneiden Sie die Kärtchen mit den Bibelversen aus und fangen Sie an!

5. Wenn Sie dieses Buch nicht als Teil einer Gruppe durcharbeiten, dann suchen Sie sich eine Freundin, mit der Sie sich darüber austauschen können. Setzen Sie eine Zeit fest, zu der Sie sich jede Woche treffen, um zu beten, sich gegenseitig zu ermutigen und einander bei der Stange zu halten.

6. Was war für Sie im heutigen Abschnitt besonders wichtig?

Zur Wiederholung:

- Sie müssen nicht vollkommen sein, um ein Werkzeug in Gottes Hand zu werden.
- Je mehr Sie jetzt einsetzen an Zeit, Gebet und Hingabe, umso mehr geistliches Wachstum können Sie erwarten.

Gott will mich

Zweiter Tag

———•••———

Wo ist denn mein Platz?

Fragen Sie sich manchmal, wo Ihr Platz in Gottes großartigem Plan ist? Fragen Sie sich manchmal, ob es für Sie wirklich einen Platz gibt? Paulus schreibt in seinem zweiten Brief an Timotheus: „In einem großen Haus aber sind nicht allein goldene und silberne Gefäße, sondern auch hölzerne und irdene, und die einen zur Ehre, die anderen aber zur Unehre. Wenn nun jemand sich von diesen reinigt, wird er ein Gefäß zur Ehre sein, geheiligt, nützlich dem Hausherrn, zu jedem guten Werk bereitet." (2. Timotheus 2,20-21) Wenn Sie darüber nachdenken, was für ein Gefäß Sie sind, dann kommen Ihnen vielleicht Worte wie „angeschlagen", „gesprungen", „zerbrochen" oder „schmutzig" in den Sinn. Vielleicht fühlen Sie sich wie ein verstaubter alter Becher, der auf dem Regal vergessen wurde, oder wie ein hässlicher Wassereimer, den jemand am Straßenrand liegen gelassen hat. Vielleicht sehen Sie sich aber auch als Kristallvase – aus der Ferne sehen Sie glänzend aus und alle Welt bewundert Sie, aber beim näheren Hinsehen entdeckt man Risse von oben bis unten. Diese Vase könnte beim besten Willen kein Wasser halten und schon gar nicht könnte sie einem anderen Lebewesen das Lebenswasser bringen.

Vielleicht haben Sie dieses Buch zur Hand genommen mit dem Gedanken: *Ich weiß doch gar nicht, wozu ich gut bin. Wie kann Gott mich gebrauchen, wenn ich selbst noch nicht einmal weiß, wofür ich zu gebrauchen bin?* Wenn es Ihnen so geht, dann sind Sie nicht allein mit diesem Gefühl. Als ich zum ersten Mal diese Bibelarbeiten mit einer Frauengruppe gemacht habe, kam sehr bald heraus, dass viele Frauen unsicher waren, was für ein „Gefäß" sie sein könnten. Sie wussten nicht, wie oder wo Gott sie gebrauchen könnte. Manche dieser Frauen suchten eigentlich ein Seminar über Geistesgaben. Auch zu diesem Thema gibt es gute Bücher und Seminarangebote, doch dieses Buch gehört nicht dazu. Wissen Sie, warum? Ganz einfach deshalb:

Erste Woche: Verstehen

Wenn Sie nicht in dem Bewusstsein leben, ein Werkzeug in Gottes Hand zu sein, dann würde das Entdecken Ihrer Geistesgaben *nicht den tatsächlichen Schwachpunkt in Ihrem Leben* beseitigen. Der Wendepunkt ist nämlich genau dann in Sicht, wenn Sie verstehen, *wie* und *warum* Gott durch so schwache menschliche Gefäße wirkt, wie wir es sind. Wenn Sie einmal diese beiden Dinge verstanden haben, dann wird Gott Sie auf erstaunliche Weise gebrauchen können – so wie Sie es durch hundert Seminare über Geistesgaben nicht erfahren hätten. Wenn Sie einmal die Wahrheit erfasst haben, dass Gottes Gedanken nicht wie Ihre Gedanken sind und Ihre Wege nicht wie seine Wege, dann verspreche ich Ihnen, dass er Sie zu einem Gefäß machen wird, das er gebrauchen kann. (*Danach* können Sie ein Seminar über Geistesgaben besuchen oder ein Buch dazu lesen, und Sie haben viel mehr davon.)

Als ich Christ wurde, hatte ich eine sehr genaue Vorstellung davon, welche Gaben ich hatte und wie ich für Gott nützlich sein könnte. Meine Einstellung war: Gott hat so viel für mich getan, nun will ich auch etwas für ihn tun. Also seht mal alle her, wie ich arbeite! Unglücklicherweise konzentrierte ich mich auf mich selbst und auf die tollen Dinge, die *ich* für Gott erreichen wollte, und ich sah nicht auf Gott und die tollen Dinge, die er *durch* mich erreichen wollte. Der Unterschied zwischen diesen beiden Motivationen zum Dienst für den Herrn ist der zentrale Punkt dieses Buches.

Jahrelang fragte ich mich: Warum gebraucht Gott alle anderen? Was mache ich denn falsch? In der Tiefe meines Herzens sehnte ich mich danach, ein Werkzeug zu werden, durch das Gott wirken konnte. Ich sehnte mich danach, etwas Bedeutendes für Gott zu tun. Ich fragte mich, warum er manche Frauen so eindrucksvoll gebrauchte, um anderen zu dienen, während ich mir völlig unwirksam vorkam.

Nicht, als ob ich nichts versuchte. Weit gefehlt. Wenn ich etwas habe, dann ist es eine überschäumende Energie und ein starker Wille. Ich stürzte mich also auf jede Möglichkeit, dem Herrn zu dienen, die sich nur bot. Ich hielt Kinder-Bibelwochen für Drei- bis Vierjährige. Ich backte Kuchen und Plätzchen für den Nachbarschaftskreis. Ich versuchte es sogar mit selbst gemachten Puddingförmchen – sie wurden nicht besonders ansehnlich. Ich lud Neulinge in der Gemeinde zu mir nach Hause ein – als Beitrag zum „Gastfreundschafts-Programm".

Ich plante wilde und verrückte Gemeindepartys. (Nun ja, wild und verrückt für *unsere* Gemeinde!)

Meine Erfahrungen als Sonntagsschullehrerin reichten von der Gruppe der Kindergartenkinder bis zu den Jugendlichen. Dann wurde ich Jugendleiterin, und das ging weit über den Sonntagmorgen hinaus. Ich lud die Jugendlichen und ihre Eltern zu mir nach Hause ein. Ich traf mich während der Woche einzeln mit ihnen. Ich entwarf maßgeschneiderte Bibelarbeiten, die zur ihrer jeweiligen aktuellen Lebenssituation passten. Ich besuchte sie in ihrem Job. (Es war nicht weiter schwer, sie alle zu finden; Jugendliche arbeiten immer im Einkaufszentrum.) Ich nutzte alle meine Beziehungen, damit sie Jobs *bekamen*. Ich stellte sie sogar selbst an für Arbeiten in Haus und Garten. Ich nahm sie mit zu christlichen Rockkonzerten und ging mit ihnen im Regen zelten. (Diese letzte Erfahrung sollten Sie unter allen Umständen vermeiden.)

Ich wurde ehrenamtliche Leiterin des Missionskreises. Ich las Dutzende von Büchern über das Wie und Warum, über Geschichte und Zukunft der Mission. Mein Mann und ich nahmen an missionarischen Essen teil; wir hatten Missionare bei uns zu Hause und wir unterstützten monatlich einige Missionare. (Das tun wir immer noch!) Gewissenhaft schrieb ich regelmäßig einem Dutzend Missionarsfamilien und es gelang mir sogar, einige Jugendliche davon zu überzeugen, als „Kurzzeitler" in die Mission zu gehen.

Wöchentlich beherbergten mein Mann und ich fast zehn Jahre lang kleine Bibel-Hauskreise bei uns zu Hause. Wir beteiligten uns an Groß-Evangelisationen in unserer Stadt und versuchten selbst, Mini-Evangelisten zu sein. Ich lernte den „Heilsplan" und alle wichtigen Bibelstellen auswendig. Jeden Tag sprach ich auf die eine oder andere Weise Nachbarn und Arbeitskollegen an. Ich sprach über die wesentlichen Punkte des Christentums mit einem apologetischen Eifer, der seinesgleichen suchte. Begeistert pries ich die Freuden des Christenlebens. (Nicht, dass ich so begeistert lebte, wie ich davon sprach ...) Ich lud unzählige Menschen zur Gemeinde oder zu Missionsveranstaltungen ein oder irgendwohin, wo ich meinte, dass „Gott schon wirken könnte".

Ein anderes meiner Lieblingsprojekte war meine Familie. Ich habe eine Mama, einen Papa und sieben ältere Brüder und Schwestern, die ihrerseits eine ganze Kompanie an Ehepartnern und Freunden, Nichten und Neffen, Schwägerinnen und Schwäger und was weiß ich

Erste Woche: Verstehen

nicht noch alles mitbrachten. Ich verbrachte zahllose Stunden im Gebetskampf für sie. Ich plante und überlegte; ich benutzte Menschen und Gelegenheiten für meine Ziele. Mehrere Male imitierte ich den Heiligen Geist auf bemerkenswerte Weise, indem ich vor ihnen mein Zeugnis gab und sie fast ins Himmelreich geschleift hätte. Und schließlich ließ der Herr Gnade walten über meiner Familie – er ließ mich in einen anderen Bundesstaat umziehen.

Nun, das ist noch nicht mal die Hälfte. Wie Sie sehen, fehlte es mir nicht an Eifer. (Mein Taktgefühl war allerdings immer kärglich bemessen.) Aber ganz gleich wie sehr ich mich auch bemühte, nur selten schien es so, dass Gott mich wirklich im Leben anderer Menschen gebrauchen wollte. Doch, es gab bisweilen vereinzelt einen Durchbruch. Gelegentlich hatte es den Anschein, als ob irgendetwas, das ich gesagt oder getan hatte, eine Wirkung zeigte. Aber im Verhältnis zu den enormen Anstrengungen, die ich unternahm, waren die Rückmeldungen trostlos.

Tatsächlich war es normalerweise so, dass Gott nicht *durch* mich wirkte, sondern *obwohl* ich mich abrackerte. Ich fühlte mich frustriert und erschöpft. Ich hatte meine Kräfte in tausend verschiedene Richtungen verpulvert, aber ich sah nur wenig Frucht. Die einzig greifbaren Ergebnisse meiner Arbeit waren die Bitterkeit, die mich umgab, und die Spur von verwirrten, frustrierten und oft ärgerlichen Leuten, die ich hinterließ.

Da hörte ich auf.

Ich hörte auf mit Arbeitskreisen und Bibelstunden, mit Sonntagsschule und Missionsgesellschaft. Ich hörte auf, Kuchen zu backen und Grußkarten zu verschicken. Ich hörte mit dem ganzen Wirbel auf. Seltsam genug – es schien keinen zu stören. Da hörte ich ganz auf, in die Gemeinde zu gehen. Tatsächlich hörte ich auf zu leben. Punkt. Natürlich atmete ich noch und auch mein Herz schlug noch. Aber in Wahrheit hatte ich mich vom Leben ganz zurückgezogen: Ich hatte mich selbst völlig von allem und jedem abgeschnitten. *Ich hatte nicht gedacht, dass es so wehtun würde. Aber ich hatte mich geirrt.* Die Stunden, die vorher mit Betriebsamkeit gefüllt waren, wie fruchtlos auch immer, waren nun voller Niedergeschlagenheit und Verzweiflung.

Es war klar, dieser neue Ansatz funktionierte auch nicht. So kam ich auf eine neue Idee. Ich beschloss, in der Bibel zu forschen. Ich war ent-

Gott will mich

schlossen aufzudecken, was die Helden der Bibel gemeinsam haben. Was war es, das sie *so großartig* machte, dass der allmächtige Gott sie „anstellte", um seine Arbeit hier unten auf der Erde zu erledigen? Wissen Sie, was ich entdeckte? Ich entdeckte eine Ansammlung der Leute, die man sich *am allerwenigsten* vorstellen kann. Von Hausfrauen und Propheten bis hin zu Prostituierten und Mördern war Gott in der Lage, durch jeden zu wirken, der fest davon überzeugt war, dass Gott unvollkommene Menschen gebrauchen kann und wird. Als ich schrittweise meine eigenen Vorstellungen los ließ und mich Gott zur Verfügung stellte – als zerbrochenes, unvollkommenes Gefäß, das ich nun einmal bin –, da begann er durch mein Leben zu wirken. Dieses Buch, das Sie in Händen halten, ist eine der Früchte dieses Prozesses.

Möchten Sie ein Werkzeug in Gottes Hand sein? Lassen Sie Ihre Pläne los, große Dinge für Gott zu tun, und klammern Sie sich an die Wahrheit, dass Gott imstande ist, durch ein unvollkommenes Gefäß wie Sie zu wirken. Dieses Bibelstudium kann Sie durch diesen Prozess hindurchführen. Es beginnt mit dem Verstehen dessen, wer Gott wirklich ist und wer Sie sind als sein Geschöpf. Wenn Sie Gott dienen möchten, müssen Sie den Zweck, zu dem Gott Sie geschaffen hat, akzeptieren, selbst wenn dies nicht das Leben ist, das Sie selbst für sich erträumen. Es ist erforderlich, sich selbst zu verleugnen und Gott Ihr Leben reinigen und neu erfüllen zu lassen. Dann, und nur dann, werden Sie anderen dienen können. Während Sie lernen, ein formbares Gefäß, ein brauchbares Werkzeug in der Hand Gottes zu werden, werden Sie erfahren, dass Dienst für den Herrn keine Last mehr ist, keine Liste von Dingen, *die Sie tun müssen*. Dienst bedeutet vielmehr einfach, nur auf Gottes Stimme zu hören und dann zu folgen, wohin er Sie führt.

Am Ende dieses Buches finden Sie eine Zusammenfassung der „fünf Voraussetzungen, um ein Werkzeug in Gottes Hand zu werden". Ich möchte Sie auffordern, häufig dort nachzuschlagen, während Sie dieses Buch durcharbeiten. Lassen Sie diese Grundsätze tief in Ihre Seele eindringen. Auf diese Art wird das Herzstück dieser Bibelarbeit in den kommenden Jahren in Ihnen fortdauern – und ist es nicht genau das, was Sie erwarten, wenn Sie ein solches Buch durcharbeiten? Wann immer Sie merken, dass Sie sich irgendwie von Gott entfernt haben, können Sie innehalten und sich noch einmal die „fünf Voraussetzungen" ins Gedächtnis rufen, um festzustellen, wo Sie aus dem Tritt geraten sind.

Erste Woche: Verstehen

1. Stellen Sie sich vor, was für ein Gefäß Sie sind. Beschreiben Sie, was Sie vor Ihrem inneren Auge sehen.

2. Was ist wichtiger: Ihre Geistesgaben zu entdecken oder denjenigen, der die Geistesgaben zuteilt? Warum?

3. Entweder Sie vollbringen etwas für Gott oder Sie lassen Gott seine Werke durch Sie vollbringen – wo liegt der Unterschied?

4. Welcher der oben genannten Ansätze entspricht am besten Ihrem bisherigen Leben als Christ?

5. Was war für Sie im heutigen Abschnitt besonders wichtig?

Zur Wiederholung:

- Es ist viel wichtiger zu verstehen, was Gott durch Ihr Leben wirken will, als zu überlegen, was Sie für ihn vollbringen können.
- Wenn wir verstehen, wie und warum Gott durch solch unvollkommene Werkzeuge wirkt, wie wir es sind, dann besitzen wir einen Schlüssel zum wirksamen Dienst.

Gott will mich

Dritter Tag

―――――――•••―●―•••―――――――

Du bist gemeint, Gideon!

Hier ist ein erstaunlicher biblischer Bericht darüber, wie Gott ein scheinbar unpassendes Werkzeug auswählt, um seine Ziele zu erreichen:

> Und der Engel des HERRN kam und setzte sich unter die Terebinthe, die bei Ofra war, die Joasch, dem Abiesriter gehörte. Und sein Sohn Gideon schlug gerade Weizen aus in der Kelter, um ihn vor Midian in Sicherheit zu bringen. Da erschien ihm der Engel des HERRN und sprach zu ihm: Der HERR ist mit dir, du tapferer Held!
> Gideon aber sagte zu ihm: Bitte, mein Herr, wenn der HERR mit uns ist, warum hat uns denn das alles getroffen? Und wo sind all seine Wunder, von denen uns unsere Väter erzählt haben, wenn sie sagten: Hat der HERR uns nicht aus Ägypten heraufkommen lassen? Jetzt aber hat uns der HERR verworfen und uns in die Hand Midians gegeben.
> Da wandte sich der HERR zu ihm und sprach: Geh hin in dieser deiner Kraft und rette Israel aus der Hand Midians! Habe ich dich nicht gesandt?
> Er aber sagte zu ihm: Bitte, mein Herr, womit soll ich Israel retten? Siehe, meine Tausendschaft ist die geringste in Manasse, und ich bin der Jüngste im Haus meines Vaters.
> Da sprach der HERR zu ihm: Ich werde mit dir sein und du wirst Midian schlagen wie *einen* einzelnen Mann. (Richter 6,11-16)

Wir können einiges daraus lernen, wie Gott Gideon in seinen Dienst berufen hat:

- *Gott sucht nicht nach selbstbewussten Leuten.* Gideon war bloß ein Bauer, der versuchte, Essen auf den Tisch zu kriegen. Er hielt sich

Erste Woche: Verstehen

selbst für den geringsten einer schwachen Mannschaft. Und er sprudelte auch nicht gerade über vor Siegesgewissheit. Beachten Sie, wie er Gott für die gegenwärtige missliche Lage der Israeliten verantwortlich macht und wie er größere Zweifel hegt, ob Gott überhaupt willens sei, sie zu retten. Trotzdem war Gideon Gottes Mann für diese Aufgabe.

- *Gott ist nicht interessiert an unseren Entschuldigungen.* Wie brauchen Gott nicht damit in den Ohren zu liegen, dass wir unsere Schwachheiten herausstellen oder die Hindernisse, die wir sehen. Er kennt ja die Umstände noch viel besser als wir. Gott kennt Sie durch und durch; er weiß, wozu Sie in der Lage sind durch die Kraft des Heiligen Geistes. Er wird Sie nur rufen, um eine Arbeit zu tun, von der er weiß, dass Sie sie *mit Seiner Kraft* erledigen können. Wenn Gott uns ruft, dann ist alles, was er von uns erwartet, unser Gehorsam, und er selbst kümmert sich um den Rest.

- *Erwarten Sie nicht von vornherein alle Antworten.* (Richter 6,25-32) Gideon hatte keine Ahnung, ob sein Vater ihn verteidigen würde oder nicht. Es war sehr gut möglich, dass sein Vater *die Truppe anführte*, die Gideon umbringen wollte; schließlich war das eine überwältigende Herausforderung. Gideon sagte ja im Klartext so viel wie: „Das muss ich dir mal sagen, Papa. Deine Religion, deine gesellschaftliche Stellung und alles, was dir wichtig ist, das lehne ich jetzt ab." Nur Gott wusste, was dabei herauskommen würde; Gideon wusste es nicht. Wir sind verantwortlich für unsere Entscheidungen; Gott übernimmt die Verantwortung für das Ergebnis.

Der Herr sagte zu Gideon: „Geh hin in dieser deiner Kraft ... Habe ich dich nicht gesandt?" Wir müssen das Gleiche tun, selbst wenn wir nicht glauben, dass unsere Kraft ausreicht. Die Küstenwache hat ein Motto, das wir uns auch zu Herzen nehmen sollten. Es heißt: „Du musst hinausfahren, auch wenn du vielleicht nicht wieder zurückkommst." Also fahren Sie hinaus – gehen Sie im Gehorsam Gott gegenüber – und lassen Sie Gott dafür sorgen, ob Sie wieder zurückkommen oder nicht.

Ist das nicht seltsam? Wenn wir einmal begriffen haben, was Gott

Gott will mich

tut, dann erwarten wir, dass jeder andere das auch gleich genauso versteht. Ein lebendiges Beispiel dafür haben wir, wenn wir beobachten, wie die Führer Israels reagierten, als Gideon Gott gehorchte:

> Da sagten sie einer zum anderen: Wer hat das getan?
> Und sie forschten und fragten nach und man sagte: Gideon, der Sohn des Joasch, hat das getan.
> Da sagten die Männer der Stadt zu Joasch: Führe deinen Sohn heraus! Er muss sterben, weil er den Altar des Baal umgerissen und weil er die Aschera, die dabeistand, umgehauen hat!
> Joasch aber sagte zu allen, die bei ihm standen: Wollt *ihr* für den Baal Anklage erheben oder wollt *ihr* ihn retten? Wer für ihn Anklage erhebt, soll getötet werden bis zum Morgen. Wenn er ein Gott ist, soll er für sich selbst Anklage erheben, weil man seinen Altar umgerissen hat. (Richter 6,29-31)

- *Erwarten Sie nicht, dass alle Beifall klatschen.* Es ist tatsächlich so: Wenn Sie erwarten, dass die Leute Ihnen zujubeln, dann werden Sie zwangsläufig enttäuscht. Rechnen Sie nicht mit Unterstützung, wenn Sie einen Schritt des Gehorsams für Christus machen – noch nicht einmal von Ihrer Familie oder so genannten religiösen Führern. Es ist durchaus möglich, dass Sie heftige Opposition erwartet, wenn Sie zulassen, dass Gott durch Sie zu seinem Ziel kommt. Hat Gideon *Lob* für seinen gigantischen Glaubensschritt geerntet? Weit gefehlt! Alles, was er zu hören bekam, war Kritik und eine *Morddrohung*. Gott weiß genau, was er durch Sie erreichen kann, wenn Sie bereit sind, so zu handeln, wie er Sie leitet. Wollen Sie diese Herausforderung annehmen? Prima – aber warten Sie nicht auf den Beifall.

1. Welche verschiedenen Einwände brachte Gideon vor, als Gott ihm ein besonders hartes Stück Arbeit übertragen wollte? Waren sie gerechtfertigt?

Erste Woche: Verstehen

2. Welche vier Lehren können wir daraus ziehen, wie Gideon zum Dienst berufen wurde?

3. Welche Probleme führen Sie an, wenn Gott Sie auffordert, ihm in Gehorsam zu folgen?

4. Können Sie sich an Gelegenheiten erinnern, bei denen Sie Gott gehorchten und nichts als Kritik von allen Seiten ernteten? Beschreiben Sie, wie das war.

5. Was war für Sie im heutigen Abschnitt besonders wichtig?

Zur Wiederholung:

- Gott kennt Sie durch und durch, und er kennt auch die Umstände.
- Gott wird Ihnen nur die Aufgaben geben, von denen er weiß, dass Sie sie mit seiner Kraft erledigen können.
- Sie müssen „in dieser Ihrer Kraft" gehen – selbst wenn Sie nicht glauben, dass das genug sei.
- Erwarten Sie keine Unterstützung von Menschen, wenn Sie Schritte des Gehorsams für Gott gehen.
- Denken Sie immer daran, wer Sie sendet.

Gott will mich

Vierter Tag

———•••———

Scheinbar aussichtslose Bewerber

Vor einigen Jahren gab Gott in einer landesweit erscheinenden Zeitung folgende Stellenanzeige auf:

CHUZPE. Mächtiger Arbeitgeber sucht eine Person mit einer guten Portion Bedenkenlosigkeit, um einer hübschen jungen Jüdin das Evangelium mitzuteilen. Jede Bewerbung ist willkommen: Alter, Geschlecht oder Rasse egal. Der Bewerber muss bereit sein, jüdische Empfindlichkeiten zu missachten. Bei Interesse an dieser Herausforderung wenden Sie sich im Gebet an Gott.

Na klar, Gott hat natürlich nicht tatsächlich eine Stellenanzeige aufgegeben, aber falls er es getan hätte, dann hätte sie so ähnlich aussehen können. Denn zu dieser Zeit war eine junge Jüdin namens Susanne in einer verzweifelten Situation. Sie schildert ihre Lage selbst:
„Mein Verlobter hatte ein Baseball-Stipendium an einer guten Universität bekommen. Deshalb beschloss ich, auch dort zu studieren. Das erste Jahr war ein endloser Wirbel von Unterricht schwänzen, verrückten Partys und wildem und ausschweifendem Nachtleben. Viel Bildung bekam ich zwar nicht mit, aber so eine Art Lebenserfahrung. Ich war immer an geistlichen Dingen interessiert gewesen. Ich war zur jüdischen Schule gegangen und hatte viel gebetet. Aber ein echtes geistliches *Leben* hatte ich nicht geführt.
Ich erinnere mich, dass ich mich in der Oberstufe für Bücher über Hexerei in der Schulbibliothek interessiert habe. Ich hatte sogar einen Kurs über östliche Religionen gewählt und lernte Transzendentale Meditation. Dann traf ich einen faszinierenden Mann, der mir die unglaublichsten Geschichten erzählte über seine Erfahrungen mit einem Leben nach dem Tod und anderen verblüffenden spirituellen Erlebnissen Es klang alles sehr überzeugend. Schließlich gab er mir

Erste Woche: Verstehen

ein Buch mit dem Titel *Wiedergeboren im neuen Zeitalter*. Er lud mich ein zu irgendwelchen Treffen in Millionärsvillen mit Meeresblick. Da gab es diese Badewannen-Partys, wo man hypnotisiert wird und dann in der heißen Badewanne „wiedergeboren" wird. Später erzählte er mir, dass sie da auch LSD nahmen.

Die ganze Zeit über war ich übrigens von wirklich netten Christen umgeben, wie beispielsweise dem Baseball-Trainer, einem der Spieler und seinem Vater. Sie zeigten echte Nächstenliebe. Später erfuhr ich, dass sie sogar die ganze Zeit für mich gebetet haben. Aber keiner von ihnen hat mir je von Jesus erzählt oder mich mit dessen Anspruch konfrontiert, der jüdische Messias zu sein. Ich nehme an, dass sie mich nicht verletzen wollten.

Ich hatte mir schon vorgenommen, bei dieser New-Age-Gruppe mitzumachen, als ich im letzten Kapitel dieses *Wiedergeburt*-Buches angekommen war. Es handelte von Jesus, aber er war nur als großer Prophet und erleuchteter Lehrer dargestellt. Doch das war mir ganz gleichgültig. Irgendetwas ging von diesem Jesus aus, es sprang geradezu aus den Seiten heraus. Das war unglaublich, denn für mich als Jüdin war Jesus bisher immer jemand gewesen, über den ich nie nachgedacht hatte."

Ungefähr zu dieser Zeit, machte Susanne mit ihrem Freund Schluss – solange sie denken konnte, hatte jeder von ihr erwartet, dass sie diesen Mann heiraten würde. Die Entscheidung zur Trennung war schon schmerzhaft, aber die Folgen dieser Entscheidung waren noch viel schlimmer. Ihr Freund begann hinter ihr her zu spionieren. Sie schloss sich in ihr Zimmer ein und getraute sich noch nicht einmal mehr, ans Telefon zu gehen. Schuld und Verwirrung ergriffen Besitz von ihr und sie stand bald am Rand des Nervenzusammenbruchs. „Fast eine Woche lang konnte ich weder essen noch schlafen. Ich weinte bloß Tag und Nacht. Schließlich entschloss ich mich, eine Bibel zu kaufen. Ich hatte noch nie eine gesehen und hatte keine Ahnung, wo ich eine kriegen könnte. Ich ging in einen ganz normalen Buchladen; natürlich gab es da auch eine Bibel. Dann stieß ich auf ein christliches Fernsehprogramm und hatte rund um die Uhr christliche Sendungen laufen.

Ich war überwältigt von dem, was ich da entdeckte. Die erste Hälfte der Bibel war voll mit Wahrheiten, die ich sowieso schon glaubte!

Gott will mich

Da gab es die Patriarchen und die Propheten, altvertraute Stimmen. Dann begann ich über den verheißenen Messias zu lesen. Als ich auf Jesaja 53 stieß, konnte ich es kaum fassen. Ich wusste plötzlich, dass Jesus derjenige war, auf den wir gewartet hatten. Aber halt – was würde meine Familie dazu sagen? Wie könnte ich sie derartig verletzen?

Ich schrie zu Gott und flehte ihn an, zu mir zu sprechen. Ich betete: 'Gott, ich will dem Glauben, den du mir gegeben hast, nicht den Rücken kehren. Ich möchte nicht fehlgeleitet werden. Bitte, bitte hilf mir.' Es war zwei Uhr morgens. Ich saß mit meinem Bademantel auf dem Fußboden, in eine Decke gewickelt. Das einzige Licht kam vom flackernden Fernsehgerät. Im Fernsehen sang eine Frau. Plötzlich zeigte sie auf die Kamera und sagte: 'Da draußen ist ein junges Mädchen. Du sitzt im Stockdunkeln und es ist mitten in der Nacht. Ich weiß, dass hier Tag ist, aber unsere Show wird aufgezeichnet. Da wo du bist, ist Nacht. Du sitzt mit deinem Bademantel in deinem Zimmer und bist in eine Decke gewickelt. Du rufst zu Gott, und er hat deine Gebete erhört, Liebchen. Er wird dich nie verlassen. Es wird alles gut. Gott hat dich erhört.'"

Die Frau auf dem Bildschirm war Tammy Faye Baker.

In diesem Augenblick konnte Susanne Jesus Christus annehmen. „Ich hatte das Gefühl, als ob jemand eimerweise kühles, erfrischendes Wasser von Kopf bis Fuß über meinen ganzen Körper schütten würde; es hörte gar nicht mehr auf. Es riss mich aus der Verzweiflung und Niedergeschlagenheit. Ich konnte die Reinigung geradezu spüren. Ich wusste es. Ich wusste es einfach."

Sie erinnert sich weiter: „Später hörte ich nichts als Kritik über Tammy Baker und diese Sendungen. Sie schien wirklich eine Witzfigur für die Christenheit zu sein. Das passierte übrigens auch gerade während sie in irgendeinen Skandal verwickelt war. Trotzdem – aus irgendeinem Grund störten mich weder ihre Aufmachung noch ihre Frisur. Wie auch immer sie aussah, nichts konnte dem im Wege stehen, was Gott in meinem Leben tat. Ich war zum entscheidenden Punkt gekommen: Entweder ich ergriff das Rettungsseil oder ich würde ins Bodenlose stürzen."

Genau das ist der Punkt: Gott kann gebrauchen, wen immer er will! Er ist Gott. Susanne war von ernsthaften liebenden Christen umgeben, die sich wirklich um sie sorgten. In ihrer Umgebung gab es

Erste Woche: Verstehen

eine ganze Anzahl wertvoller Dienste für den Herrn. Aber Gott gebrauchte nicht sie für diesen Auftrag. Das heißt nicht, dass diese christlichen Angebote nicht in vielen anderen Situationen hilfreich sind. In diesem speziellen Fall jedoch suchte Gott nach einer Person, deren einzige Qualifikation „Chuzpe", Bedenkenlosigkeit, war. Und die fand er in Tammy Faye Baker.

Nun, wenn ich Gottes Personalchef wäre und diese Frau bei mir auf der Matte stände, dann würden bei mir sofort alle Warnlampen angehen! Trotzdem, Gott hat sie gebraucht. Ich will Tammy Faye Baker weder verteidigen noch verdammen. Ich will nur betonen, dass man sie für ein *völlig ungeeignetes* Werkzeug halten könnte. Und gerade *hier* liegt der Dreh- und Angelpunkt dieser ganzen Geschichte. Hier ist nämlich keine menschliche Erklärung möglich – der ideale Ausgangspunkt, um die Ehre hundertprozentig dem Herrn zu geben. Und das erwartet er von uns.

Außerdem ruft es uns etwas ins Gedächtnis: Sogar wenn wir stolpern und hinfallen, kann Gott uns noch gebrauchen, denn unser Leben wird zur Warnung für andere, dass wir alle durch Satans Listen verwundbar sind. Wenn wir uns Gott wieder zuwenden, dann dürfen wir zuversichtlich glauben, dass er uns wieder annimmt. Der Lernvers für die kommende Woche will uns auch daran erinnern: „Denn des Herrn Augen durchlaufen die ganze Erde, um denen treu beizustehen, deren Herz ungeteilt auf ihn gerichtet ist." (2. Chronik 16,9)

1. Verwundert es Sie, dass Gott eine solch schillernde Persönlichkeit auswählt für die Aufgabe, eine verwundete Seele in sein Reich zu bringen – in diesem Beispiel sogar eine Frau, die in Skandale verwickelt ist? Warum sind Sie erstaunt bzw. warum nicht?

Gott will mich

2. Könnten Sie irgendwann irgendetwas tun, das Sie für Gott „unbrauchbar" machen würde?

3. Welche scheinbar ungeeigneten Leute hat Gott gebraucht, um sein Werk in Ihrem Leben zu tun? Rufen Sie sich die entsprechenden Situationen ins Gedächtnis und überlegen Sie, was sich dadurch in Ihrem Leben geändert hat.

4. Was war für Sie im heutigen Abschnitt besonders wichtig?

5. Wie lautet der „Schwerpunkt der Woche"?

Zur Wiederholung:

- Wenn Gott will, dass auf der Erde irgendeine Aufgabe von einem menschlichen Werkzeug ausgeführt wird, dann kann er auswählen, wen immer er will.
- Gott wählt oft einen scheinbar völlig ungeeigneten Kandidaten, denn allein ihm gehört die Ehre.

Erste Woche: Verstehen

Fünfter Tag

---·•·---

Unvollkommene bitte vortreten!

Während dieser Woche haben Sie verschiedene biblische und zeitgenössische Beispiele für Werkzeuge kennen gelernt, die Gott gebrauchen konnte. Die grundlegende Annahme dieses ganzen Buches – eine Grundlage, die fest auf der Basis des Wortes Gottes steht – besteht darin, dass Gott durch unvollkommene Werkzeuge wirkt, die ihre totale Abhängigkeit von ihm anerkennen; selbst wenn es Leute sind, die die Welt niemals auswählen würde. Wir werden dieses Thema noch häufiger im Verlauf dieses Buches beleuchten. Zunächst lesen Sie einfach einmal die folgende Auflistung ungeeignet erscheinender Personen, die Gott gebrauchte, um seine Ziele zu erreichen:

- **Jakob**, ein Betrüger und höchst eigenwillig: Er wurde zum Stammvater des Volkes Israel;
- **Josef**, ein verhätschelter Lieblingssohn seines Vaters und später ägyptischer Sklave: Er wurde zum Retter seiner Familie und zur bestimmenden Persönlichkeit eines Weltreiches;
- **Mose**, ein mit Blutschuld beladener Flüchtling und Hirte, der sich nicht für fähig hielt, Gottes Auftrag auszuführen: Er führte Israel aus der Gefangenschaft heraus und wurde zum größten Propheten des Alten Testaments.
- **Jeftah**, wegen seiner Herkunft in Israel verachtet und deshalb Räuberhauptmann geworden: Er befreite Israel von den Ammonitern;
- **Rahab**, eine Prostituierte, die ein unmoralisches Leben in einer völlig unmoralischen Umgebung führt: Sie spielte eine zentrale Rolle bei der Einnahme des verheißenen Landes durch die Israeliten;
- **Hanna**, eine wegen Unfruchtbarkeit kinderlose Ehefrau: Sie wurde die Mutter Samuels, der einer der großen Propheten und Führer Israels wurde;

Gott will mich

- **Eli**, ein Mann, der bei der Erziehung seiner eigenen Kinder kläglich versagte: Er wurde der geistliche Vater Samuels;
- **David**, ein Hirtenjunge, der als Jüngster in der Familie wenig beachtet wurde, der später als König Ehebruch und einen Mord beging: Dennoch wurde er der größte König Israels und der Verfasser vieler Psalmen;
- **Ester**, eine unbekannte Jüdin im babylonischen Exil: Sie wurde als Gattin des persischen Großkönigs zur Retterin ihres Volkes;
- **Maria**, ein unbekanntes Mädchen aus dem von vielen Juden verachteten Nazareth in Galiläa: Sie wurde von Gott zur Mutter des Herrn Jesus auserwählt;
- **Matthäus**, ein verachteter Zöllner und Symbolfigur für die Unterdrückung Israels durch die römische Besatzungsmacht: Er wurde Apostel und schrieb das erste Buch des Neuen Testaments;
- **Petrus**, ein selbstbewusster und vorlauter Jünger Jesu, der seinen Herrn verleugnete: Er wurde Apostel, ein Führer der ersten Gemeinde und schrieb zwei Briefe des Neuen Testaments;
- **Paulus**, eifriger Verfolger der ersten christlichen Gemeinden und begeisterter Zeuge der Steinigung des ersten christlichen Märtyrers: Er brachte das Evangelium den Heidenvölkern und schrieb mehr Bücher des Neuen Testaments als jeder andere.

Wir haben bereits gesehen, *wie* Gott unvollkommene Werkzeuge gebraucht. Es bleibt die Frage: Warum tut er das? Warum erwählt Gott nicht Herrn und Frau Vollkommen? Erstens sagt die Bibel: *Alle haben gesündigt und erlangen nicht die Herrlichkeit Gottes.* Menschen, die behaupten, sie seien vollkommen – die also behaupten, sündlos zu sein – betrügen sich selbst, und die Wahrheit ist nicht in ihnen.

Zweitens: Durch die Wahl dieser augenscheinlich ungeeigneten Werkzeuge – die Welt hält das für töricht – zeigt Gott, dass sogar seine scheinbar törichten Gedanken weiser sind als die Weisheit der Menschen. Wenn die Menschen bemerken, dass *nur Gott das wirken kann* (wenn es sich beispielsweise um eine Aufgabe handelt, die von einem ganz unvollkommenen Werkzeug erledigt wird), dann wird ihr Blick auf den Herrn gerichtet. Der Ruhm gehört Gott, und der Mensch wird in seiner Beziehung zu seinem Schöpfer wieder zurechtgebracht.

Wir wollen mal überlegen, wie die eine oder andere Sache auch

Erste Woche: Verstehen

anders hätte ausgehen können – wie Menschen in der Bibel sich den Ruhm selbst unter den Nagel hätten reißen können. Jakob hätte eine solche Freude für Isaak sein können, dass sein Vater ihm freiwillig den Segen gegeben hätte. Er wäre nie geflohen, er hätte nie bei Laban hart arbeiten müssen. Er hätte ein Mädchen aus der Nachbarschaft geheiratet und ganz normal Kinder gekriegt. Was für ein Glückspilz. Na ja.

Mose hätte in Pharaos Haus bleiben können. Er hätte seinen Einfluss spielen lassen können, um den israelitischen Sklaven heimlich Waffen zukommen zu lassen. Er hätte in aller Stille eine Truppe von Guerilla-Kämpfern ausbilden können, um einen blutigen Aufstand gegen die ägyptischen Herren anzuzetteln. Tausende wären umgekommen, aber einige hätten auch entkommen können. Keine Plagen, keine Teilung des Schilfmeeres, bloß ein weiterer Verräter am Hof des Pharaos. Na ja.

Nun, ich denke, Sie wissen, was ich meine. Die Antwort auf die Frage, warum Gott sich unvollkommene Werkzeuge wählte, ist: *weil die Ehre allein Gott gehört.* Wenn Sie verstehen, wie und warum Gott unvollkommene Werkzeuge gebrauchte, dann wird Ihr Vertrauen gestärkt, im Glauben zu leben, denn Sie wissen: Gott kann und *wird* Sie gebrauchen.

1. Schlagen Sie in Ihrer Bibel einen der Berichte über ein „scheinbar ungeeignetes Werkzeug" nach, von dem im heutigen Abschnitt die Rede war. Fassen Sie die Geschichte kurz zusammen und stellen Sie heraus, was an der Person „ungeeignet" erscheint – und wie dieser Umstand dazu führt, dass Gottes Ehre besonders aufleuchtet.

2. Betrachten Sie Ihr eigenes Leben. Denken Sie an Menschen, die Gott als Werkzeuge gebraucht hat, um in Ihr Leben hineinzusprechen. War irgendjemand davon vollkommen? Schreiben Sie die Namen auf und wie Gott sie gebraucht hat. Versuchen Sie, sich an mindestens fünf zu erinnern.

3. Würden Sie sich nicht freuen, von jemandem einen Brief zu bekommen, von dem sie schon lange nichts gehört haben? Stellen Sie sich vor, derjenige würde Ihnen schreiben, wie Gott *Sie* gebraucht hat, um etwas Entscheidendes in seinem Leben zu bewirken. Sie würden sich bestimmt darüber freuen! Nun, dann nehmen Sie sich doch genau jetzt die Zeit, um jemandem diese Freude zu machen! Überlegen Sie, wie viele der Leute, die Sie vorhin aufgelistet haben, Sie noch aufspüren können – in manchen Fällen wird es wohl nicht möglich sein. Schreiben Sie ein paar ermutigende Zeilen an mindestens eine Person.

4. Was war für Sie im heutigen Abschnitt besonders wichtig?

5. Wie lautet der „Schwerpunkt der Woche"?

Zur Wiederholung:

- Im Laufe der ganzen Geschichte erwählte Gott unvollkommene Werkzeuge, um seine Ziele zu erreichen.
- Gott kann auch durch Ihr Leben wirken, selbst wenn Sie ein unvollkommenes Werkzeug sind.

Zweite Woche: Abhängigkeit

Schwerpunkt der Woche:

Lernen, von Gott allein abhängig zu sein und im „Gottvertrauen" zu leben

Leitvers der Woche:

Denn des Herrn Augen durchlaufen die ganze Erde, um denen treu beizustehen, deren Herz ungeteilt auf ihn gerichtet ist.

2. Chronik 16,9

Gott will mich

Erster Tag

---·•·---

Gottvertrauen

Es gibt verschiedene Möglichkeiten, den wahrscheinlichen Ausgang einer gegebenen Situation abzuschätzen. Eine davon ist, in sich hineinzuhorchen, um die eigenen Kraftreserven aufzuspüren. Dabei hängt die Antwort dann in erheblichem Maße von meinem Selbstbild ab, das heißt, wie ich mich selbst und meine eigenen Fähigkeiten einschätze. Das Leben von Gideon hat deutlich gezeigt, dass man nicht ein positives Selbstbild besitzen muss, um Gott zu dienen. Tatsächlich ist Selbstvertrauen oft das größte Hindernis, wenn man ein Werkzeug in Gottes Hand sein möchte. Denn wenn jemand *Selbstvertrauen* hat, dann verlässt er sich auf seine eigenen Fähigkeiten, mit Leuten oder mit Situationen richtig umzugehen.

Im Gegensatz dazu basiert *Gottvertrauen* darauf, dass ich mich auf Gottes Fähigkeiten verlasse, durch mich Menschen und Situationen zu verändern. Wenn man Gottvertrauen hat, dann braucht man sich um eigene Schwächen und Stärken nicht mehr zu kümmern in dem Wissen, dass Gott diese Sache ohnehin regeln wird. Wenn man Gottvertrauen hat, ist man sowohl von Stolz als auch von Selbstvorwürfen befreit. Man kann sich auf die Arbeit konzentrieren, die getan werden muss, und auf die Bedürfnisse anderer. Und man überlässt das Ergebnis ganz und gar Gott.

Verstehen Sie den Unterschied zwischen diesen beiden Sichtweisen? Es ist ganz einfach so: der eine Ansatz konzentriert sich auf das eigene Ich, der andere auf Gott. Der eine erwartet irdische Ergebnisse, der andere ewigen Lohn. Es ist weitaus besser, eine Sache für die Ewigkeit zu vollbringen – in *einem einzigen Leben* etwas zu bewirken –, indem man ein Leben in Gottvertrauen führt, als großartige Dinge in den Augen der Welt zu leisten, für die man aber nur Beifall von Menschen ernten kann. Was für ein schrecklicher Augenblick für die Menschen, die aufgrund *ihrer persönlichen Ausstrahlung* große Gemein-

Zweite Woche: Abhängigkeit

den aufgebaut haben, wenn sie einmal vor Gottes Thron stehen und Gott ihnen sagen muss, dass ihre beeindruckenden Mitgliederzahlen nichts als Stroh und Stoppeln sind. Und was für ein glücklicher Augenblick für die bescheidene Hausfrau, die in aller Stille den Frauen in ihrer Nachbarschaft diente, denn sie tat es für die Ehre Gottes und durch seine Kraft. Ihr Lohn wird groß sein.

Was bedeutet Ihnen mehr? Zeitliche *Ergebnisse* oder ewige *Belohnung?*

In 2. Chronik 16,8-9 entdecken wir einen lebhaften Kontrast zwischen Selbstvertrauen und Gottvertrauen. Als König Asa darauf vertraute, dass der Herr ihm den Sieg schenken würde, war er imstande, die übermächtigen Armeen der Kuschiten und der Libyer zu schlagen, denn er handelte im Gottvertrauen. In seinem letzten Kampf gegen Judas Feinde hingegen setzte er auf seine eigene Klugheit und rief sogar heidnische Völker zu Hilfe. Er handelte aus Selbstvertrauen. Die Bibel fasst das so zusammen:

> Waren nicht die Kuschiten und die Libyer eine gewaltige Heeresmacht mit Wagen und Reitern in großer Menge? Doch weil du dich auf den Herrn stütztest, gab er sie in deine Hand. Denn des Herrn Augen durchlaufen die ganze Erde, um denen treu beizustehen, deren Herz ungeteilt auf ihn gerichtet ist. Hierin hast du töricht gehandelt. Darum wirst du von nun an Kriege haben. (2. Chronik 16,8-9)

In einem Bibelkommentar heißt es zu dieser Stelle:

> Juda und Israel sind nie aus ihren Fehlern klug geworden. Obwohl Gott sie sogar gerettet hatte, als die Feinde zahlenmäßig weit überlegen waren (2Chr 13,3ff.; 14,9ff.), ersuchten sie wiederholt um Hilfe bei heidnischen Völkern anstatt bei Gott. Dass Asa Hilfe von Aram suchte, ist ein Beweis für den geistlichen Niedergang des Volkes Israel. Allein mit Gottes Hilfe hatte Asa die Kuschiten im offenen Kampf geschlagen. Aber sein Vertrauen zu Gott war ins Wanken geraten und jetzt suchte er nur noch nach menschlichen Lösungen für seine Probleme. Es ist nicht Sünde, menschliche Mittel zur Lösung von Problemen einzusetzen. Aber es ist eine Sünde,

Gott will mich

ihnen mehr zu trauen als Gott, zu denken, dass sie besser sind als Gottes Methoden und dass man deshalb Gott völlig aus dem Spiel lässt.

Dasselbe gilt für uns heute. Wenn wir uns auf uns selbst verlassen oder nur rein menschliche Lösungen suchen – den Faktor Gott also vollkommen außer Acht lassen –, handeln wir ausgesprochen töricht. Unsere stolze Haltung endet damit, dass wir mit den Menschen um uns herum in Streit leben. Warum sind wir so dumm, nur auf uns selbst und unsere eigenen Möglichkeiten zu schauen, wenn Gott *nichts lieber täte*, als uns seine Mittel zur Arbeit zur Verfügung zu stellen? Wenn wir unser Vertrauen auf Gott setzen, und zwar auf Gott allein, dann verspricht er, uns zu stärken und für uns zu kämpfen (2Mo 14,14). Das ist der beste Schlachtplan, den es gibt.

1. Der Herr sagt, dass König Asa etwas Dummes getan hatte. Was war das genau?

2. Was war das Ergebnis ihrer unklugen Entscheidung?

3. Wie verstehen Sie den Unterschied zwischen Selbstvertrauen und Gottvertrauen?

4. Welches Wort beschreibt Sie am besten: Haben Sie Selbstvertrauen oder Gottvertrauen? Bitte geben Sie genaue Gründe für Ihre Antwort an.

5. Was war für Sie im heutigen Abschnitt besonders wichtig?

Zur Wiederholung:

- Selbstvertrauen bedeutet, dass ich mich auf meine eigenen Fähigkeiten verlasse, mit Menschen oder Situationen umzugehen.
- Gottvertrauen bedeutet, dass ich mich darauf verlasse, dass Gott durch mich wirken wird, um Menschen oder Umstände zu verändern. Wenn ich Gottvertrauen habe, brauche ich mich nicht um mich selbst zu drehen, sondern kann mich auf die Arbeit konzentrieren, die getan werden muss.

Gott will mich

Zweiter Tag

Was ist an Rahab so Besonderes?

In den nächsten paar Tagen werden wir uns eingehend mit dem Leben Rahabs beschäftigen. Sie ist eine meiner Lieblingspersonen in der Bibel, und ich hoffe, Sie finden die Betrachtung ihres Lebens genauso hilfreich wie ich. Für heute besteht Ihre Aufgabe nur darin, die folgende Bibelstelle mehrmals zu lesen. Danach sollten Sie alles, was Sie über Rahab erfahren haben, aufschreiben: über ihren Lebenslauf, ihren Charakter, ihren Mut und ihren Glauben. Und jetzt lassen wir Rahab einfach mal mitten in die biblische Erzählung hineinplatzen:

> Und Josua, der Sohn des Nun, sandte von Schittim heimlich zwei Männer als Kundschafter aus und sagte: Geht, seht euch das Land an und Jericho! Da gingen sie hin und kamen in das Haus einer Hure; ihr Name war Rahab. Und sie legten sich dort schlafen. Das wurde jedoch dem König von Jericho berichtet: Siehe, in dieser Nacht sind Männer von den Söhnen Israel hierher gekommen, um das Land zu erkunden. Da schickte der König von Jericho zu Rahab und ließ ihr sagen: Gib die Männer heraus, die zu dir gekommen und in dein Haus eingekehrt sind! Denn um das ganze Land zu erkunden, sind sie gekommen. Die Frau aber nahm die beiden Männer und versteckte sie. Und sie sagte: Ja, die beiden Männer sind zu mir gekommen, aber ich habe nicht erkannt, woher sie waren. Als nun das Tor bei Einbruch der Dunkelheit geschlossen werden sollte, da gingen die Männer wieder hinaus; ich habe nicht erkannt, wohin die Männer gegangen sind. Jagt ihnen eilends nach, dann werdet ihr sie einholen! – Sie hatte sie aber auf das Dach hinaufgeführt und unter den Flachsstängeln versteckt, die sie auf dem Dach aufgeschichtet hatte. Da jagten ihnen die Männer nach, auf dem Weg zum Jordan, bis zu den Furten. Und man schloss das Tor, sobald die, die ihnen nachjagten, draußen waren.

Zweite Woche: Abhängigkeit

Aber bevor sie sich schlafen legten, stieg sie zu ihnen auf das Dach hinauf und sagte zu den Männern: Ich habe erkannt, dass der HERR euch das Land gegeben hat und dass der Schrecken vor euch auf uns gefallen ist, so dass alle Bewohner des Landes vor euch mutlos geworden sind. Denn wir haben gehört, dass der HERR die Wasser des Schilfmeeres vor euch ausgetrocknet hat, als ihr aus Ägypten zogt, und was ihr den beiden Königen der Amoriter getan habt, die jenseits des Jordan waren, dem Sihon und dem Og, an denen ihr den Bann vollstreckt habt. Als wir es hörten, da zerschmolz unser Herz, und in keinem blieb noch Mut euch gegenüber. Denn der HERR, euer Gott, ist Gott oben im Himmel und unten auf der Erde. So schwört mir nun beim HERRN, weil ich Gnade an euch erwiesen habe, dass auch ihr an meines Vaters Haus Gnade erweisen werdet! Und gebt mir ein zuverlässiges Zeichen, dass ihr meinen Vater und meine Mutter und meine Brüder und meine Schwestern samt allem, was zu ihnen gehört, am Leben lassen und unsere Seelen vom Tod errettet werdet! Da sagten die Männer zu ihr: Unsere Seele soll an eurer statt sterben, wenn ihr diese unsere Sache nicht verratet. Und es soll geschehen, wenn der HERR uns das Land gibt, dann werden wir Gnade und Treue an dir erweisen. Da ließ sie sie an einem Seil durch das Fenster hinunter; denn ihr Haus befand sich an der Stadtmauer und sie wohnte an der Stadtmauer. Und sie sagte zu ihnen: Geht ins Gebirge, damit die Verfolger nicht auf euch stoßen, und verbergt euch dort drei Tage, bis die Verfolger zurückgekehrt sind! Danach geht eures Weges! Da sagten die Männer zu ihr: Von diesem deinem Eid, den du uns hast schwören lassen, werden wir unter folgenden Bedingungen frei sein: Siehe, wenn wir in das Land kommen, musst du diese rote Schnur in das Fenster binden, durch das du uns heruntergelassen hast, und musst deinen Vater, deine Mutter, deine Brüder und das ganze Haus deines Vaters zu dir ins Haus versammeln. Und es soll geschehen, wer auch immer aus der Tür deines Hauses nach draußen gehen wird, dessen Blut sei auf seinem Haupt, und wir werden von diesem Eid frei sein. Jeder aber, der bei dir im Haus sein wird, dessen Blut sei auf unserem Haupt, wenn Hand an ihn gelegt wird. Auch wenn du diese unsere Sache verrätst, so werden wir von deinem Eid frei sein, den du uns hast schwören lassen. Da

Gott will mich

sagte sie: Wie ihr sagt, so sei es! Und sie entließ sie, und sie gingen weg. Sie aber band die rote Schnur ins Fenster.

Und sie gingen weg und kamen ins Gebirge und blieben drei Tage dort, bis die Verfolger zurückgekehrt waren. Die Verfolger aber hatten den ganzen Weg abgesucht und sie nicht gefunden. (Josua 2,1-22)

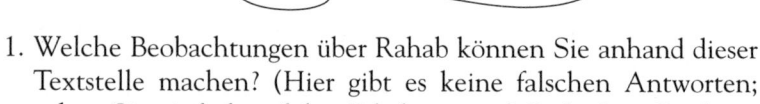

1. Welche Beobachtungen über Rahab können Sie anhand dieser Textstelle machen? (Hier gibt es keine falschen Antworten; gehen Sie einfach auf den Bibeltext ein.) Bedenken Sie ihren Werdegang, ihren Charakter, ihren Mut, ihren Glauben.

2. Was war für Sie im heutigen Abschnitt besonders wichtig?

Zur Wiederholung:

- Der Lebenslauf eines Menschen allein zeigt nicht alles über seine Persönlichkeit.
- Charakterstärke, Mut und Glauben können auch solche Menschen zeigen, von denen man es eigentlich nicht erwartet.

Zweite Woche: Abhängigkeit

Dritter Tag

Rahab hatte völliges Gottvertrauen

Die Bibel sagt uns nicht viel darüber, wer Rahab war, außer dass sie eine Prostituierte war. Wir erfahren allerdings eine ganze Menge darüber, was sie glaubte – und welche Taten aus ihrem Glauben entstanden. Ihre Worte enthüllen ihr Herz: „Ich habe erkannt, dass der HERR euch das Land gegeben hat ... Denn der HERR, euer Gott, ist Gott oben im Himmel und unten auf der Erde."

Das ist wirklich eine erstaunliche Aussage aus dem Munde Rahabs. Sie lebte ein völlig unmoralisches Leben in einer völlig unmoralischen Umgebung. Sie hatte nie auch nur ein Wunder Gottes gesehen. Sie hatte nie auch nur eine seiner Verheißungen oder Segnungen erfahren. Dennoch war sie von ganzem Herzen davon überzeugt, dass Gott Wunder tun kann. Sie war von ganzem Herzen davon überzeugt, dass Gott seine Verheißungen an seinem Volk erfüllen würde. Das ist schon eine ganze Menge mehr, als die meisten Israeliten glaubten.

Rahab ist aus mindestens vier Gründen ein Vorbild im Glauben für uns:

- *Sie nahm Gott beim Wort.* Als Gott sagte, die Israeliten werden das Land einnehmen, da hielt Rahab das schon für so gut wie bereits geschehen. Kurz gesagt, sie hatte völliges Gottvertrauen. Was sonst könnte ihr Handeln erklären? Warum sonst sollte sie bereit sein, ihr Leben aufs Spiel zu setzen, um diesem Gott zu dienen, über den sie eigentlich kaum etwas wusste? Woher hätte sie den Mut nehmen sollen, ihren eigenen König zu hintergehen und die Spione vor den Machthabern zu schützen? Glauben Sie etwa, dass sie jeden Tag persönliche Befehle des Königs von Jericho erhielt? Das war ein Wendepunkt in ihrem Leben und er erforderte einen riesigen Glaubensschritt. Sie wusste, dass sie Verrat beging. Sie wusste, dass auf Verrat die Todesstrafe stand. Es gibt hier nur eine Erklärung: Sie nahm Gott beim Wort.

Haben Sie so viel Glauben? Wenn der Bundeskanzler persönlich *Ihnen etwas befehlen würde*, würden Sie sich ihm widersetzen? Wenn der Bundeskanzler Ihnen eine Kompanie Soldaten vor die Haustür schicken würde mit dem Befehl, die zwei Männer herauszugeben, die Sie verstecken, was würden Sie tun? Ich nehme an, dass die große Mehrheit der Christen *sie tatsächlich herausgeben würde*. Um das zu verdeutlichen, brauchen wir bloß ins Deutschland der 30er Jahre zu schauen. Nur sehr wenige Christen waren bereit, sich Hitler entgegenzustellen. Vielleicht können Sie sich noch andere Beispiele überlegen, die etwas näher liegen.

- *Sie schwamm gegen den Strom.* Während alle anderen Einwohner von Jericho sich auf einen Kampf mit den Israeliten vorbereiteten, bereitete Rahab sich darauf vor, sie zu schützen. Sie glaubte, dass Gott das tun würde, was er gesagt hatte; darum war sie bereit, ihrem bisherigen Leben und dem Volk, in dem sie aufgewachsen war, den Rücken zu kehren. Wie ist das mit uns? Haben wir genug Glauben, um gegen den Strom zu schwimmen? Bei mir war es zum Beispiel einmal so, dass Gott mich aufgefordert hat, gegen den Strom zu schwimmen und unsere Tochter nicht zur Schule zu schicken, sondern zu Hause zu unterrichten. Obwohl viele Leute in unserer Nachbarschaft – und auch in unserer Gemeinde – meine Entscheidung kritisiert haben, weiß ich doch, dass ich Gott mehr gehorchen muss als den Menschen.

Wie ist denn das bei Ihnen? Können Sie sich *an nur eine einzige Situation* in ihrem Leben erinnern, in der Sie gegen den Strom geschwommen sind? Wenn nicht, dann haben Sie sich vielleicht dieser Welt angepasst, statt durch die Erneuerung Ihres Sinnes verwandelt zu sein (Römer 12,2).

- *Rahab glaubte Gott und sie* handelte *auch entsprechend*. Rahab setzte ihren Glauben in greifbare Handlungen um: Sie versteckte die Spione und *half ihnen zu fliehen*. Sie handelte sogar auf die Gefahr

Zweite Woche: Abhängigkeit

hin, dabei ihr Leben aufs Spiel zu setzen. Rahab glaubte Gott, deshalb war sie entschlossen zu tun, was sie konnte, um Gottes Pläne voranzubringen. Darum war sie bereit, ein *Werkzeug in Gottes Hand zu sein*.

Wie wird Ihr Glaube in greifbare Handlungen umgesetzt? Noch einmal: Können Sie sich an eine konkrete Situation erinnern, in der Ihr Verhalten eine Antwort des Glaubens war?

- *Rahab glaubte, dass Gott schon für sie sorgen würde*. Wie hätte sie sonst ihr Leben in die Hände der Feinde geben können? Ja, die Israeliten waren ihre Feinde. Ich glaube nicht, dass sie diesen Männern so vertraute, die sie gerade erst kennen gelernt hatte; ich glaube, sie vertraute dem Gott, dem diese Männer dienten. Wie hätten schließlich zwei Männer sie vor einer ganzen Stadt schützen können? Wie hätten zwei Männer sie vor dem Zorn ihres Königs schützen können? Das *konnte nur Gott*, und sie glaubte, dass er es auch tun würde.

Als Rahab die rote Schnur ins Fenster hängte, war das ein greifbarer Beweis für die ganze Welt, dass sie darauf vertraute, dass Gott für sie sorgen würde. Als die Israeliten die Stadt einnahmen, wartete Rahab auf sie. Das ist der *entscheidende* Punkt. Sie wusste, dass der Einmarsch der Feinde kommen würde; warum also floh sie nicht? Was für ein unglaubliches Zeugnis für ihren Glauben. Sie machte keinen Versuch zu entkommen, keinen Versuch, sich selbst zu retten. Stattdessen wartete sie auf Gott, der sie retten würde. Und nicht nur sie, sondern auch noch ihre ganze Familie.

Gibt es auch in Ihrem Leben irgendeinen Beweis dafür, dass Sie auf Gott vertrauen, auf Gott allein, dass er für Sie sorgt? Oder gehen Sie lieber ständig auf Nummer sicher und entwerfen schon mal einen Notfallplan nur für den Fall, dass Gott es vielleicht nicht tun will?

Rahab nahm Gott beim Wort, und sie war entschlossen, gegen den Strom zu schwimmen. Rahab glaubte Gott und sie *handelte entsprechend*. Rahab glaubte, dass Gott für sie sorgen werde, und sie weigerte sich, ihre Zeit damit zu verschwenden, einen Notfallplan zu entwerfen. Sie hatte völliges Gottvertrauen. Haben Sie das auch? Wenn wir möchten, dass man uns als Frauen des Glaubens in Erinnerung behält, dann sollten wir in Rahabs Fußstapfen treten; sie ist dabei unser Vorbild.

1. Zählen Sie vier Gründe auf, warum Rahab ein Vorbild im Glauben für uns ist.

2. Nehmen Sie Gott beim Wort? Glauben Sie, dass er das tut, was er sagt? Wie zeigt sich diese Erkenntnis in Ihrem Leben?

3. Glauben Sie, dass Gott für Sie sorgen will? Oder versuchen Sie, schwierigen Situationen auf eigene Faust aus dem Weg zu gehen oder zumindest einen Notfallplan bereitzuhalten? Schildern Sie noch einmal ein konkretes Beispiel aus einem Lebensbereich, bei dem Sie völlig davon abhängig sind, dass Gott für Sie sorgt.

Zweite Woche: Abhängigkeit

4. Sind Sie bereit, gegen den Strom zu schwimmen, wenn Gott Sie ruft? Geben Sie ein konkretes Beispiel für etwas, das Sie tun bzw. tun wollen, obwohl Sie damit gegen den Strom schwimmen.

5. Wird Ihr Glaube in Taten umgesetzt? Wie?

6. Was war für Sie im heutigen Abschnitt besonders wichtig?

Zur Wiederholung:

- So wie Rahab müssen wir bereit sein, Gott beim Wort zu nehmen.
- Wir müssen bereit sein, gegen den Strom zu schwimmen.
- Wenn wir Gott glauben, dann müssen wir das in unserem Leben praktisch umsetzen!
- Unser Leben sollte (zumindest *irgendwie*) zeigen, dass wir allein darauf vertrauen, dass Gott für uns sorgt.

Gott will mich

Vierter Tag

————•••————

Sie können mit Gott rechnen; Er wird Sie nie hinauswerfen

So ließ Josua die Hure Rahab und das Haus ihres Vaters sowie alles, was zu ihr gehörte, am Leben. Und sie wohnte mitten in Israel bis zum heutigen Tag, weil sie die Boten versteckte, die Josua gesandt hatte, um Jericho auszukundschaften. (Josua 6,25)

Ich bin ein Fan von Papptellern. Ich benutze sie, und dann werfe ich sie weg. Sie erfüllen ihren Zweck für mich, und anschließend sind sie aus dem Blickfeld und aus dem Gedächtnis verschwunden. Ich brauche mich nicht drum zu kümmern, sie zu spülen. Ich brauche mir keine Sorgen zu machen, was andere Leute denken könnten, wenn sie einen Haufen schmutziges Geschirr bei mir herumstehen sehen. Ich habe keine besonderen Gefühle meinen Papptellern gegenüber. Sie sind mir nicht besonders wertvoll. Wenn sie kaputtgehen, dann versuche ich nicht, sie zu reparieren – es handelt sich schließlich nicht um kostbares Porzellan. Aber ich habe immer welche im Haus, weil sie so praktisch sind.

Haben Sie sich je wie ein Pappteller gefühlt? Vielleicht haben Ihre Eltern sich scheiden lassen, als Sie noch klein waren, und als Ihr Vater wieder geheiratet hat, hat er Sie beiseite gestellt, weil er ja eine neue Familie hatte. Vielleicht zog er viele Kilometer weit weg und Sie hörten nie wieder von ihm. Vielleicht hatten Sie auch nichts mehr zu melden, als Sie einen „neuen Vater" bekamen, der seine eigenen Kinder mitbrachte. Oder vielleicht war es auch, als Ihre Mutter und ihr neuer Mann plötzlich ein „eigenes" gemeinsames Kind hatten – Sie fühlten sich wie beiseite gestellt, weggeworfen.

Sind Sie je missbraucht worden? Haben Sie je diese grausame Erfahrung machen müssen, die in jede Faser des Herzens eindringt: die Erfahrung, dass ein Mensch Sie für seine Zwecke missbraucht hat?

Zweite Woche: Abhängigkeit

Und wenn er dann mit Ihnen fertig war, wenn er bekommen hatte, was er wollte, dann hat er sie hinausgeworfen. Er hat sich einfach umgedreht und ist gegangen. Ich weiß, dass viele Frauen diese Erfahrung machen mussten, besonders in Beziehungen mit Männern. Traurigerweise waren die Männer, die sie missbraucht haben, oft genug die eigenen Väter. Für diese Frauen ist es eine lebenslange Herausforderung zu lernen, Gott wie einem Vater zu vertrauen. Ich möchte Ihnen von meiner Freundin Martha erzählen. Eine von Marthas frühesten Kindheitserinnerungen ist die, dass ihr Großvater sie in einen dunklen Keller gebracht hat. Sie erinnert sich noch an seinen Blick, der ihr Angst machte. Sie erinnert sich auch noch, dass die Stahltür hinter ihr ins Schloss fiel und sie in Dunkelheit gehüllt wurde. Sie erinnert sich an die Angst und an den ganzen Dreck, und obwohl Gott sie davor bewahrt hat, sich an alle Einzelheiten erinnern zu müssen, weiß sie einfach ... Sie weiß, dass sie benutzt und dann weggeworfen wurde.

Martha erinnert sich auch noch an ihre vier Brüder, die sich abwechselnd an ihr vergangen haben. Sie erinnert sich, dass sie in den Keller gebracht wurde zu dem Berg schmutziger Wäsche. Sie erinnert sich, zu welchen Dingen sie gezwungen wurde, und auch an die Groschen, die sie dafür als „Bezahlung" bekam. In ihrem Herzen weiß sie, dass sie benutzt und dann weggeworfen wurde.

Auch wenn Martha selbst es inzwischen völlig unverständlich findet, verhielt sie sich genauso wie nahezu alle Opfer von sexuellem Missbrauch: Als Teenager, mit dreizehn, schlief sie mit jedem Jungen, der wollte. Als sie mit der Schule fertig war, hatte sie schon längst den Überblick über ihre zahllosen Sexpartner verloren. Aber sie erinnert sich, wie sie oft in schäbigen Hotels oder auf der Rückbank irgendeines Autos an die Decke starrte – und sie erinnert sich an das scheußliche Gefühl hinterher. Das Gefühl, dass sie benutzt und dann weggeworfen wurde.

Als Martha verheiratet war, zwang ihr Ehemann sie mit körperlicher Gewalt, *genau dieselben Dinge zu tun,* zu denen sie als Kind schon gezwungen worden war. Als sie versuchte, ihm zu erklären, wie undenkbar das für sie war, stellte er sich einfach taub. Als sie dem Schmerz entkommen wollte, indem sie einfach „zumachte" – das heißt, indem sie frigide wurde, so wie die meisten Opfer von sexuellem Missbrauch – wendete er einfach Gewalt an. Immer und immer wieder, Jahr für Jahr schlug er sie und vergewaltigte sie.

Aber Martha lernt jetzt langsam, Tag für Tag Gott zu vertrauen. Sie lernt, dass die Worte des Herrn Jesus die Wahrheit sind, wenn er sagt: „Alles, was mir der Vater gibt, wird zu mir kommen, und wer zu mir kommt, den werde ich nicht hinausstoßen." (Johannes 6,37) Wissen Sie, was Martha Hoffnung gibt? Rahabs Leben ist ein lebendiger Beweis, dass die Worte des Herrn Jesus wahr sind. Wenn irgendjemand verdient, hinausgeworfen zu werden, dann eine Prostituierte. Prostituierte lassen sich benutzen und wegwerfen – und das *für ihren Lebensunterhalt*. Dennoch – wenn wir Rahabs Geschichte lesen, dann entdecken wir eine wunderbare und heilende Wahrheit. Gott traf Rahab nicht nur da, wo sie war – in einem Bordell. Er ermöglichte es ihr nicht nur, ein Werkzeug zu werden, das zu seiner Ehre gebraucht wurde. Er gestattete ihr nicht nur, eine Schlüsselrolle im glorreichsten militärischen Sieg des Alten Testaments zu spielen. Er nahm sie auch in seine Arme und forderte sie auf, *mit ihm zusammen weiterzugehen*.

Unser heutiger Vers, Josua 6,25, sagt uns, dass Rahab nach der Zerstörung Jerichos bei den Israeliten gelebt hat. Sie wurde tatsächlich eine aus Gottes auserwähltem Volk. Man kann daran gut erkennen, dass Gottes Pläne für Rahab weit darüber hinausgingen, nur seine Ziele zu erreichen. Wie Jeremia 29,11 sagt: „Denn ich kenne ja die Gedanken, die ich über euch denke, spricht der HERR, Gedanken des Friedens und nicht zum Unheil, um euch Zukunft und Hoffnung zu gewähren." Gott hat Rahab nicht einfach nur benutzt und dann weggeworfen. Er liebte sie mit immer währender Liebe. Dieselbe Liebe bietet er auch Martha an, und dieselbe Liebe bietet er auch Ihnen an. Gott zog Rahab zu sich und er hat versprochen, sie nie und nimmer hinauszuwerfen. Was für eine kostbare Wahrheit! Wir können uns daran festklammern.

Können Sie sich nicht auch lebhaft vorstellen, dass Martha und Rahab eines Tages im Himmel einander in den Arm nehmen als zwei verwandte Seelen? Und wenn Sie auch den Schmerz erlitten haben, den die beiden ertragen mussten, dann dürfen Sie sich dazugesellen. Sie dürfen ganz sicher sein, liebe Schwester: Der Herr wird Sie nie und nimmer hinauswerfen.

Zweite Woche: Abhängigkeit

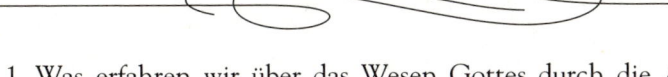

1. Was erfahren wir über das Wesen Gottes durch die Art und Weise, wie er mit Rahab umging? (Zum Beispiel: Er bot ihr an, bei seinem auserwählten Volk zu leben.)

2. Sind Sie je benutzt und dann hinausgeworfen worden? Wenn ja, hat diese Erfahrung es für Sie schwer gemacht, Gott zu vertrauen?

3. Welchen Trost gibt uns der Bericht über Rahabs Leben, wenn wir vom heutigen Abschnitt ausgehen?

4. Was war für Sie im heutigen Abschnitt besonders wichtig?

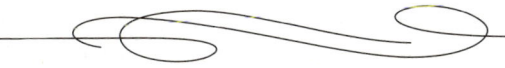

Zur Wiederholung:

- Was auch immer Ihnen in der Vergangenheit angetan wurde, Sie können darauf vertrauen, dass Gott alles heilen kann.
- Wenn wir Jesus gehören, dann verspricht er, uns nie hinauszuwerfen.

Fünfter Tag

Gott kann Sie gebrauchen, egal wie Ihre Vergangenheit aussieht

Ist aber nicht ebenso auch Rahab, die Hure, aus Werken gerechtfertigt worden, da sie die Boten aufnahm und auf einem anderen Weg hinausließ? (Jakobus 2,25)

Können Sie es wagen zu glauben, dass Gott Sie gebrauchen kann, egal wie Ihre Vergangenheit aussieht? Wenn Sie auf Gott allein vertrauen und im Gottvertrauen leben (und nicht im Selbstvertrauen), dann kann Gott grenzenlos in Ihrem Leben und durch Ihr Leben wirken. Blättern Sie mal die allererste Seite des Neuen Testaments auf und lesen Sie den Stammbaum Jesu bei Matthäus! Ob Sie wohl jemand Bestimmtes dort finden werden? Ich warte hier auf Sie, bis Sie zurück sind.

Nun, haben Sie es gelesen? Wer ist bei den Frauen aufgezählt, die Gott erwählt hat, die Linie Davids fortzuführen, die erwählt waren, eine der „Stammmütter" von Jesus zu sein? Keine andere als Rahab, die Prostituierte. Können wir uns nur annähernd vorstellen, was für eine unfassbare Ehre das ist? Und meinen Sie bloß nicht, dass Rahab hier zufällig auftaucht. Gott hat sie als ein Glied des Stammbaums Jesu auserwählt, um uns daran klarzumachen, dass seine Wege nicht unsere Wege sind. Es erinnert uns an die Tatsache, dass er scheinbar ungeeignete Werkzeuge auswählen kann, um seine Ziele zu erreichen – ja, sogar um das größte Ziel in der Geschichte der Menschheit zu erreichen. Gott wusste vor Grundlegung der Welt, dass der Christus kommen würde, und er wusste, dass Rahab eine der auserwählten Frauen in seinem Stammbaum sein würde. Der Traum jeder Israelitin im ganzen Verlauf der Geschichte war es, ein Teil des messianischen Stammbaums zu werden. Und doch: Gott hat dieses Vorrecht Rahab zuerkannt, einer Heidin, einer Prostituierten.

Zweite Woche: Abhängigkeit

Welch eine Ermutigung ist das Leben Rahabs doch für uns. Sie ist ein ewiges Zeugnis von Gottes Gnade und Barmherzigkeit. Sie erinnert uns daran, dass es ganz gleichgültig ist, wo wir einst waren. Es ist ganz gleichgültig, welche Fehler wir früher begangen haben. Wer sein Herz ganz für Gott öffnet, der kann ein Werkzeug in Gottes Hand werden.

Ich habe mich intensiv mit Rahab beschäftigt, und ich wollte gern wissen, wo ihr Name in der Bibel sonst noch auftaucht. Kaum zu glauben – wir finden sie bei den „Glaubenszeugen des Alten Testaments". Da wird sie in einem Atemzug genannt mit all den Helden – den ganz Großen – wie Abraham und Jakob, Mose und David. In Hebräer 11,31 heißt es: „Durch Glauben kam Rahab, die Hure, nicht mit den Ungehorsamen um, da sie die Kundschafter in Frieden aufgenommen hatte."

Aber Moment mal: Warum wird sie in der Bibel eigentlich immer nur „Rahab, die Hure" genannt? Ich muss schon sagen, eine Weile hat mich das richtig geärgert. Na klar, die Frau hat Fehler gemacht, aber können wir das nicht mal langsam vergessen? Ich meine, immerhin waren Mose und David ja schließlich beide *Mörder*. Ist das nicht noch schlimmer, als eine Prostituierte zu sein? Warum werden die nicht so gebrandmarkt? *Warum wird Rahab gebrandmarkt?*

Ich glaube, hier gibt es mindestens zwei Gründe. Zum einen erinnert uns dieses Etikett an Rahabs Schwachheit; es erinnert uns daran, wo sie sich befand, als Gott sie berief. Es erinnert uns noch einmal daran, dass Gott oft die Menschen auswählt, die völlig ungeeignet erscheinen, um seine Ziele zu erreichen. So geben sie *ihm* die Ehre.

Und zweitens glaube ich, dass Rahab auch deswegen so bezeichnet wird, weil die Bibel einfach realistisch ist. Denken Sie mal darüber nach. Wir wissen, dass sie bei den Israeliten gewohnt hat. Sie können sich darauf verlassen, dass die Israeliten ganz genau wussten, wer sie war und wie sie vorher gelebt hatte. Obwohl sie jetzt ganz offensichtlich „seriös" geworden war und einen netten Juden namens Salmon geheiratet hatte (Matthäus 1,5), kann ich mir lebhaft vorstellen, dass *gewisse Frauen es sie nie vergessen ließen,* woher sie kam. Wissen Sie, was ich meine? Vielleicht gibt es auch in Ihrem Leben Menschen, die wissen genau, was Sie früher getan haben, und die lassen es *Sie* nie vergessen.

Als ich klein war, kam mein Bruder heroinabhängig aus dem Vietnamkrieg zurück. Innerhalb einiger Monate hatten die Drogen sich

Gott will mich

wie ein Buschfeuer in unserer ganzen Familie ausgebreitet. Als zwei meiner Brüder deswegen verhaftet wurden, stand das als Schlagzeile auf der ersten Seite unserer örtlichen Tageszeitung – und keiner in unserer Kleinstadt war gewillt, darüber hinwegzusehen. Wir waren gebrandmarkt – die Gründe konnte ich beim besten Willen nicht nachvollziehen. *Ich war gebrandmarkt.* Diese Familie von Drogenabhängigen!

Ich kann mich daran erinnern, dass die Kinder in meiner Klasse sich über mich lustig machten – sie malten Bilder von mir und meiner Familie mit Nadeln im Arm. Als eines Tages der Lehrer kaum aus der Klasse war, stellten sich alle meine Klassenkameraden im Kreis um mich herum und grölten „Drogenleute, Drogenleute", bis ich in Tränen ausbrach und davonrannte. Ich weiß, wie das ist, wenn man gebrandmarkt ist.

Wissen Sie, was bezeichnend ist? Nachdem ich diese menschlichen Wracks gesehen hatte, die Zerstörungskraft der Drogen mitverfolgt habe – nachdem die Drogen meine Familie kaputtgemacht und mich meiner Kindheit beraubt hatten, was ist da wohl aus mir geworden? Ich wurde nicht nur selbst drogenabhängig; um meine Sucht zu finanzieren, wurde ich sogar *Drogendealer*. Irgendwo in der Tiefe meines Herzens glaubte ich, dass ich dazu vorherbestimmt war, ein Teil jener „Familie von Drogenabhängigen" zu sein, und dieses Gefühl wurde für mich zu dem unwiderstehlichen Sog, so zu werden, wie es wohl sein musste. Ist das nicht eigentlich unvorstellbar? Und doch zeigt es, wie sehr ein Etikett, das einem aufgedrückt wird, einen Menschen prägen kann. Wissen Sie, die alten Etiketten von früher müssen nicht unsere Zukunft beeinflussen, aber wenn wir es zulassen, dann können sie unermesslichen Schaden anrichten. Darum müssen wir auch so sorgfältig mit Redensarten umgehen, mit denen wir unsere Kinder abstempeln könnten. Und wir sollten auf der Hut sein, wenn andere Leute – Lehrer, Klassenkameraden, Nachbarn, Verwandte – unsere Kinder irgendwie etikettieren.

Rahab war mit einem sehr schwerwiegenden Etikett versehen – und es war zweifellos kaum abzuschütteln. Ich stelle mir eine Gruppe israelitischer Frauen vor, die am Fluss ihre Wäsche waschen. Sie unterhalten sich gut gelaunt, bis Rahab dazukommt. Auf einmal herrscht Stille. Die Israelitinnen sehen einander an. Rahab geht ganz

Zweite Woche: Abhängigkeit

allein ein Stück weiter und beugt sich stumm über ihre Arbeit. Es wird getuschelt. Sie weiß, über wen sie sprechen und was sie sagen, oder zumindest ahnt sie es. Vielleicht war es auch gar nicht so. Vielleicht waren diese hebräischen Frauen damals anders als die Frauen heute. Aber ehrlich gesagt: Ich bezweifle es.

Und selbst wenn die anderen es sie vergessen ließen, glauben Sie, dass Rahab selbst ihre Vergangenheit je vergessen konnte? Können Sie sich vorstellen, was sie als Prostituierte getan und erlebt hat? Glauben Sie, dass das Leben mit dem Volk Israel allein ausreichte, diese grauenhaften Erinnerungen auszulöschen? Ich glaube kaum.

Noch einmal versuche ich mir vorzustellen, wie es gewesen sein könnte. Es ist Nacht, und Rahab liegt im Bett. Salmon, ihr Mann, und auch der kleine Boas schlafen tief und fest. Aber sie selbst kann in dieser Nacht überhaupt nicht einschlafen. Die Erinnerungen überfluten sie wieder einmal. Das ist immer die schlimmste Zeit des Tages, diese Dunkelheit, diese Schlaflosigkeit. Sie dreht und wälzt sich von einer Seite auf die andere, sie schüttelt den Kopf, und unwillkürlich wirft sie die Arme in die Luft. Sie versucht, die Erinnerung zu verscheuchen, den Fremden im Dunkeln zu vertreiben. Sie fleht zu Gott, diese Erinnerungen auszulöschen, sie fleht ihn an, sie von diesen schrecklichen Dingen zu befreien, die sie in der Nacht immer wieder heimsuchen.

Wissen Sie, wie das ist? Gibt es auch bei Ihnen Erinnerungen an Dinge, die Sie getan haben, oder Orte, an denen Sie gewesen sind, *die Sie in der Nacht verfolgen?* Ich erinnere mich an ein bestimmtes Haus, in dem ich häufig war; alle möglichen Leute hingen da herum, kauften und verkauften und konsumierten Drogen. Es war ein unglaublicher Müll. Der Bursche, dem die Wohnung gehörte, hatte eine Vogelspinne und eine Boa Constrictor, die sich da frei bewegen konnten. Ich kann mich an Nächte im Drogenwahn erinnern, in denen ich die fürchterlichsten Bilder vor mir sah. Am schlimmsten war es eines Nachts, als ich eine Überdosis Heroin und Alkohol genommen hatte und fast daran gestorben wäre.

Die Erinnerungen an diese Zeit suchen mich immer wieder heim. Obwohl ich inzwischen nicht mehr so bin und ein neues Leben angefangen habe, obwohl ich den Stempel „drogenabhängig" nicht mehr verdiene durch das, was Gott in Jesus Christus für mich getan hat –

die Erinnerungen überfallen mich dennoch ab und zu. Auch Dinge, die ich gesagt habe, Worte, die ich liebend gern zurücknehmen würde, laufen mir immer wieder nach. Nicht nur die ganz großen Sachen von früher, sondern auch die kleinen Schnitzer, die mir immer wieder passieren. Da war zum Beispiel die Sache letzten Donnerstagabend in der Frauenstunde oder dieses gewisse Telefongespräch gestern. Ich bedaure Dinge, die ich meiner Tochter gesagt habe, ich bedaure den kleinen Nachbarschaftsstreit, die bösen Worte, die sich ihren Weg aus meiner vor Wut blinden Seele gesucht haben. Aber eines hat Rahab mich gelehrt, und ich hoffe, dass sie es auch Ihnen klarmachen kann:

Lassen Sie es nicht zu, dass das, was Sie früher einmal waren, Sie davon abhält, das zu werden, was Sie sein sollten.

Sind Sie jemals mit einem Stempel versehen worden? Vielleicht wegen etwas, das Sie getan haben, oder vielleicht auch nur, weil die Menschen so grausam sein können? Vielleicht sind Ihnen die Eltern oder ein Lehrer oder die Kinder in der Nachbarschaft mit einem Vorurteil begegnet, das Sie nicht mehr abschütteln konnten. Dumme Doris. Dorothea Dickmadam. Heule-Susi. Vielleicht ist es auch noch gar nicht so lange her. Vielleicht haben Sie den Eindruck, dass Sie viel zu oft versagt haben: in Ihrer Ehe, in der Nachbarschaft, bei der Arbeit, in der Gemeinde. Man hat Sie als *schlechte Christin* abgestempelt, und ehrlich gesagt, Sie finden das selbst auch gerechtfertigt. Aber Sie müssen sich von all diesen Vorurteilen lösen!

So wie Rahab dürfen wir nicht zulassen, dass das, was wir früher einmal waren, uns davon abhält, das zu werden, was wir sein sollten. Woher wissen wir eigentlich, dass Rahab sich von diesem Etikett nicht auf Dauer beeinflussen ließ? Nun, schauen Sie sich diesen unglaublichen jungen Mann an, den sie erzogen hat. Das kann uns schon einiges darüber sagen, was sie ihm vorgelebt haben muss. Lesen Sie das Buch Ruth und nehmen Sie dabei *den Charakter und die Rechtschaffenheit* von Boas genau unter die Lupe. Jede Mutter wäre stolz auf einen solchen Sohn. Ich hoffe, Sie werden mir von nun an immer beipflichten, wenn von der Hure Rahab die Rede ist und ich sage: „Ach, Sie meinen Rahab, diese wunderbare Mutter? Sie meinen Rahab, die Urahnin von Jesus? Diese Rahab, die ein Vorbild ist als Glaubensheldin? Ich kann es kaum erwarten, sie kennen zu lernen!"

Können Sie es wagen zu glauben, dass Gott Sie gebrauchen kann,

Zweite Woche: Abhängigkeit

egal wie Ihre Vergangenheit aussieht? Wenn Sie auf Gott allein vertrauen und im Gottvertrauen leben (und nicht im Selbstvertrauen), dann kann Gott grenzenlos in Ihrem Leben und durch Ihr Leben wirken.

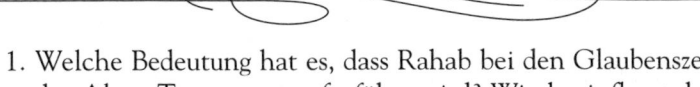

1. Welche Bedeutung hat es, dass Rahab bei den Glaubenszeugen des Alten Testaments aufgeführt wird? Wie beeinflusst das Ihr Gottesbild und Ihre Einstellung zu der Frage, wer ein Werkzeug in Gottes Hand werden kann?

2. Schreiben Sie alle negativen oder zerstörerischen Etiketten auf, die Ihnen zur Zeit angehängt werden. Versuchen Sie, sich an den Ursprung des Vorurteils zu erinnern und auch daran, wie es Ihr Leben beeinflusst hat.

3. Würde Ihr Leben anders verlaufen, wenn Sie diese Etiketten loswerden könnten? Wenn es ein „gerechtfertigtes" Etikett ist, das durch Sünde in Ihrem Leben entstanden ist, dann bekennen Sie das und tun Sie Buße in dem Wissen, dass Gott bereit ist, Ihnen zu vergeben (1. Johannes 1,8-9).

4. Was war für Sie im heutigen Abschnitt besonders wichtig?

5. Wie lautete der „Schwerpunkt der Woche"?

Zur Wiederholung:

- Wir tragen alle irgendwelche Etiketten, die Gottes Werk in unserem Leben behindern oder vorantreiben können.
- Lassen Sie es nicht zu, dass das, was Sie früher einmal waren, Sie davon abhält, das zu werden, was Sie sein sollten.

Dritte Woche: Wissen

Schwerpunkt der Woche:

Lernen Sie Ihren Schöpfer kennen

Leitvers der Woche:

Wer ist dir gleich unter den Göttern, o HERR! Wer ist dir gleich, so herrlich in Heiligkeit, furchtbar an Ruhmestaten, Wunder tuend! In deiner Gnade hast du geleitet das Volk, das du erlöst.

2. Mose 15,11+13

Gott will mich

Erster Tag

Die Hoheit unseres Gottes

Keiner ist wie der Gott Jeschuruns, der auf den Himmeln einherfährt zu deiner Hilfe und in seiner Hoheit auf den Wolken. Eine Zuflucht ist der Gott der Urzeit, und unter dir sind ewige Arme. (5. Mose 33,26-27)

Ein Werkzeug, ohne das Gott überhaupt nicht auskommen könnte, gibt es nicht. Haben Sie darüber jemals nachgedacht? Es gibt keinen einzigen Menschen auf der Erde, den Gott wirklich benötigt. Manchmal habe ich den Eindruck, wir stellen uns Gott so ungefähr wie einen nervösen Trainer vor, der gegen Ende der zweiten Halbzeit hilflos irgendwo an der Seitenlinie steht, die Hände ringt und hofft, dass seine Mannschaft in letzter Minute doch noch gewinnt. Diese Vorstellung geht weit an der Realität vorbei. Er weiß den Ausgang von Anfang an. Wenn wir uns seine Hoheit vor Augen führen, dann wird uns klar, dass der Sieg sicher ist. Es wird uns klar, dass er mit absoluter Sicherheit in der Lage ist, das Universum auch ohne unsere Hilfe zu regieren.

Nimmt uns das nicht den Druck? Wir müssen unserem Gott nicht etwas vorspielen. Seine ewigen Pläne stützen sich nicht auf unsere Fähigkeit, trotz der übermächtigen feindlichen Verteidiger ein Tor zu schießen. Ja, er möchte, dass Sie ein Werkzeug zu seiner Ehre werden, aber das heißt nicht, dass *Sie* jetzt herausfinden müssen, wie Sie ihm Ehre bereiten könnten. Er ist bestens in der Lage, sich selbst Ehre zu bereiten. Wenn Sie verstehen, wer der Schöpfer ist, wenn Sie die Kraft und Hoheit des Herrn verstehen, dem Sie dienen, dann werden Sie auch sehen, wie wenig Sie *tun* müssen – aber auch, wie viel *Frucht* Sie bringen dürfen, wie viel Sie *vertrauen* dürfen, wie viel Sie demütig *gehorchen* dürfen.

Und was sogar noch schöner ist: Wenn Sie versagen (und wir alle

Dritte Woche: Wissen

versagen manchmal), dann kommt er zu Hilfe. Er „fährt auf den Himmeln einher" zu Ihrer Hilfe. Mit seinen „ewigen Armen" steht er bereit, um Sie aufzufangen. Genau derselbe, der „in seiner Hoheit auf den Wolken" einherfährt, ist derjenige, der sich niederbeugt, um die Scherben Ihres Lebens aufzusammeln. Es ist genau derselbe, der die Teile vorsichtig wieder zusammenklebt und Sie wieder zu einem Gefäß macht, das er gebrauchen kann. Er hat Sie erlöst; und weil Sie wissen, dass Sie erlöst sind, können Sie in der Verheißung ruhen, dass *er Sie führen wird*. Auch wenn Sie selbst nicht wissen, wohin Ihr Weg Sie führt, selbst wenn alles in Ihrem Leben Ihnen sinnlos erscheint, selbst dann können Sie sich unserem majestätischen Gott anvertrauen in dem Wissen, dass er in seiner unerschöpflichen Liebe die Menschen führen will, die er erlöst hat.

An den nächsten beiden Tagen wollen wir einfach einmal darüber nachdenken, *wer unser Schöpfer ist. Wir wollen uns die Zeit nehmen, in Ehrfurcht zu seinen Füßen zu sitzen und seine Hoheit zu betrachten.* Wenn Sie die Textstellen für heute und morgen lesen, dann notieren Sie sich bitte Folgendes: (1) die Eigenschaften Gottes, die Sie entdecken (wie er ist, was er getan hat), und (2) wie unsere Reaktion dazu aussehen sollte.

Du sollst den HERRN, deinen Gott, lieben und sollst alle Tage seine Vorschriften halten und seine Ordnungen, seine Rechtsbestimmungen und seine Gebote. Und erkennt heute – denn nicht mit euren Kindern rede ich, die die Zucht des HERRN, eures Gottes, nicht erfahren und nicht gesehen haben – seine Größe, seine starke Hand und seinen ausgestreckten Arm und seine Zeichen und seine Taten, die er mitten in Ägypten getan hat an Pharao, dem König von Ägypten, und an seinem ganzen Land; und was er getan hat an der Heeresmacht Ägyptens, an seinen Pferden und seinen Wagen, über die er die Wasser des Schilfmeeres hinfluten ließ, als sie euch nachjagten, und die der HERR so umkommen ließ bis auf diesen Tag; und was er euch in der Wüste getan hat, bis ihr an diesen Ort kamt; und was er an Datan und Abiram getan hat, den Söhnen des Eliab, des Sohnes Rubens, wie die Erde ihren Mund aufriss und sie mitten in ganz Israel verschlang samt ihren Familien und ihren Zelten und allem Bestand, der in ihrem Gefolge war. –

Gott will mich

Sondern eure eigenen Augen haben das ganze große Werk des HERRN gesehen, das er getan hat. So haltet das ganze Gebot, das ich dir heute befehle, damit ihr stark seid und hineinkommt und das Land in Besitz nehmt, in das ihr hinüberzieht, um es in Besitz zu nehmen, und damit ihr eure Tage verlängert in dem Land, von dem der HERR euren Vätern geschworen hat, es ihnen und ihren Nachkommen zu geben, ein Land, das von Milch und Honig überfließt. (5. Mose 11,1-9)

Dein, HERR, ist die Größe und die Stärke und die Herrlichkeit und der Glanz und die Majestät; denn alles im Himmel und auf Erden ist dein. Dein, HERR, ist das Königtum, und du bist über alles erhaben als Haupt. (1. Chronik 29,11)

Der HERR ist König! Er hat sich bekleidet mit Hoheit!
Der HERR hat sich bekleidet, mit Stärke hat er sich umgürtet!
Ja, fest steht die Welt, sie wird nicht wanken. (Psalm 93,1)

1. Wie ist Ihre Einstellung Gott gegenüber? Wie steht es mit dem Lernen aus seinem Wort, mit der Zeit für das Gebet? Haben Sie bei diesen Themen eine Haltung der Pflichterfüllung? Oder kommen Sie voller Freude *in seine Gegenwart*? Erforschen Sie Ihr Herz vor ihm.

2. Wie kann das Nachdenken über die Hoheit und Güte unseres Gottes Ihnen helfen, *ihn immer besser kennen lernen zu wollen?*

Dritte Woche: Wissen

3. Welche Verse sind Ihnen am wichtigsten geworden? Warum?

4. Schreiben Sie ein Gebet auf an Ihren ehrfurchtgebietenden Gott. Danken Sie ihm für das unglaubliche Vorrecht, dass Sie in seine Gegenwart kommen dürfen.

5. Was war für Sie im heutigen Abschnitt besonders wichtig?

Zur Wiederholung:

- Unser Gott ist ein ehrfurchtgebietender Gott!
- Wenn wir die Hoheit und Güte unseres Gottes betrachten, dann sollte uns das dahin führen, ihn immer besser kennen lernen zu wollen.

Gott will mich

Zweiter Tag

———•••◆•••———

Gott benötigt uns nicht

Haben Sie schon einmal jemanden getroffen, der berühmt ist? War das nicht toll, das Gefühl, diesen Jemand fast zu kennen? Als wir einmal bei einer Evangelisation von Billy Graham mitarbeiteten, hatte ich die Aufgabe, als Seelsorgehelferin mit auf die Bühne zu gehen. Ich hatte auch noch das Glück, dass die Frau, mit der ich sprechen sollte, so nah wie möglich bei dem berühmten Evangelisten stand. Und ich musste natürlich so nah wie möglich bei ihr sein. Was für ein Moment, als wir ganz dicht bei Billy Graham standen. Ich konnte ihn ehrfürchtig betrachten, als er den Kopf neigte und betete.

Bei einer anderen Gelegenheit besuchte ich ein Seminar mit einer bekannten christlichen Autorin; und in ihrer Gegenwart fühlte ich eine ganz ähnliche Ehrfurcht. Hier stand eine Glaubensheldin vor mir, eine wirklich gottesfürchtige Frau, der man zuhören sollte. Was sie sagte, das ging mir zu Herzen. Tatsächlich ist der Eindruck, den ihre Worte damals auf mich machten, auch in diesem Buch noch zu spüren. Diese hervorragende Schriftstellerin gab bekannt, dass sie nach dem Seminar bereit sei, ihre Bücher zu signieren. Ich weiß noch, dass ich dachte: „Super! Dann kann ich richtig mit ihr reden. Vielleicht habe ich sogar die Möglichkeit, tatsächlich mit ihr bekannt gemacht zu werden." Als ich aber später versuchte, sie persönlich kennen zu lernen, da zeigte sie mir (und allen anderen) die sprichwörtliche kalte Schulter. Das tat weh! Ganz gleich, wie eindrucksvoll solche „Super-Christen" sind, sie sind doch nur Mitgeschöpfe, sie sind nicht der Schöpfer!

Ist es nicht wunderbar zu wissen, dass Gott uns nie die kalte Schulter zeigt? Wir dürfen sogar zum Thron des allmächtigen Gottes kommen. Als seine Kinder können wir voller Vertrauen in seine Gegenwart kommen, und wir dürfen wissen, dass er uns mit liebenden offenen Armen empfängt. *Wie kann es sein, dass wir davon nicht begeistert*

Dritte Woche: Wissen

sind? *Wie können wir dieses Vorrecht unter der Rubrik „heute nicht vergessen" notieren, als ob wir immer erst daran erinnert werden müssten?* Kommt Ihnen das bekannt vor? Wenn wir das Wesen unseres Gottes wirklich verstehen würden, dann würden wir *zu ihm laufen. Wie ein Kind, würden wir zu ihm hin hopsen und springen.* Aber statt zu Gott zu laufen, laufen wir lieber zu Menschen. Obwohl es die bittere Wahrheit ist: Sogar die edelsten Menschen werden uns enttäuschen; sogar der geistliche Freund mit den besten Absichten hat nicht die Weisheit und das Wesen Gottes. Wenn Sie das nächste Mal in einer Krise stecken, dann denken Sie daran: Entweder bringen Sie ihr Problem zum Thron der Gnade – oder Sie vertrauen es jemandem am Telefon an! Was ist Ihnen lieber?

Ich erinnere mich, wie wir mit unserer Tochter Leah zum Disneyland gefahren sind. Als sie eine Frau sah, die als Belle (aus *Die Schöne und das Biest*) verkleidet war, da war sie überglücklich, ja geradezu völlig aus dem Häuschen. Nun überlegen Sie sich das einmal: Die Kleine sprudelte über vor Begeisterung beim Anblick einer jungen Frau, die als Comic-Figur verkleidet war. *Aber wir machen uns kaum die Mühe, zu Gott zu gehen. Und wenn wir es tun, dann ist es schon schwierig, dabei wach zu bleiben.* Da ist doch irgendetwas völlig schief gegangen, oder?

Nehmen Sie jetzt Ihre Bibel zur Hand und nehmen Sie sich die Zeit, gründlich über Gottes Wesen nachzudenken, indem Sie Jesaja 40 lesen. Segen wird garantiert – oder Geld zurück!

Ich hoffe, dass Sie unter anderen folgende Wahrheiten über Gott notiert haben:

- *Ewig, unveränderlich.* „Das Wort unseres Gottes besteht in Ewigkeit" (V.8).
- *Herr.* „Siehe, der Herr, HERR, kommt mit Kraft, und sein Arm übt die Herrschaft für ihn aus" (V.10). Er hat alle Macht und Autorität im Himmel und auf Erden.
- *Sanft.* „Die Lämmer wird er in seinen Arm nehmen und in seinem Gewandbausch tragen, die säugenden Muttertiere wird er fürsorglich leiten" (V.11).

Wenn wir Gottes Macht und Hoheit betrachten, dann wird es sonnenklar: Gott benötigt weder Sie noch mich noch irgendjemanden sonst.

Gott will mich

Er hat beschlossen, uns das Vorrecht zur Mitarbeit zu geben. Ich kann das natürlich nicht beweisen, aber ich habe den Eindruck, dass Gott schwache Menschen gebraucht, um seinen Engeln etwas zu zeigen. Manchmal meine ich fast, ich könnte es sehen, wie er den Engel Gabriel mit dem Ellbogen anstößt und flüstert: „Jetzt sieh dir das mal an!" Jeder kann mit einer Mannschaft von Profis gewinnen, aber Gott zeigt seine Macht und Weisheit, indem er die Ersatzspieler auswählt, die Balljungen, die Spieler, die sonst keiner einsetzen würde. (Und Jesus Christus hat ja bereits den allumfassenden Sieg errungen; hier bleiben nur jede Menge kleiner Kämpfe auf der Erde.)

Nehmen Sie zum Beispiel Evangelisationen! Gott könnte die ganze Angelegenheit viel schneller und einfacher durch Engel erledigen lassen. Das sähe dann ungefähr so aus: Tausende von Engeln würden jeden Tag eine andere Stadt besuchen. Sie würden Posaunen blasen, wunderbar strahlen, herrlich singen und ohne jeglichen Fehler das Evangelium verkünden. Was meinen Sie, wie viel Leute *bei einer solchen Veranstaltung* zum Glauben kämen? Ich nehme an, ein ziemlich hoher Prozentsatz. Obwohl ich von Billy Graham als Prediger auch viel halte, bin ich davon überzeugt, dass die Engel noch viel effektiver predigen könnten. Gott hätte natürlich auch noch andere Möglichkeiten. Wenn Effektivität, Leistungsfähigkeit und Eignung des Verkündigers die Hauptsache wären, dann könnte er Jesus Christus so ungefähr einmal im Jahr zurück zur Erde senden. Bei diesen Gelegenheiten käme er natürlich dann in Macht und Herrlichkeit. Er würde erklären: „Ich bin Gott und nicht ihr. Betet mich an, und zwar *sofort.*" Ich kann Ihnen sagen: Das würde schon Wirkung zeigen! Und es wäre ja so viel einfacher als dieses mühsame Verkündigen der Botschaft durch menschliche Werkzeuge.

Warum arbeitet Gott nicht in dieser Weise? Ist es möglich, dass er noch nie auf solche hervorragenden Ideen gekommen ist? Überlegen Sie doch mal! Er ist Gott. Er kannte solche erstklassigen Möglichkeiten bereits, bevor er die Zeit geschaffen hat. Es ist Gott eindeutig *nicht* daran gelegen, dass sein Werk auf dieser Erde auf die effektivste oder beste Art und Weise getan wird. Haben Sie darüber je nachgedacht? Woran er wirklich ernsthaft interessiert ist, das sind *Sie*. Und ich. Und die anderen Millionen Menschen, die auf der Erde leben. Er ist ernstlich daran interessiert, uns zu formen und zu gestalten – um uns

Dritte Woche: Wissen

dem Bild seines Sohnes ähnlich zu machen. Er ist ernstlich daran interessiert, uns auf das kommende Reich vorzubereiten, in dem wir als Miterben seines Sohnes regieren werden.

Denken Sie in Ruhe darüber nach. Ihre Ansichten in Bezug auf die Qualitäten, die man aufweisen muss, um ein Werkzeug in Gottes Hand zu werden, sollten sich dabei drastisch ändern.

1. Gibt es im Moment in Ihrem Leben irgendetwas, von dem Gott Sie nicht befreien kann? Schreiben Sie zuerst die „richtige" Antwort, und dann schreiben Sie auf, was Sie wirklich dazu meinen, so wie es Ihre Äußerungen und Ihre Handlungen zeigen.

2. Welche Gründe könnte Gott haben, um Sie in den jetzigen Lebensumständen zu belassen? Was könnte er Ihnen damit zeigen wollen?

3. Was war für Sie im heutigen Abschnitt besonders wichtig?

Zur Wiederholung:

- Gott zeigt uns durch sein Wesen, dass er *uns nicht benötigt*, doch er möchte sein Werk durch unser Leben ausführen.
- Gott *kann* uns von allen unseren schweren Lebensumständen befreien. Wenn er es zulässt, dass wir in einer Prüfung sind, dann sollen wir dadurch lernen.

Dritter Tag

Die Sehnsucht unseres Gottes

Wie war das noch ganz am Anfang der Menschheitsgeschichte ... Gott hatte das Universum geschaffen und es mit allen Arten von Lebewesen ausgestattet. Es war ein Ort der Schönheit und Vollkommenheit – warum hat er es bloß verdorben, indem er Adam und Eva da hineinbrachte? Was hat Gott nur veranlasst, einen Klumpen Lehm zu nehmen und daraus einen Menschen zu formen? Ja, warum hat Gott überhaupt Menschen geschaffen? Er wollte Gemeinschaft mit uns. Er sehnt sich nach einer tiefen persönlichen Beziehung mit jedem seiner Kinder, und es schmerzt ihn, wenn wir uns abwenden. Denken Sie daran, wie Jesus über die Stadt Jerusalem weinte:

> Jerusalem, Jerusalem, die da tötet die Propheten und steinigt, die zur ihr gesandt sind! Wie oft habe ich deine Kinder versammeln wollen, wie eine Henne ihre Küken versammelt unter ihre Flügel, und ihr habt nicht gewollt. (Matthäus 23,37)

Dennoch sehnt sich Gott nach uns, *und wir haben nicht gewollt*. Wir wollen uns gar nicht die Zeit nehmen, ihn kennen zu lernen. Wir wollen uns nicht die Zeit nehmen, in seinem Wort zu forschen. Wir wollen nicht mit ihm im Gebet sprechen. Wir wollen nicht im täglichen Gehorsam mit ihm leben. Haben Sie jemals darüber nachgedacht, wie Ihre Gleichgültigkeit das Herz unseres Gottes schmerzt?

Wie würden Sie es empfinden, wenn derjenige, den Sie lieben, Sie gar nicht beachten würde? Sie nie anrufen würde? Nie Briefe schreiben würde? Wie würden Sie es empfinden, wenn derjenige, den Sie am meisten lieben, *Sie genau so behandeln würde, wie Sie Gott behandeln?* Ich muss das noch einmal wiederholen: Wie würden Sie es empfinden, wenn derjenige, den Sie am meisten lieben, Sie genau so behandeln würde, wie Sie Gott behandeln? Wenn Sie Gott lieben,

Dritte Woche: Wissen

dann seien Sie dazu bereit, es ihm zu zeigen. Er sehnt sich nach Ihnen.

Haben Sie sich jemals nach jemandem gesehnt? Vielleicht waren Sie von einer bestimmten Person einmal monatelang getrennt, vielleicht durch einen Krieg? Denken Sie daran, wie es war, als Sie sich zum ersten Mal verliebt hatten: Wie sehnten Sie sich nach Ihrem Schatz ... Sogar ein einziger Tag der Trennung schien ganz unerträglich zu sein! So empfindet Gott Ihnen gegenüber. Können Sie sich das vorstellen? Er *sehnt sich nach Ihnen!*

Sehnen Sie sich nach Gott? Wenn nicht, nach wem oder was sehnen Sie sich? Sehnen Sie sich nach Reichtum, Wohlergehen, Sicherheit? Sehnen Sie sich nach einer Liebesromanze, nach Schönheit oder einem abenteuerlichen Leben? Ich frage noch einmal: Wenn Sie sich nicht nach Gott sehnen, nach wem oder was sehnen Sie sich? Denken Sie über diese Frage nach und überlegen Sie, welche wahre Herzenseinstellung Ihre Antwort enthüllt.

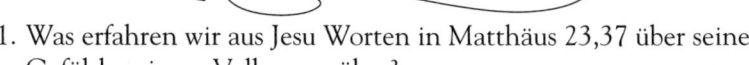

1. Was erfahren wir aus Jesu Worten in Matthäus 23,37 über seine Gefühle seinem Volk gegenüber?

2. Glauben Sie ernsthaft, dass Gott sich *nach Ihnen* sehnt? Was meinen Sie, was das wirklich bedeutet?

3. Würde der Herr Jesus von Ihnen sagen müssen: „Sie hat nicht gewollt"? An welcher Stelle sind Sie nicht bereit, Ihren Anteil an der Liebesbeziehung zu Gott beizutragen?

4. Sehnen Sie sich nach irgendetwas oder irgendjemandem mehr als nach Gott? Wer oder was ist es? Diese Sehnsucht ist zweifellos genau der Punkt, der Sie daran hindert, Ihren Anteil an der Liebesbeziehung zu Gott beizutragen. Nehmen Sie sich jetzt die Zeit, um Gott das zu bekennen und vor ihm Buße zu tun. Bitten Sie ihn um ein Herz, das sich nach ihm sehnt.

5. Was war für Sie im heutigen Abschnitt besonders wichtig?

Zur Wiederholung:

- Gott sehnt sich nach Gemeinschaft mit uns.
- Das größte Hindernis bei dieser Gemeinschaft ist, dass wir nicht wollen.

Dritte Woche: Wissen

Vierter Tag

Gott offenbart sich durch sein Wort

Wir haben jetzt eine Ahnung davon, wer unser Schöpfer ist; ich hoffe, dass dadurch Ihre Begeisterung noch größer geworden ist und Sie noch mehr von ihm lernen möchten durch sein Wort. Wenn wir in der Bibel lesen, weil wir es als unsere Pflicht ansehen oder weil wir irgendwie besser werden wollen, dann ist das genau so, als ob wir Wasser aus der Wüste holen wollten. Erst wenn wir uns des unglaublichen Vorrechts bewusst werden, das Gott uns gegeben hat – dass wir *Kinder Gottes* genannt werden – können wir uns an seinem Wort richtig erfreuen.

An den nächsten beiden Tagen werden wir ganz praktisch sein. Für viele von Ihnen werden diese Tipps wohl nichts Neues sein, aber wenn nur der eine oder andere neue Gedanke dabei ist, dann hat sich die Zeit schon gelohnt. Wenn Sie ein Werkzeug in Gottes Hand werden möchten, dann müssen Sie Ihren Schöpfer kennen lernen und ihm vertrauen lernen. Es gibt zwei „Orte", an denen die Beziehung zu ihm gepflegt wird: auf den Knien und in seinem Wort. Ein absolutes Mindestmaß für jeden Christen, der in der glücklichen Lage ist, eine eigene Bibel zu besitzen (die meisten Menschen auf der Welt und im Verlauf der Geschichte haben dieses Vorrecht nicht), sollte sein, die Bibel im Laufe jedes Jahres einmal ganz zu lesen. Denn „alle Schrift ist von Gott eingegeben und nützlich zur Lehre, zur Überführung, zur Zurechtweisung, zur Unterweisung in der Gerechtigkeit, damit der Mensch Gottes richtig sei, für jedes gute Werk ausgerüstet" (2.Timotheus 3,16-17).

Sie können sich zum Beispiel zwölf Blanko-Karteikarten besorgen und Ihre Bibel in zwölf ungefähr gleiche Teile einteilen. Schreiben Sie einfach die Monate Januar bis Dezember auf die Karteikarten, dann haben Sie immer einen Anhaltspunkt, wann in etwa Sie wo angekommen sein sollten. Sie können mit solchen Karteikarten, die Sie in Ihre Bibel stecken, auch die Reihenfolge jährlich variieren. Wenn Sie jeden Tag in der Bibel lesen, dann nehmen Sie sich pro Tag ungefähr fünf Seiten vor und stecken Sie das Lesezeichen jeweils ans Ende dieser fünf Seiten, wenn Sie zu lesen beginnen. Sie lesen dann automatisch immer den Abschnitt, den Sie sich vorgenommen hatten.

Denken Sie daran, dass die Tagesabschnitte in Ihrer Bibel vielleicht nur vier Seiten haben können, vielleicht müssen Sie aber auch sechs Seiten lesen; das hängt natürlich vom Schriftbild ab, von der Schriftgröße, ob Sie eine Bibel mit vielen Kommentaren oder eine ohne Randbemerkungen besitzen. Sie können das selbst ziemlich einfach herausfinden:

Teilen Sie die Gesamtseitenzahl Ihrer Bibel durch 365, dann erhalten Sie die Anzahl der Seiten, die Sie täglich lesen sollten.

Zusätzlich zu dieser täglichen Bibellese sollten Sie sich auch Zeit nehmen, tiefer in Gottes Wort einzudringen.

Wenn ich nicht gerade solche Bibelarbeiten mit Anleitung mache, dann benutze ich ein Arbeitsblatt zur Stillen Zeit (siehe S. 71). Man kann es auch für die Jahres-Bibellese gebrauchen. Kopieren Sie die Seite oder schreiben Sie Ihre jeweiligen Antworten in ein Notizbuch, das Sie dann als Stille-Zeit-Heft verwenden können. Aber ganz gleich, welche Art von Bibelarbeit Sie machen, das Wesentliche ist, dass Sie immer tiefer in Gottes Wort eindringen.

Und das verheißt Gott Ihnen, wenn Sie ihn durch sein Wort immer näher kennen lernen wollen:

Glücklich die *Frau*, die nicht folgt dem Rat der Gottlosen,
den Weg der Sünder nicht betritt
und nicht im Kreis der Spötter sitzt,
   sondern *ihre* Lust hat am Gesetz des HERRN
   und über sein Gesetz sinnt Tag und Nacht!
Sie ist wie ein Baum, gepflanzt an Wasserbächen,
der seine Frucht bringt zu seiner Zeit,
und dessen Laub nicht verwelkt;
alles, was *sie* tut, gelingt *ihr*.
(nach Psalm 1,1-3)

Beachten Sie die Steigerung in diesen Versen. Zuerst kommen Sie an einer Situation der Versuchung nur zufällig vorbei; dann erregt irgendetwas Ihre Aufmerksamkeit; Sie bleiben stehen und sehen sich die

Dritte Woche: Wissen

Sache näher an. Und im nächsten Moment sitzen Sie schon mitten im „Kreis der Spötter". Hört sich fast an wie die Verlockungen des Fernsehens, oder? Sie gehen durchs Wohnzimmer und im Fernsehen läuft irgendwas. Ein paar Minuten stehen Sie da und gucken zu, und bevor Sie es noch richtig bemerken, haben Sie es sich schon auf dem Sofa gemütlich gemacht. Vier Stunden später haben Sie den Kopf voller Ramsch. Stattdessen hätten Sie diese Zeit damit verbringen können, über Gottes Wort nachzudenken! Wenn Ihr Dienst Frucht bringen soll, wenn Sie ein Werkzeug in Gottes Hand werden möchten, dann bleiben Sie in seinem Wort. Wenn Sie das tun, dann wird er Ihnen mehr und mehr von seinem Wesen, seinem Willen und seinen Absichten enthüllen. Durch sein Wort werden Sie lernen, seine Stimme zu hören. Sie sollten Ihren Schöpfer wirklich kennen!

1. Schreiben Sie drei Dinge auf, die wir nicht tun sollten, wenn wir seinen Segen genießen wollen.

2. Betrachten Sie Ihr Leben einmal ganz genau: gehen, stehen oder sitzen Sie irgendwo, wo Sie nicht hingehören? Denken Sie an ganz konkrete Lebenssituationen.

3. Was verheißt Gott jedem, der über sein Wort nachdenkt?

4. Wie viel Zeit verbringen Sie im Moment täglich mit Gottes Wort? Wenn Sie „gar keine" oder „sehr wenig" Zeit mit ihm verbringen: Was hält Sie davon ab, mehr Zeit zu investieren? Notieren Sie einige Ideen, die Ihnen helfen könnten, die Hindernisse zu überwinden, die bisher im Weg standen.

5. Was war für Sie im heutigen Abschnitt besonders wichtig?

Zur Wiederholung:

- Gott offenbart sich in seinem Wort.
- Wenn wir ihn wirklich kennen lernen wollen, sollten wir uns die Zeit nehmen, sein Wort zu lesen.
- Gottes Segen ruht auf jedem, der Freude hat an seinem Wort und darüber nachdenkt Tag und Nacht.

Dritte Woche: Wissen

Arbeitsblatt zur Stillen Zeit

Alle Schrift ist von Gott eingegeben
und nützlich zur Lehre,
zur Überführung, zur Zurechtweisung,
zur Unterweisung in der Gerechtigkeit,
damit der Mensch Gottes richtig sei,
für jedes gute Werk ausgerüstet.
2.Timotheus 3,16-17

Datum: _____

Bibelstelle: _____

1. Fassen Sie kurz zusammen, um was es in dieser Stelle geht:

2. Gibt es ein Beispiel, dem ich folgen sollte?

3. Wird ein Fehler beschrieben, den ich vermeiden sollte?

4. Gibt Gott eine Anweisung, der ich gehorchen soll?

5. Kommt eine Sünde zur Sprache, die ich aufgeben muss?

6. Wie kann ich diese Bibelstelle heute anwenden?

Fünfter Tag

Bewahren Sie Gottes Wort in Ihrem Herzen

W odurch hält *eine junge Frau* ihren Pfad rein?
Indem *sie* sich bewahrt nach deinem Wort.
Mit meinem ganzen Herzen habe ich dich gesucht.
Lass mich nicht abirren von deinen Geboten!
In meinem Herzen habe ich dein Wort verwahrt,
damit ich nicht gegen dich sündige.
Deine Vorschriften will ich bedenken
Und beachten deine Pfade.
An deinen Satzungen habe ich meine Lust.
Dein Wort vergesse ich nicht.
(nach Psalm 119,9-11 und 15-16)

Um ein brauchbares Werkzeug in Gottes Hand zu werden, müssen Sie nicht nur in Gottes Wort eindringen, sondern Gottes Wort muss auch *in Sie eindringen.* Wie sollte Gott Sie sonst zu Menschen führen können, die ihn kennen lernen müssen, oder zu Menschen, die seinen Trost brauchen? Unglücklicherweise haben die New Age-Gurus und die mystischen östlichen Religionen den Begriff „Meditation" für sich beansprucht, deshalb hat er inzwischen einen zweifelhaften Ruf. Wenn wir das Wort „Meditation" hören, denken wir meist an Leute, die im Schneidersitz „uhmmmmm" vor sich hinbrummen, um damit ihr böses Karma zu vertreiben.

Dennoch ist Meditation eine wichtige Sache, damit Gott uns zu einem Werkzeug machen kann, das für ihn brauchbar ist. (Wir können statt „Meditation" auch das Wort „nachdenken" oder „nachsinnen" benutzen.) Heißt das nun, dass Gott uns erst gebrauchen kann, wenn wir spezielle Seminare mit Erfolg abgeschlossen haben? Nein, natürlich nicht, denn Gott kann schließlich gebrauchen, wen auch

Dritte Woche: Wissen

immer er auswählt. Aber je besser wir uns auf den Dienst vorbereiten, umso brauchbarer werden wir in der Hand des Schöpfers sein.

Bevor wir über Gottes Wort meditieren oder nachdenken können, müssen wir es zunächst in unser Herz eindringen lassen. Das ist das ganze Geheimnis beim Auswendiglernen der Heiligen Schrift. 1992 kam Billy Grahams Großevangelisation nach Philadelphia, und mein Mann und ich nahmen bei dieser Gelegenheit teil an einem Seminar für Seelsorgehelfer. Das bedeutete für uns: acht Treffen pro Woche und ein intensives Auswendiglernen von Bibelversen. Ich kann mich nur an wenige andere Gelegenheiten während unserer Ehe erinnern, zu denen wir uns so völlig einig waren. Wir saßen beim Essen, und mein Mann gab eine Bibelstelle an, während ich den jeweiligen Vers zitieren sollte. Bei ihm sah das so einfach aus. Mein Mann kann sich nahezu mühelos Bibelverse merken. Und nicht nur kurzfristig, er *kennt* sie auch Jahre später noch. Das hat mich fast zum Wahnsinn getrieben ...

Nun, für mich geht nichts über einen kleinen freundschaftlichen Wettkampf, denn dann komme ich erst richtig in Schwung. Die einzige Möglichkeit für mich, mit meinem Mann mitzuhalten, war die, dass ich die entsprechenden Bibelverse ständig bei mir hatte. Ich schrieb also jeden Vers auf fünf oder sechs Karteikarten. Wohin ich auch sah, überall waren Karteikarten. Ich hatte welche in meinem Mantel, in meiner Geldbörse, in der Hosentasche. Ich steckte sie in meine Bibel, stellte sie ins Regal und klebte sie an den Küchenschrank. Sie lagen im Auto, auf meinem Schreibtisch und sogar unter meinem Kopfkissen. Mein Mann hatte langsam den Eindruck, das Haus sei von einer Armee von Karteikarten erobert worden.

Es hört sich verrückt an und es sieht ziemlich chaotisch aus, aber es funktioniert. Viele Leute suchen sich speziell evangelistische Verse zum Auswendiglernen aus, aber man braucht sich da keineswegs zu beschränken. Lernen Sie Bibelverse, die Ihnen helfen, besonderen Versuchungen zu widerstehen, oder die Sie in schweren Zeiten aufmuntern. Lernen Sie Bibelverse, die Sie Ihren Kindern oder Ihrem Mann als Ermutigung mit auf den Weg geben können.

Das Auswendiglernen von Bibelstellen hat jede Menge Vorteile. Der wichtigste ist wohl, dass die Gedanken rein gehalten werden. Ich weiß nicht, wie das bei Ihnen ist, aber für mich ist das ein ständiger

Kampf. Wenn mein Kopf mit Bibelstellen voll ist, dann hat jedoch all der andere Mist, der sich sonst so schnell da einschleicht, einfach gar keinen Platz mehr.

Wenn man einen gewissen Vorrat an Bibelstellen im Kopf hat, wird man übrigens geistlich sensibler, und das bedeutet, dass andere Frauen häufiger um Rat fragen. So hat man auch immer sinnvolle Aufgaben und hängt nicht so leicht herum und vergeht in Selbstmitleid. Ich persönlich habe seit meiner Kindheit mit Depressionen zu tun und ich habe gemerkt, dass nichts mich schneller aus einem seelischen Loch herausholen kann, als einem anderen Menschen zu helfen.

Und im Übrigen: Wenn Sie das Wort Gottes kennen, dann haben Sie auch Gottvertrauen angesichts dämonischer Angriffe. Als Satan den Herrn Jesus in der Wüste versuchte (Matthäus 4,1-11), antwortete Jesus voller Vertrauen auf Gott. Er *wusste*, was Gott gesagt hatte. Fallen Sie bloß nicht wie Eva auf diese uralte Taktik Satans herein: „Hat Gott wirklich gesagt ... ?" (1. Mose 3,1) Denken Sie daran: Satan ist der Vater der Lüge, und die Wahrheit ist die einzige Möglichkeit, seine Lügen zu entlarven. Jesus sagt: „Ihr werdet die Wahrheit erkennen und die Wahrheit wird euch frei machen." Und er sagt auch: „Ich *bin* ... die Wahrheit." Kennen Sie das Wort Gottes und Sie kennen Ihren Herrn!

Vor einigen Jahren habe ich im Autoradio eine Predigt gehört. Die Gedanken über das Auswendiglernen von Gottes Wort waren so hilfreich, dass ich sie damals gleich im Auto noch aufgeschrieben habe. Sie können sich wahrscheinlich schon denken, wo ich die Zusammenfassung notiert habe: natürlich auf einer Karteikarte. Ich bin wirklich ein großer Fan von Karteikarten und ich hoffe, Sie werden es auch. Folgendes stand auf meiner Karte:

Wie kann ich mir Gottes Wort einprägen?

1. Nehmen Sie sich täglich eine Viertelstunde Zeit, um Bibelverse auswendig zu lernen.
2. Wählen Sie Verse aus, die Ihre eigene Schwachheit ansprechen. So haben Sie immer ein besonderes Interesse daran, sich diese Stellen zu merken.
3. Lesen Sie den entsprechenden Abschnitt mehrmals laut.

Dritte Woche: Wissen

4. Zerlegen Sie den Vers in logische Einheiten. Lernen Sie zuerst nur einen Teil des Verses, dann den zweiten, bis Sie die ganze Stelle auswendig können.
5. Wiederholen Sie immer wieder die Stellenangabe. (Wie oft haben Sie schon einen Vers in der Bibel gesucht und dabei vor sich hin gemurmelt: „... aber hier irgendwo in der Gegend muss er stehen!" Es bringt nicht viel, wenn Sie den Vers kennen, aber nicht wissen, wo Sie ihn in Ihrer Bibel finden. Also lernen Sie die Stellenangabe mit!)
6. Es ist besser, ein paar Verse richtig gut zu können, als viele nur halb.
7. Unterstreichen Sie schwierige Begriffe oder Schlüsselwörter. Schlagen Sie sie im Wörterbuch nach oder in einer Konkordanz oder einem Bibellexikon.
8. Schreiben Sie den Bibelvers aus dem Gedächtnis auf. Das ist ein guter Prüfstein. Wenn Sie den Vers einmal geschrieben haben, prägt er sich umso besser ein.

Ich benutze außerdem noch folgende Methode – hört sich ein bisschen verrückt an, funktioniert aber! Ich schreibe den Anfangsbuchstaben von jedem Wort des Verses auf, während ich mir die Stelle ansehe. Dann lege ich meine Notiz eine Weile zur Seite. Später versuche ich dann, die Wörter aus dem Gedächtnis wieder zu vervollständigen. Wenn Sie das ein paar Mal gemacht haben, werden Sie erstaunt feststellen, dass Sie die Bibelverse noch *Jahre* später auswendig können.

Es gibt noch eine andere sinnvolle – und sehr einfache – Methode, Bibelverse zu lernen: Hören Sie biblische Lieder, also vertonte Bibelverse. Viele moderne christliche Liedtexte bestehen aus Bibelversen. Man kann mitsingen und Gottes Wort wird dabei im Herzen verankert. Fragen Sie doch einmal in einem christlichen Bücherladen oder suchen Sie in einem Katalog nach solchen Kassetten oder CDs. Auch christliche Kinderlieder bestehen oft aus Bibelversen mit spritziger Musik. Bei uns zu Hause sind solche Kassetten der ganz große Hit, vor allem für Mama und Papa! Falls Sie keine Kinder haben, können Sie die Lieder ja im Versandhandel bestellen, dann merkt auch keiner, dass Sie sich den ganzen Tag Kinderlieder anhören ...

Gott will mich

Ganz gleich, ob Sie Karteikarten, biblische Lieder oder irgendeine andere Methode benutzen, wesentlich ist, dass Gottes Wort in Ihr Herz eindringt. Gott hat uns verheißen, dass er uns einen Weg aus der Versuchung zeigt, so dass wir sie ertragen können (1. Korinther 10,13). Oft ist eine Schriftstelle wie ein Schlüssel, der uns die Tür zur Freiheit öffnet. Ich rate Ihnen: Nehmen Sie so viele Schlüssel mit, wie Sie können!

Im Laufe dieser Woche haben wir uns darauf konzentriert, unseren Schöpfer kennen zu lernen. Wir haben seine Hoheit betrachtet und uns klargemacht, dass es kein Werkzeug gibt, ohne das Gott aufgeschmissen wäre. Das nimmt uns den Druck, Gott etwas „vorspielen" zu müssen. Wir haben gelernt, dass Gott uns nicht benötigt, und wir haben Ruhe gefunden in dem Bewusstsein, dass seine ewigen Pläne nicht von uns abhängen. Dennoch dürfen wir wissen, dass Gott Freude daran hat, durch unser Leben zu wirken. Wir haben uns auch mit Gottes Sehnsucht nach uns beschäftigt und die erstaunliche Feststellung gemacht, dass Gott danach verlangt, Gemeinschaft mit uns zu haben. Das einzige Hindernis zu dieser Gemeinschaft ist, dass wir nicht wollen.

An den vergangenen beiden Tagen haben wir verschiedene Möglichkeiten beleuchtet, wie wir uns Gottes Wort praktisch einprägen können, um unseren Schöpfer immer intensiver kennen zu lernen. Möchten Sie ein Werkzeug in Gottes Hand werden? Dann machen Sie es sich zu einer lebenslangen Aufgabe, Ihren Schöpfer immer noch besser kennen zu lernen.

1. Wie kann eine Frau ihren Weg rein halten? (Kleiner Tipp: Es geht *nicht dadurch, dass ich mir Seifenopern oder Talkshows im Fernsehen angucke!*)

Dritte Woche: Wissen

2. Wie kann man einer Versuchung am besten begegnen? Wie kann ich es verhindern, dass Sünde in meinem Leben herrscht?

3. Können Sie sich an eine Gelegenheit in der jüngsten Vergangenheit erinnern, bei der es Ihnen geholfen hätte, wenn Sie eine passende Bibelstelle im Kopf gehabt hätten?

4. Können Sie sich an eine Gelegenheit erinnern, bei der Sie die wohltuende Wirkung von Gottes Wort am eigenen Leib erfahren haben? Wofür könnte es ein Hinweis sein, wenn Ihnen bei dieser Frage nichts einfällt?

5. Auf welchen Gebieten haben Sie die meisten Schwierigkeiten? Suchen Sie in einer Konkordanz passende Verse zum Auswendiglernen. Notieren Sie die Verse hier, dann übertragen Sie sie auf Karteikarten oder Notizzettel.

6. Schreiben Sie die acht Schritte zum Einprägen von Bibelstellen auf:

Gott will mich

7. Falls Sie früher Probleme damit hatten, sich Bibelverse zu merken: Wo genau lagen die Schwierigkeiten? Überlegen Sie sich einige Möglichkeiten, die Hindernisse aus dem Weg zu räumen. (Kleiner Tipp: Ein verlässlicher Partner wirkt manchmal Wunder.)

8. Was war für Sie im heutigen Abschnitt besonders wichtig?

9. Wie lautet der „Schwerpunkt der Woche"?

Zur Wiederholung:

- Es reicht nicht, sich nur mit der Bibel zu beschäftigen; Sie müssen Gottes Wort *in sich eindringen lassen*.
- Ein fortlaufendes System zum Auswendiglernen von Bibelversen ist eine der besten Möglichkeiten um sicherzustellen, dass Sie immer gerüstet sind, dort hinzugehen, wohin Gott Sie führt.

Vierte Woche: **Selbstannahme**

Schwerpunkt der Woche:

Annehmen, dass Gott Sie wunderbar geschaffen hat

Leitvers der Woche:

*Daher, wenn jemand in Christus ist,
so ist er eine neue Schöpfung;
das Alte ist vergangen, siehe, Neues ist geworden.
Alles aber von Gott, der uns mit sich selbst
versöhnt hat durch Christus und uns den Dienst
der Versöhnung gegeben hat.*

2. Korinther 5,17-18

Gott will mich

Erster Tag

Sie sind ein Tongefäß

Die Bibelarbeiten dieser Woche führen uns zu der ersten Voraussetzung dafür, ein Werkzeug in Gottes Hand zu werden. Diese Voraussetzung lautet: „Nehmen Sie es an, dass Gott Sie wunderbar gemacht hat." Der beste Weg zur Selbstannahme ist sicherlich der, dass Sie den akzeptieren, der Sie gemacht hat. Daher haben wir uns in den ersten drei Wochen damit beschäftigt, die Grundlagen für das Vertrauen zu legen. Wenn Sie sich klarmachen, wer Ihr Schöpfer ist, wie verlässlich er ist, wie es ihm möglich ist, Sie zu gebrauchen, dann kann es viel einfacher werden zu akzeptieren, wie er Sie geschaffen hat.

In unserem Kulturkreis wird uns weisgemacht, dass unser Wert in erster Linie von dem Bild bestimmt wird, das wir im Spiegel sehen. Wer gertenschlank und hübsch ist, der ist etwas wert. Aber sobald man nur ein wenig über dem Idealgewicht liegt, fängt es an, bedenklich zu werden. Denn man ist darauf bedacht, ein Bild abzugeben, das allgemein geschätzt wird. Ähnlich ist es in der Gemeinde: Hier meinen manche, sie müssten besonders geistlich wirken, um anerkannt zu werden. Das ist nicht die Art und Weise, wie Gott uns betrachtet. Haben Sie schon einmal darüber nachgedacht, dass Gott uns doch *völlig problemlos* einen unvergänglichen Körper und einen sittlich einwandfreien Charakter hätte geben können? Er hätte uns aus einem Material herstellen können, das nie vergeht, vollkommen ohne Makel und Fehler. Stattdessen hat er uns aus schlichter Erde gemacht.

> Wir haben aber diesen Schatz in irdenen Gefäßen, damit das Übermaß der Kraft von Gott sei und nicht aus uns. (2. Korinther 4,7)

Warum hat Gott uns aus Lehm gemacht? Damit ganz ausdrücklich klar wird, dass alles, was wir an Ewigkeitswerten durch unser Leben schaffen, von Gott kommt und nicht von uns. Gott hat uns erschaf-

Vierte Woche: Selbstannahme

fen zu *seiner* Ehre und nicht zu *unserer* Ehre. In den vergangenen Monaten hat Gott mir immer und immer wieder klargemacht: „Ich teile meinen Ruhm mit niemandem."

Leben wir in dem Bewusstsein, nur Tongefäße zu sein – in keiner Weise bemerkenswert, *außer* dass der allmächtige Gott uns erwählt hat, um durch uns zu wirken? Nein, das tun wir nicht. Wir versuchen, uns selbst zu reinigen, vor allem, wenn wir mit anderen Christen zusammen sind. Wir wollen nach außen hin gut aussehen. Und hier meine ich nicht nur eine Kosmetikindustrie, die Abermillionen umsetzt! Wir wollen auch geistlich gut aussehen. Wir wollen, dass andere uns anschauen und sagen: „Was für eine bemerkenswerte Frau! Was für eine bemerkenswerte Christin!"

Das ist allerdings völlig verkehrt! Die Leute sollten uns anschauen und sagen: „Was für einem bemerkenswerten Gott diese Frau dienen muss! Wenn Gott durch so eine ganz gewöhnliche Frau wie die wirken kann, dann kann er vielleicht auch mit mir etwas anfangen." Gott hat uns mit voller Absicht aus Lehm gemacht, damit wir ihm nicht die Ehre stehlen, aber wir versuchen, sie trotzdem zu stehlen! „Wir haben aber diesen Schatz in irdenen Gefäßen, damit das Übermaß der Kraft von *Gott* sei ... und nicht aus uns."

Eine Frau, die Gott gebrauchen kann, weiß, woher ihr Wert kommt. Sie ist wertvoll wegen des Schöpfers, der sie erschaffen hat. Sie ist wertvoll wegen des Gottes, der in ihr lebt. Ihr Wert liegt nicht begründet in dem Material, aus dem er sie schuf; und ihr Wert bemisst sich auch nicht daran, wie er sie in seinen Dienst gestellt hat.

Ich bin in einem Vorort von Philadelphia aufgewachsen und unsere Schule machte damals jedes Jahr einen Ausflug zu den historischen Stätten dieser Stadt. Wir besichtigten zum Beispiel das Haus von Benjamin Franklin und anderen berühmten Persönlichkeiten. Wir saßen in genau dem Restaurant, in dem schon die ersten Kongressabgeordneten gespeist hatten. In der ganzen Gegend stieß man überall auf Privathäuser, an denen ein Schild stolz verkündete: „Hier hat George Washington übernachtet."

Viele dieser historischen Stätten sind erstaunlich klein und schäbig. Wenn nicht ein Reiseführer die Leute darauf aufmerksam machte, würden sie wohl daran vorübergehen, ohne auch nur genauer hinzusehen. Alle diese Orte sind völlig unscheinbar. Aber sie haben eins gemein-

Gott will mich

sam: Diese bescheidenen Wohnungen werden für außerordentlich wertvoll erachtet aufgrund der Menschen, die hier einmal gelebt haben.

Bedenken Sie: Die Welt kann an Ihnen vorübergehen und Sie für unscheinbar in jeder Hinsicht halten. Doch wenn Sie Jesus Christus kennen, dann lebt der Herr des Universums durch die Person des Heiligen Geistes in Ihnen. Gott hat Sie zu seinem Wohnort erwählt und er möchte durch Sie wirken.

1. Wozu hat Gott nach Römer 9,20-21 das Recht?

2. Was macht Sie so wertvoll?

3. Was sollten Menschen sagen, die unser Leben betrachten?

4. Was ist daran falsch, wenn Menschen von uns sagen: „Was für eine bemerkenswerte Christin! Ich könnte nie so sein wie sie."?

5. Was war für Sie im heutigen Abschnitt besonders wichtig?

Zur Wiederholung:

- Gott ist der Schöpfer. Er kann uns so gestalten, wie immer er es möchte.
- Wir sind der Ton. Unsere einzige Aufgabe ist es, Gottes Werk in unserem Leben Früchte tragen zu lassen.

Vierte Woche: Selbstannahme

Zweiter Tag

---·••◆••·---

Hadern Sie mit Ihrem Schöpfer?

Sie würden sich doch wohl nicht mit Gott streiten wollen, oder? Ihre erste Reaktion ist jetzt vielleicht: „Natürlich würde ich mich nicht mit Gott streiten! Ich bin doch nicht verrückt!" Aber was heißt denn eigentlich: mit Gott hadern? Die Bibel sagt dazu Folgendes:

> Ja freilich, o Mensch, wer bist du, der du das Wort nimmst gegen Gott? Wird etwa das Geformte zu dem Former sagen: Warum hast du mich so gemacht? Oder hat der Töpfer nicht Macht über den Ton, aus derselben Masse das eine Gefäß zur Ehre und das andere zur Unehre zu machen? (Römer 9,20-21)

Haben Sie sich schon einmal Gedanken darüber gemacht, dass Sie jedes Mal, wenn Sie sich mit jemand anders vergleichen, mit Ihrem Schöpfer hadern? Sie sagen dann im Grunde genommen: „Lieber Gott, das hast du jetzt aber wirklich vermasselt. Du hast mich nicht richtig gemacht. Du hättest mich besser so gemacht wie die da." Dennoch, in Psalm 139 (und in vielen anderen Bibelstellen) kommt ganz deutlich zum Ausdruck, dass Gott uns absichtlich und mit Bedacht *ganz genau so geschaffen hat, wie wir sind*. Er hat Sie so gemacht, dass *kein anderer Mensch* Gott genauso wie Sie dienen kann und ihn verherrlichen kann. Er hat Ihnen eine einzigartige Mischung von Fähigkeiten, körperlichen Merkmalen, Gefühlsregungen, Temperament und Lebenserfahrung gegeben, und zwar *zu einem ganz bestimmten Zweck. Gott hat ein ganzes Paket zusammengeschnürt an dem Tag, an dem er Sie schuf, und Sie werden erst dann genau so werden, wie er es beabsichtigt hat, wenn Sie das ganze Paket so annehmen.*

Und da ist noch etwas Vertracktes: Immer, wenn Sie einen Dienst übernehmen wollen, für den Gott Sie nicht vorgesehen hat, und immer, wenn Sie irgendetwas ohne seinen Auftrag planen, dann

Gott will mich

hadern Sie mit Gott. Denn damit drücken Sie eigentlich aus: „Lieber Gott, ich habe hier eine bessere Idee als du. Ich weiß besser, was in dieser Gemeinde getan werden muss. Ich weiß besser als du, was ich mit meinem Leben hier ausrichten kann."

Aber ebenso wie ein Töpfer eine wunderschöne zerbrechliche Vase als Tischschmuck und einen robusten Topf zum Wasserkochen herstellen kann, erschafft Gott auch unterschiedliche Menschen mit unterschiedlichen Aufgaben. Im Himmel gibt es keine Fabrik für Massenware; jeder Einzelne von uns ist vollkommen einzigartig. Gott hat Sie ganz genau so gemacht, weil er einen ganz speziellen Plan für Sie hat.

Mein Mann hat im Nebenfach Kunst studiert. Ich habe ihm oft zugeschaut, wenn er an der Töpferscheibe arbeitete. Eines Tages ließ er mich auch mal einen Versuch machen. Ich bin von Natur aus ziemlich großspurig, und ich dachte natürlich: alles ganz einfach! Ich stellte es mir so vor: Ich gehe ganz locker zu dieser Töpferscheibe, lasse sie sich ein paar Mal drehen und simsalabim, schon habe ich eine wunderschöne Vase gemacht. Ich hatte erwartet, dass der Ton schön weich und leicht formbar sei, ungefähr wie Knete für Kinder. Aber es war ganz anders. Der Ton war unglaublich hart und zäh. Als die Töpferscheibe sich drehte, konnte ich mit dem Ton gar nichts anfangen. Ich konnte kaum glauben, wie schwer es war, ihn zu formen. Der Ton und die Schwerkraft kämpften ständig gegen mich. Wenn ich versuchte, den Ton in die eine Richtung zu drücken, dann ging er in die andere. Dieser scheußliche, stinkende Tonklumpen wollte absolut nicht mit mir zusammenarbeiten.

Manchmal arbeitete mein Mann stundenlang an einem Tonklumpen. Endlich hatte er ihn zu einem schönen Stück geformt und war fast fertig; und dann zerbrach es plötzlich. Er hatte keine andere Wahl: Er musste alles zu einem Klumpen zusammendrücken und wieder ganz von vorn anfangen. Und das ging auch nur dann, wenn das Material überhaupt noch brauchbar war.

Wissen Sie was? Gott lässt uns in seinem Wort erkennen, dass wir *genau so ein Tonklumpen sind*. Gott formt uns sorgfältig und bereitet uns darauf vor, eine bestimmte Aufgabe zu erfüllen. Wir sind schon fast an dem Punkt angekommen, dass wir endlich zu gebrauchen sind – und was machen wir dann? Wir brechen plötzlich zusammen! Wir

Vierte Woche: Selbstannahme

hören auf, uns mit Gottes Wort zu beschäftigen, wir hören auf, regelmäßig zu beten, wir verlassen die Gemeinschaft und ziehen uns ganz aus der Verantwortung zurück. Dann bleibt Gott keine andere Wahl: Er muss uns wieder zusammenkratzen und uns in die Mitte der Töpferscheibe legen, wo er wieder von vorne anfangen kann, uns zu einem Gefäß zu machen, das er gebrauchen kann.

Oh, wie viel einfacher wäre es, wenn der Ton mitarbeiten würde. Wie viel schneller könnte etwas Schönes aus uns werden, wenn wir nur mit dem Töpfer zusammenarbeiten würden. Wie viel schneller könnte er uns zu einem brauchbaren Gefäß formen, wenn wir nur in der Mitte der Töpferscheibe blieben und formbar in der Hand des Töpfers.

Möchten Sie wissen, weshalb ich mit Gott hadere? Ich denke manchmal, da ich schließlich eine *christliche Autorin* bin, sollte Gott mich doch zu der fröhlichsten und beliebtesten Frau weit und breit gemacht haben. Aber das hat er nicht ...

Stattdessen lässt er es zu, dass ich mein Leben lang mit manisch-depressiven Phasen zu kämpfen habe. Ich spreche jetzt nicht von PMS, den weit verbreiteten Stimmungsschwankungen vor der Menstruation und auch nicht von einem gelegentlichen seelischen Tief. Ich habe eine klinische Diagnose, die lautet: schwer manisch-depressiv, ausgelöst durch eine Fehlsteuerung des chemischen Botenstoffs Serotonin im Gehirn. Das ist eine schmerzliche und oft sehr hinderliche Krankheit, mit der ich schon mein Leben lang zu kämpfen habe. Ich hätte nie gedacht, dass ich den Mut aufbringen würde, diese Zeilen zu veröffentlichen, aber ich möchte für Gott transparent sein, damit er durch mich wirken kann.

Es gibt Tage, an denen die Depressionen mich so belasten, dass ich mich kaum bewegen kann. Schon der Weg vom Bett ins Badezimmer ist dann fast zu viel. Und dann gibt es Tage, an denen ich die verrücktesten Ideen habe und davon überzeugt bin, dass ich sie auch durchziehen kann, ganz gleich, welche Hindernisse vielleicht im Weg stehen. Die Ergebnisse davon sind manchmal lustig, bisweilen bemerkenswert – aber meistens schmerzhaft und demütigend.

Natürlich kann Gott fröhliche und allseits beliebte Frauen gebrauchen. Und solange er nicht zu viele davon in meine direkte Nachbarschaft schickt, habe ich auch nichts dagegen ... Aber Gott kann sogar

Gott will mich

eine Frau wie mich gebrauchen, und das muss schon wirklich ein *bemerkenswerter Gott sein!* Je mehr ich mich danach sehne, eine beeindruckende Persönlichkeit zu sein, desto mehr verstehe ich, warum mich Gott gerade so gemacht hat, wie ich bin. Ich genieße die finsteren Depressionen keineswegs, aber ich weiß, dass gerade *aufgrund* meiner persönlichen Erfahrung mit dem Lebensschmerz Gott durch mich wirken konnte. Ich kann nicht im Leben anderer Menschen den gleichen Eindruck hinterlassen wie andere Frauen mit viel Fröhlichkeit und Ausstrahlung. Aber mein größter Herzenswunsch ist der, dass ich durch die Worte dieses Buches auf meine Art und Weise etwas bewirken kann. Schon so oft habe ich gebetet: „Herr, heile mich!" Doch eigentlich hätte ich beten sollen: „Herr, gebrauche mich!" Wissen Sie, Gott hat mich in diesen dunklen Tälern begleitet; daher weiß ich, dass er auch Sie begleiten wird, durch welches Tal auch immer Sie gerade gehen müssen.

Weshalb hadern Sie mit Gott? Könnte das vielleicht *genau der Punkt* sein, an dem Gott Sie im Dienst für andere einsetzen möchte? Kämpfen Sie gegen Ihren Töpfer an? Regen Sie sich auf, winden Sie sich, protestieren Sie jedes Mal, wenn Gott etwas in Ihrem Leben an seine Pläne anpassen will? Brechen Sie zusammen, wenn er größere Änderungen vornehmen will? Wäre Ihr Leben nicht viel besser, wenn Sie einfach mit Gott zusammenarbeiten würden? Ich bete so oft: „Herr, lass mich das aus deinem Mund hören, damit ich es nicht auf die schwierige Art lernen muss, durch Erfahrung." Einige Dinge können wir allerdings *nur* durch Erfahrung lernen! In solchen Fällen bete ich: „Herr, hilf mir, dass ich es gleich beim ersten Mal verstehe, damit ich es nicht noch einmal erleiden muss!"

Wie ist das bei Ihnen? Möchten Sie formbar bleiben? Entscheiden Sie sich heute dafür, mit dem Töpfer zusammenzuarbeiten, wenn er Sie zu einem Gefäß machen möchte, das er gebrauchen kann?

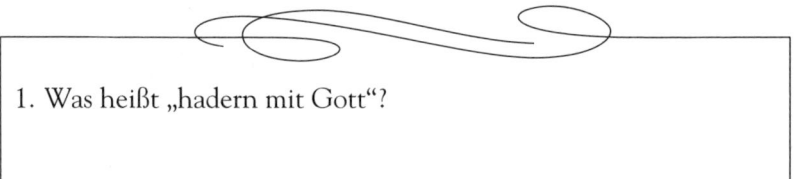

1. Was heißt „hadern mit Gott"?

Vierte Woche: Selbstannahme

2. Wie haben Sie mit Ihrem Schöpfer gehadert?

3. Welche Bereiche Ihrer Persönlichkeit wollten Sie nie annehmen? Sind Sie jetzt bereit, diese Dinge anzunehmen und sie Gott zu überlassen, damit er sie so verwenden kann, wie er es immer schon beabsichtigt hat?

4. Was war für Sie im heutigen Abschnitt besonders wichtig?

Zur Wiederholung:

- Hadern Sie nicht mit Ihrem Schöpfer! Nehmen Sie sich so an, wie Gott Sie gemacht hat.
- Vergleichen Sie sich nicht mit irgendjemand anders. Gott hat Sie zu genau der Person gemacht, die er haben wollte.

Gott will mich

Dritter Tag

Sie sind ein neuer Mensch geworden

In dem Augenblick, in dem Sie sich Jesus Christus ausliefern, ist es nicht mehr von Belang, wer Sie einmal *waren*. Es ist gleichgültig, wo Sie vorher waren oder was Sie vorher getan haben. Jetzt hat nur noch eine Sache Bedeutung: Wer Sie in ihm *sind* und zu welcher Persönlichkeit Sie werden sollen. Die Bibel sagt: Ist jemand in Christus, so ist er oder sie eine neue Schöpfung, ein mit Gott versöhnter Mensch; die Fehler der Vergangenheit zählen nicht mehr. Diese Wahrheit wird sehr schön veranschaulicht in dem biblischen Bericht über die samaritische Frau am Jakobsbrunnen.

> Da kommt eine Frau aus Samaria, Wasser zu schöpfen. Jesus spricht zu ihr: Gib mir zu trinken! – Denn seine Jünger waren weggegangen in die Stadt, um Speise zu kaufen. –
> Die samaritische Frau spricht nun zu ihm: Wie bittest du, der du ein Jude bist, von mir zu trinken, die ich eine samaritische Frau bin? – Denn die Juden verkehren nicht mit den Samaritern. –
> Jesus antwortete und sprach zu ihr: Wenn du die Gabe Gottes kenntest und wüsstest, wer es ist, der zu dir spricht: Gib mir zu trinken! so hättest du ihn gebeten, und er hätte dir lebendiges Wasser gegeben.
> Die Frau spricht zu ihm: Herr, du hast kein Schöpfgefäß, und der Brunnen ist tief. Woher hast du denn das lebendige Wasser? Du bist doch nicht größer als unser Vater Jakob, der uns den Brunnen gab, und er trank selbst daraus und seine Söhne und sein Vieh?
> Jesus antwortete und sprach zu ihr: Jeden, der von diesem Wasser trinkt, wird wieder dürsten; wer aber von dem Wasser trinken wird, das ich ihm geben werde, den wird *nicht* dürsten in Ewigkeit; sondern das Wasser, das ich ihm geben werde, wird in ihm eine Quelle Wassers werden, das ins ewige Leben quillt.

Vierte Woche: Selbstannahme

Die Frau spricht zu ihm: Herr, gib mir dieses Wasser, damit mich nicht dürste und ich nicht hierher komme, um zu schöpfen. Er spricht zu ihr: Geh hin, rufe deinen Mann und komm hierher! Die Frau antwortete und sprach zu ihm: Ich habe keinen Mann. Jesus spricht zu ihr: Du hast recht gesagt: Ich habe keinen Mann; denn fünf Männer hast du gehabt, und der, den du jetzt hast, ist nicht dein Mann; hierin hast du wahr geredet. (Johannes 4,7-18)

Darf ich Sie mal etwas fragen? Kommt diese Frau Ihnen so vor, als ob sie ein Werkzeug in Gottes Hand werden könnte? Wenn Sie ihre Beurteilung *nur* auf diese Textstelle stützen, die Sie gerade gelesen haben, wie würden Sie sich ihre geistliche Zukunft vorstellen? Wenn wir ehrlich sind, dann werden wir wohl zugeben müssen, dass diese Frau nicht gerade *unserem* Idealbild von einer Frau entspricht, die Gott gebrauchen kann. Diese Beurteilung rührt aber daher, dass wir nicht sehen können, was in ihrem Herzen vorgeht. An diese Frau erinnert uns die Bibel noch jetzt, 2000 Jahre nachdem sie den Herrn Jesus Christus getroffen hat, und zwar deshalb, weil sie durch diese Begegnung ein neuer Mensch geworden ist und Gott ihr tatsächlich einen Versöhnungsdienst anvertraut hat.

Aus jener Stadt aber glaubten viele von den Samaritern an ihn um des Wortes der Frau willen, die bezeugte: Er hat mir alles gesagt, was ich getan habe. Als nun die Samariter zu ihm kamen, baten sie ihn, bei ihnen zu bleiben; und er blieb dort zwei Tage. Und noch viel mehr Leute glaubten um seines Wortes willen; und sie sagten zu der Frau: Wir glauben nicht mehr um deines Redens willen, denn wir selbst haben gehört und wissen, dass dieser wahrhaftig der Heiland der Welt ist. (Johannes 4,39-42)

Die samaritische Frau hatte keine eindrucksvollen Referenzen – weder geistliche noch gesellschaftliche oder sonst irgendwelche – aber sie wusste genau, dass sie Jesus zuhören musste und über seinen Anspruch auf ihr Leben nachdenken musste. Sie gab nicht vor, Antworten auf alle Fragen zu haben, aber sie war gewillt, die richtigen Fragen zu stellen. Und sie war bereit, Menschen zu Jesus zu führen, damit diese ihre eigene Entscheidung über den Anspruch Jesu in

Gott will mich

ihrem Leben fällen konnten. Sie wusste, dass nichts an ihr selbst „Menschen für Christus gewinnen" könnte; da war nichts, das sie herausstellen konnte und sagen: „Na, wollen Sie nicht auch so sein wie ich?"

Was wusste sie denn? Sie wusste, dass sie eine Sünderin war, die Jesus von Angesicht zu Angesicht gesehen hatte. Das reichte, um sie zu verändern. Sie wusste, dass ihre Fehler der Vergangenheit nun nicht mehr zählten. Alles, was jetzt noch zählte, war, so vielen Leuten wie möglich von Jesus zu erzählen. Sie war keine perfekte Frau, aber sie war ein Werkzeug in Gottes Hand.

Ganz gleich wer Sie sind oder welche Fehler Sie gemacht haben: Das Wichtigste, das Sie über sich selbst wissen können, ist, ob Sie Christus schon begegnet sind oder nicht. Wir dürfen uns freuen an dem Wissen, dass Jesus uns gerade da begegnet, wo wir sind, und dass er uns gerade so annimmt, wie wir sind. Was wir gestern getan haben, das ist nun ohne Bedeutung; jetzt zählt nur noch die Zukunft. Wenn Sie nur glauben, dann kann Gott Sie zu einem Werkzeug machen, das er gebrauchen kann.

1. Welche Dinge sprechen aus menschlicher Sicht gegen die samaritische Frau? Warum entspricht sie nicht unserem Ideal eines Werkzeugs in Gottes Hand? Nennen Sie Beispiele.

2. Was ist das Wichtigste, das eine Frau über sich selbst wissen kann?

3. An welchem Punkt wird es gleichgültig, was Sie einmal *waren*?

4. Was war für Sie im heutigen Abschnitt besonders wichtig?

Zur Wiederholung:

- Die samaritische Frau wusste, was Jesus in ihrem Leben getan hatte. Sie wusste, dass es jetzt nur noch darauf ankam, diese Botschaft weiter zu verbreiten.
- Ganz gleich wer Sie sind oder welche Fehler Sie gemacht haben: Das Wichtigste, das Sie über sich selbst wissen können, ist, ob Sie Jesus Christus schon begegnet sind oder nicht.

Vierter Tag

Gott wird Sie ganz umkrempeln

Denn ich nahm mir vor, nichts anderes unter euch zu wissen als nur Jesus Christus, und *ihn* als gekreuzigt. Und ich war bei euch in Schwachheit und mit Furcht und in vielem Zittern; und meine Rede und meine Predigt bestanden nicht in überredenden Worten der Weisheit, sondern in Erweisung des Geistes und der Kraft, damit euer Glaube nicht auf Menschenweisheit, sondern auf Gottes Kraft beruhe. (1. Korinther 2,2-5)

Wollen Sie äußerlich gut aussehen? Die meisten Frauen möchten das. Die Kosmetikindustrie und die Schönheitschirurgie haben Umsätze in Milliardenhöhe. Die Identität einer Frau hängt ganz entscheidend davon ab, wie sie aussieht. Wie verzweifelt muss eine Frau sein, wenn sie sich die Brust aufschneiden lässt, um sich ein Stück Plastik implantieren zu lassen in der Hoffnung, dass ihr das irgendwie das Glück und die Erfüllung verschafft, wonach sie sich so sehnt.

Nun denken Sie vielleicht: „Warum schreibt die jetzt über Schönheitsoperationen? So etwas würde ich nie machen. Höchstens vielleicht Fett absaugen lassen ..." Ich schreibe über Schönheitsoperationen, weil sich so viele christliche Verkündiger heutzutage darauf anscheinend spezialisiert haben. Sie helfen den Leuten, äußerlich gut auszusehen, bügeln die Falten der Selbstsucht glatt, verstecken die Speckröllchen der Sünde. Zu unserer Schande sind wir darauf hereingefallen. Wir wollen nur *von außen* gut aussehen. Wie es im Inneren aussieht, das kümmert uns nicht; wir wollen nur ein Pflaster, eine schnelle Reparatur.

Ich bin diese Versprechungen leid wie „die geheimen Schlüssel zu ...", „die 22 Möglichkeiten, um ..." oder „die todsichere Methode für ..." Ich bin die heuchlerischen Masken selbst ernannter christlicher Experten leid und die Unredlichkeit von denjenigen, die das eine ver-

Vierte Woche: Selbstannahme

kündigen und etwas ganz anderes leben. Der einzige Grund dafür, dass die Gemeinden immer wieder so enttäuscht über den Fall einer solchen Person ist, liegt darin, dass die Leute auf die Überredungskünste von Menschen hereingefallen sind, statt auf die Kraft des Heiligen Geistes zu vertrauen.

Jeden Tag wird es mir wichtiger, dass ich *nichts wissen will außer Christus, und ihn als gekreuzigt*. Ich habe auch nicht alle Antworten. Ich bin noch nicht am Ziel angekommen. Ich lebe weder in einer perfekten Ehe noch habe ich das vollkommene Kind. Ich weiß nur, dass Jesus Christus etwas Unglaubliches in meinem Leben vollbracht hat. Ich war verloren und er hat mich gefunden. Ich war blind und nun sehe ich. Früher stand ich an Punkt A, jetzt bin ich an Punkt C. Nein, noch nicht an Punkt Z, so weit bin ich noch nicht. Aber es ist schon ein Fortschritt. Und die einzige Erklärung dafür, wie ich von da nach hier gekommen bin ist ... *der Gottesfaktor*.

Ich sehe vielleicht von außen nicht gerade vollkommen aus, aber ich verändere mich innerlich. Das ist nichts Magisches, ich habe bloß ein Pfund Sünde hier verloren und ein paar Gramm mieses Verhalten dort. Ich gehöre wohl nicht aufs Titelbild einer Zeitschrift wie „Superchrist in unserer Zeit", wenn es so etwas gäbe, aber ich kämpfe mich weiter durch im Glauben. Mein Schöpfer ist in meinem Leben das, was ich mit „Gottesfaktor" bezeichnet habe. Es ist machtvoll und unerklärlich, und keiner kann es mir nehmen. Jeden Tag mache ich wieder Fehler, aber ich bin nicht mehr so, wie ich früher war, und ich bin auch nicht so, wie ich ohne ihn geworden wäre. Ich klammere mich mit beiden Händen an den *„Gottesfaktor"*, und ich werde ihn nicht eher loslassen, bis er mich sicher an das andere Ufer gebracht hat.

Es ist nicht die Aufgabe eines sterblichen Menschen, einen anderen Menschen zu beurteilen. Denn Tatsache ist: Sie haben ja keine Ahnung, wie weit die andere Person auf ihrer geistlichen Reise bis jetzt gekommen ist. Vielleicht ist sie erst an Punkt B, aber dennoch kann Gott schon *mächtig in ihrem Leben gewirkt haben*, um sie überhaupt bis dahin zu bringen. Sie hat vielleicht schon eine sehr große Dosis „Gottesfaktor" verabreicht bekommen. Und im Gegensatz dazu kann eine Frau, die scheinbar alles spielend gemeistert hat – eine Frau, die sich – von außen gesehen – schon an Punkt Q befindet – nur *eine ganz kleine* oder vielleicht sogar noch gar keine Dosis „Gottesfak-

Gott will mich

tor" genommen haben. Also beurteilen Sie nicht die äußere Erscheinung. Die Bibel sagt dazu Folgendes:

> Aber der Herr sprach zu Samuel: Sieh nicht auf sein Aussehen und auf seinen hohen Wuchs! Denn ich habe ihn verworfen. Denn der Herr sieht nicht auf das, worauf der Mensch sieht. Denn der Mensch sieht auf das, was vor Augen ist, aber der Herr sieht auf das Herz. (1. Samuel 16,7)

Ist das nicht die beste Nachricht, die Sie je gehört haben?
Hören Sie auf, sich immer mit anderen zu vergleichen! Hören Sie auf damit, sich über Äußerlichkeiten aufzuregen. Lassen Sie sich von Gott umkrempeln. Lassen Sie sich von ihm den „Gottesfaktor" in Ihrem Leben verabreichen.

1. Was müssen wir als Christen *wissen*? (1. Korinther 2,2-5)

2. Erklären Sie, was der „Gottesfaktor" ist!

3. Warum sollten wir andere nicht beurteilen – oder uns darüber Gedanken machen, wie sie uns beurteilen?

Vierte Woche: Selbstannahme

4. Was sagt die Bibel darüber aus, worauf Gott achtet – worauf gründet sich Gottes Beurteilung?

5. Wie viel Raum nimmt der „Gottesfaktor" in Ihrem Leben ein? An welchem Punkt befinden Sie sich jetzt ... und wo haben Sie angefangen?

6. Was war für Sie im heutigen Abschnitt besonders wichtig?

Zur Wiederholung:

- Der „Gottesfaktor" ist die Entfernung zwischen dem Punkt, an dem Sie angefangen haben und dem, an dem Sie sich heute befinden.
- Beurteilen Sie andere nicht nach ihrer äußeren Erscheinung. Sie könnten dabei die Kraft dessen, was Gott im Leben anderer Menschen bewirkt hat, entweder viel zu hoch oder viel zu niedrig einschätzen.
- Gott sieht das Herz an – seine Beurteilung gründet sich nicht darauf, wo wir uns gerade befinden, sondern wie weit wir inzwischen gekommen sind.

Gott will mich

Fünfter Tag

Verstehen Sie, wer Sie in Christus sind?

Wenn Sie den heutigen Abschnitt bearbeitet haben, dann werden Sie sich herrlich fühlen. Ich weiß das so genau, weil es mir bei der Vorbereitung ebenso ging: Das war die Aufgabe, die mir bei weitem am meisten Mut gemacht hat. Die Bibel sagt *so viel* zu dem Thema, wer wir in Christus sind, und die Stellen sind alle so wunderbar. Wenn Sie das nächste Mal in die Versuchung kommen, beim Anblick einer anderen Frau zu denken: „Ich wünschte, ich wäre so ... wie die", dann denken Sie über die ungeheuer großen Segnungen nach, die Sie als Tochter des herrschenden Königs bekommen haben. Mit dieser Liste von Eigenschaften können Sie einfach keine Minderwertigkeitskomplexe mehr kriegen:

- *Kind Gottes:* „So viele ihn aber aufnahmen, denen gab er das Recht, Kinder Gottes zu werden, denen, die an seinen Namen glauben." (Johannes 1,12) Und 1. Johannes 3,1: „Seht, welch eine Liebe uns der Vater gegeben hat, dass wir Kinder Gottes heißen sollen! Und wir sind es."
- *Überwinder:* „Denn alles, was aus Gott geboren ist, überwindet die Welt; und dies ist der Sieg, der die Welt überwunden hat: unser Glaube. Wer aber ist es, der die Welt überwindet, wenn nicht der, der glaubt, dass Jesus der Sohn Gottes ist?" (1. Johannes 5,4-5)
- *Neue Schöpfung:* „Daher, wenn jemand in Christus ist, so ist er eine neue Schöpfung; das Alte ist vergangen, siehe, Neues ist geworden." (2. Korinther 5,17)
- *Diener der Versöhnung:* „Alles aber von Gott, der uns mit sich selbst versöhnt hat durch Christus und uns den Dienst der Versöhnung gegeben hat, nämlich dass Gott in Christus war und die Welt mit sich selbst versöhnte, ihnen ihre Übertretungen nicht zurechnete und in uns das Wort von der Versöhnung gelegt hat." (2. Korinther 5,18-19)

Vierte Woche: Selbstannahme

- *Botschafter Christi:* „So sind wir nun Gesandte an Christi statt, indem Gott gleichsam durch uns ermahnt." (2. Korinther 5,20)
- *Erlöste:* „Oder wisst ihr nicht, ... dass ihr nicht euch selbst gehört? Denn ihr seid um einen Preis erkauft (= erlöst) worden. Verherrlicht nun Gott mit eurem Leib." (1. Korinther 6,19-20)
- *Wir dürfen mit Christus in der Himmelswelt sitzen:* „Er hat uns mitauferweckt und mitsitzen lassen in der Himmelswelt in Christus Jesus, damit er in den kommenden Zeitaltern den überragenden Reichtum seiner Gnade in Güte an uns erwiese in Christus Jesus." (Epheser 2,6-7)
- *Priester:* „Lasst euch auch selbst als lebendige Steine aufbauen, als ein geistliches Haus, ein heiliges Priestertum, um geistliche Schlachtopfer darzubringen, Gott wohlannehmbar durch Jesus Christus!" (1. Petrus 2,5)
- *Vorher erkannt, vorherbestimmt, berufen, gerechtfertigt und verherrlicht!* (Super!!) „Denn die er vorher erkannt hat, die hat er auch vorherbestimmt, dem Bild seines Sohnes gleichförmig zu sein, damit er der Erstgeborene sei unter vielen Brüdern. Die er aber vorherbestimmt hat, diese hat er auch berufen; und die er berufen hat, diese hat er auch gerechtfertigt; die er aber gerechtfertigt hat, diese hat er auch verherrlicht." (Römer 8,29-30)
- *Erben Gottes und Miterben Christi:* „Wenn aber Kinder, so (sind wir) auch Erben, Erben Gottes und Miterben Christi." (Römer 8,17)

Wir wollen einmal darüber nachdenken, was es bedeutet, Erben des Vaters zu sein: Da Gott der König ist und wir seine Töchter sind, sind wir also allesamt *Prinzessinnen*. Toll, was? Wo ist bloß mein Krönchen? Ich habe Ihnen doch schon erzählt, wie ich als Kind abgestempelt wurde: diese Familie von Drogenabhängigen. Da gab es allerdings noch ein anderes Etikett, dass ich zu gern gehabt hätte; aber es ist mir nie vergönnt gewesen. Ich wollte so gern eine Prinzessin sein. Ich wollte Papas kleine Prinzessin sein, so wie jedes kleine Mädchen.

Ich erinnere mich, dass ein Vater in der Nachbarschaft seine Tochter Sharon immer „Prinzessin" nannte. (Er las ihr auch aus der Bibel vor und sang jeden Abend, bevor sie schlafen ging, „Jesus liebt mich". Was für ein prima Kerl!) Ich sehnte mich sehr danach, mich auch so geliebt zu fühlen wie Sharon. Eines Tages fragte ich ihren Vater, ob

Gott will mich

ich nicht auch seine Prinzessin sein könnte. Er sagte: „Nein, du bist die Prinzessin deines Vaters." „Ehrlich?", fragte ich ganz überrascht. „Natürlich", meinte er. „Geh mal und frag deinen Papa. Der wird es dir schon sagen." Ich rannte so schnell ich konnte nach Hause.

Es war an einem Samstagnachmittag – einem wunderschönen Spätsommertag. Meine Mutter machte gerade Abendessen. (Ich glaube, es gab Wurstbrote ... so lebhaft ist die Erinnerung an diese Situation noch!) Mein Vater saß am Küchentisch und trank mit seinen Kumpeln Bier, so wie er es fast jedes Wochenende tat. Ich stürmte in die Küche und platzte mit meiner Frage heraus: „Papa, bin ich deine Prinzessin?" Einen Moment sah er mich völlig verblüfft an, dann warf er plötzlich seinen Kopf zurück und brüllte vor Lachen. „Oh nein! Du bist höchstens meine Stummelschnute und mein Eiterbeinchen!" (Das waren seine Spitznamen für mich. Stummelschnute, weil meine Zähne so schlecht waren: Sie waren braun und fast alle waren bis auf kleine Stummel verfault. Eiterbeinchen sagte er, weil ich übersät war mit aufgekratzten und angeschwollenen Mückenstichen. Wir lebten in einer sehr feuchten und mückenreichen Gegend. Da ich den ganzen Tag über draußen spielte, war ich eine leichte Beute für die scheußlichen Biester, gegen deren Stiche ich allergisch war.) Ich erinnere mich noch an das röhrende Gelächter, an die Männer, die vor Vergnügen mit der Faust auf den Tisch hauten. Ich erinnere mich daran, dass ich dachte: Ich bin für meinen Papa nichts Besonderes ... und auch für sonst keinen.

Ich erzähle Ihnen das nicht, um damit zu sagen, dass mein Vater ein schrecklicher Kerl war. Ich habe meinen Vater wirklich sehr gern, und seit ich erwachsen bin, weiß ich auch, dass es seine Art war, mich aufzuziehen. Ich weiß jetzt, dass er das damals nur „zum Spaß" gesagt hat, aber der Schmerz in meinem kindlichen Herzen war dennoch sehr lebendig. Bitte, bitte, seien Sie sehr vorsichtig, wie Sie Ihre Kinder bezeichnen! Seien Sie sehr vorsichtig, wenn Sie sie „aufziehen" oder ihnen Spitznamen verpassen. Wir lassen bei uns zu Hause *sämtliches Aufziehen* ganz sein, und ich kann Ihnen nur ernsthaft raten, das auch zu tun. Ein bisschen Hänseln, da lacht man doch drüber ... aber zu welchem Preis?

Bringen Sie Ihren Kindern bei, wer sie in Christus sind. Und Sie selbst können es bei der Gelegenheit auch wieder neu lernen. Ja, Sie

Vierte Woche: Selbstannahme

sind nur ein Tongefäß, aber Sie enthalten einen himmlischen Schatz. Ja, Sie sind nur ein Tongefäß, aber Sie sind auserwählt worden, im Hause des Königs zu leben. Sie sind nicht nur vom König adoptiert worden. Sie sind wirklich eine *Prinzessin*.

In dieser Woche haben wir uns damit beschäftigt, wie wichtig es ist zu akzeptieren, dass Gott jeden von uns für eine uns persönlich zugedachte Aufgabe geschaffen hat. Wir haben uns damit auseinander gesetzt, was es heißt, ein Tongefäß zu sein, und dass es von großer Bedeutung ist, nicht mit dem Schöpfer zu hadern. Wir haben die samaritische Frau am Jakobsbrunnen betrachtet, die ein „neuer Mensch" wurde und in einen wichtigen Dienst berufen wurde, indem sie die Absichten Gottes für ihr Leben in die Tat umsetzte.

Wir haben uns vor Augen geführt, dass es ganz wesentlich ist, sich von Gott umkrempeln zu lassen und nicht immer zu versuchen, die Äußerlichkeiten aufzupolieren. Heute haben wir uns all die erstaunlichen Zusagen Gottes angeschaut, die uns in Christus geschenkt wurden. Gott hat uns zu Prinzessinnen in seinem Haus gemacht. Nehmen Sie es an und erfreuen Sie sich daran!

Die erste Voraussetzung dafür,
ein Werkzeug in Gottes Hand zu werden, lautet:

Nehmen Sie es an, dass Gott Sie so gemacht hat, wie Sie sind!

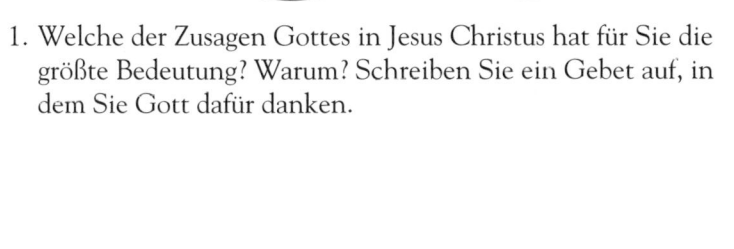

1. Welche der Zusagen Gottes in Jesus Christus hat für Sie die größte Bedeutung? Warum? Schreiben Sie ein Gebet auf, in dem Sie Gott dafür danken.

2. Was war für Sie im heutigen Abschnitt besonders wichtig?

3. Wie lautet der „Schwerpunkt der Woche"?

4. Wie lautet die erste Voraussetzung dafür, ein Werkzeug in Gottes Hand zu werden?

Zur Wiederholung:

- Die Zusagen, die Gott uns in Christus macht, sind unfassbar groß.
- Sie sind eine Prinzessin. Leben Sie auch so!

Fünfte Woche: Selbstverleugnung

Schwerpunkt der Woche:

Sich selbst verleugnen, um Platz zu schaffen für das, was Gott in Ihrem Leben und durch Ihr Leben wirken will

Leitvers der Woche:

Tut nichts aus Eigennutz oder eitler Ruhmsucht,
sondern dass in der Demut
einer den anderen höher achtet als sich selbst;
ein jeder sehe nicht auf das Seine,
sondern ein jeder auch auf das der anderen!

Philipper 2,3-4

Gott will mich

Erster Tag

———•»•—◆—•«•———

Christus, unser Vorbild

Die zweite Voraussetzung dafür, um ein Werkzeug in Gottes Hand zu werden, lautet: „Verleugnen Sie sich selbst, um Platz zu schaffen für das, was Gott in Ihrem Leben und durch Ihr Leben wirken will." Unglücklicherweise ist unser Leben ganz zugepflastert mit selbstsüchtigen Zielen. Tatsächlich ist unser ich-bezogenes Leben unser größtes Problem: ich, meine Pläne, meine Gedanken, meine Vorhaben. Und das sagt uns ja auch die Welt: Richte dein Leben nur auf dich selbst aus. Sei stolz auf dich und auf deine Leistung. Fördere dein Selbstvertrauen, wann immer es geht. Wenn du Kraft brauchst, schau auf dich selbst und deine Fähigkeiten. Gott ist eine „Krücke" für die Schwachen. Strebe danach, in den Augen der Welt gut auszusehen und nach den Maßstäben der Welt erfolgreich zu sein.

Wenn wir uns allerdings von Gott gebrauchen lassen möchten, dann müssen wir hier eine 180-Grad-Wende vollziehen. Wir müssen unsere eigene private Planung hinauswerfen und uns ganz auf Gottes Planung einstellen. Das bedeutet „zuerst nach dem Reich Gottes zu trachten", und das ist sehr viel leichter gesagt als getan. Das heißt, sein Vertrauen auf Gott zu setzen, und zwar auf Gott allein. Es erfordert einige Selbstverleugnung, um die vollständige Abhängigkeit von Gott zu erkennen.

Die Bibel drückt das folgendermaßen aus:

Tut nichts aus Eigennutz oder eitler Ruhmsucht, sondern dass in der Demut einer den anderen höher achtet als sich selbst; ein jeder sehe nicht auf das Seine, sondern ein jeder auch auf das der anderen! Habt diese Gesinnung in euch, die auch in Christus Jesus war, der in Gestalt Gottes war und es nicht für einen Raub hielt, Gott gleich zu sein. Aber er machte sich selbst zu nichts und nahm Knechtsgestalt an, indem er den Menschen gleich geworden ist,

Fünfte Woche: Selbstverleugnung

und der Gestalt nach wie ein Mensch befunden, erniedrigte er sich selbst und wurde gehorsam bis zum Tod, ja, zum Tod am Kreuz. Darum hat Gott ihn auch hoch erhoben und ihm den Namen verliehen, der über jeden Namen ist, damit in dem Namen Jesu jedes Knie sich beuge, der Himmlischen und Irdischen und Unterirdischen, und jede Zunge bekenne, dass Jesus Christus Herr ist, zur Ehre Gottes des Vaters.

Daher, meine Geliebten, wie ihr allezeit gehorsam gewesen seid, nicht nur wie in meiner Gegenwart, sondern jetzt noch viel mehr in meiner Abwesenheit, bewirkt euer Heil mit Furcht und Zittern! Denn Gott ist es, der in euch wirkt sowohl das Wollen als auch das Wirken zu seinem Wohlgefallen. Tut alles ohne Murren und Zweifel, damit ihr tadellos und lauter seid, unbescholtene Kinder Gottes inmitten eines verdrehten und verkehrten Geschlechts, unter dem ihr leuchtet wie Himmelslichter in der Welt. (Philipper 2,3-15)

Der Ausdruck „machte sich selbst zu nichts" kommt von dem griechischen Wort *kenoo*. Wörtlich übersetzt bedeutet das „leeren", „ausleeren". So wie Jesus Christus sich selbst verleugnete, um schließlich am Kreuz für uns zu sterben, so müssen wir uns auch „selbst verleugnen": unsere persönlichen Pläne, unsere geheimen Sehnsüchte, unsere egoistischen Träume und Wünsche müssen aus unserem Leben verschwinden. Oft sind wir in unserer eigenen kleinen Welt so gefangen, dass wir die Menschen, die vor unseren Augen ertrinken, gar nicht mehr wahrnehmen, so wie es dieser Cartoon zeigt:

Gott will mich

Lassen Sie mich eine einfache Frage stellen: Wer ertrinkt vor Ihren Augen?

Jesus war nie so sehr mit sich selbst beschäftigt, dass er diejenigen übersah, die vor seinen Augen ertranken. Selbst als er am Kreuz hing, galt seine Sorge den Männern, die neben ihm hingen, seine Sorge galt denen, die ihn verurteilt hatten, seine Sorge galt Ihnen und mir. Selbst während seines qualvollen Sterbens sah er nicht auf sich selbst, sondern er sorgte sich um uns. Kurz gesagt, er „verleugnete sich selbst", d. h. er achtete sich selbst für nichts. Wenn wir Werkzeuge in Gottes Hand werden möchten, dann ist der erste Schritt das „Ausleeren" des eigenen Ichs, die Selbstverleugnung. Das ist wirklich ganz grundlegend: Wenn mein Leben bereits vollständig gefüllt ist mit meinen eigenen Angelegenheiten, dann ist darin ganz einfach kein Platz mehr für Gottes Wirken. Da ist einfach kein Platz mehr für den Segen, mit dem er uns erfüllen will.

Fangen Sie heute an, sich selbst zu verleugnen, um Platz zu schaffen für das, was Gott in Ihrem Leben bewirken will. Nehmen Sie sich Zeit, um über das folgende Gebet nachzudenken, das sehr schön veranschaulicht, wie wir Jesus Christus in unserem täglichen Leben nacheifern können. Möge es auch für Sie ein persönliches und von Herzen kommendes Gebet werden.

Gebet einer Nonne aus dem 17. Jahrhundert

Herr, du weißt es besser als ich selbst, dass ich älter werde und eines Tages alt sein werde. Bewahre mich vor der verhängnisvollen Angewohnheit zu meinen, ich müsste zu jedem Thema und bei jeder Gelegenheit etwas sagen. Befreie mich von dem Verlangen, die Angelegenheiten aller Menschen in Ordnung bringen zu wollen. Mach mich nachdenklich, aber nicht launisch, hilfsbereit, aber nicht rechthaberisch. Es ist ein Jammer, meinen großen Erfahrungsschatz nicht zu gebrauchen, Herr, aber du weißt ja, dass ich auch am Ende noch ein paar Freunde haben möchte.

Halt meinen Kopf frei von endlosen Wiederholungen von Einzelheiten; gib mir vielmehr Flügel, um schnell auf den Punkt zu kommen. Versiegele meine Lippen, dass ich nicht von meinen

Fünfte Woche: Selbstverleugnung

Schmerzen und Wehwehchen berichte. Es werden immer mehr, und mit den Jahren wird es immer schöner, sie ausführlich darzustellen. Ich wage nicht um die Gnade zu bitten, die Berichte der anderen über ihre Krankheiten gern anzuhören, aber hilf mir, sie mit Geduld zu ertragen.

Ich wage auch nicht, um ein besseres Gedächtnis zu bitten, aber bitte lass meine Demut größer werden und meine Dickköpfigkeit kleiner, wenn meine Erinnerungen und die Erinnerungen anderer scheinbar nicht mehr übereinkommen können. Bitte lehre mich die herrliche Wahrheit, dass – ich mich gelegentlich irren kann.

Lass mich einigermaßen angenehm bleiben. Ich will nicht unfehlbar werden – mit Unfehlbaren ist nur schwer auszukommen. Aber eine sauertöpfische Alte ist ein Meisterwerk des Teufels. Gib mir die Fähigkeit, das Gute auch da zu sehen, wo ich es nicht erwarte, und gute Eigenschaften in Menschen, bei denen ich sie nicht vermute. Und gib mir die Gabe, Herr, es ihnen dann auch zu sagen.

Amen.

1. Indem Jesus sich selbst für nichts achtete, hat er uns Verhaltensmuster gezeigt, denen wir folgen sollen. Stellen Sie anhand der Stelle aus dem Philipperbrief so viele Dinge wie möglich zusammen, die bei Ihnen ausgeräumt werden müssen:

2. „Habt diese Gesinnung in euch, die auch in Christus Jesus war" – beschreiben Sie diese Gesinnung, und zwar möglichst genau:

3. In welcher Hinsicht ähneln Sie dem Hund im Cartoon? Sind Sie so in Ihre eigenen Angelegenheiten verwickelt, dass Sie die Leute, die vor Ihren Augen ertrinken, gar nicht wahrnehmen?

4. Schreiben Sie die Namen einiger Menschen auf, die „ertrinken". Welche besondere Hilfe könnten Sie für diese Menschen sein?

5. Nehmen Sie das *Gebet einer Nonne aus dem 17. Jahrhundert* als Vorlage und schreiben Sie ein eigenes Gebet, in dem Sie zum Ausdruck bringen, welche Charaktereigenschaften Sie am Ende Ihres Erdenlebens gern hätten.

6. Was war für Sie im heutigen Abschnitt besonders wichtig?

Zur Wiederholung:

- Christus ist unser Vorbild. Er verleugnete sich selbst. Wir müssen aus unserem Leben unsere geheimen Pläne, unsere verborgenen Sehnsüchte, unsere Wünsche und Ansprüche ausräumen.
- Halten Sie die Augen offen nach Leuten, die um Sie herum „ertrinken".
- Beten Sie immer dafür, täglich mehr und mehr dem Wesen Jesu Christi gleichgemacht zu werden.

Fünfte Woche: Selbstverleugnung

Zweiter Tag

———•——

Leben wie Christus

Aus der Bibelstelle, die wir gestern gelesen haben (Philipper 2,3-15), können wir fünf wesentliche Schlüsselbegriffe herausfiltern, die deutlich machen, was es bedeutet, wie Christus zu leben – ein Leben der Selbstverleugnung, das „vom eigenen Ich befreit" ist.

Behalten Sie stets Gott und seine Pläne im Auge und konzentrieren Sie sich nicht auf sich selbst und die eigene Bequemlichkeit. Wenn Jesus Christus nur an seiner eigenen Bequemlichkeit interessiert gewesen wäre oder an den Annehmlichkeiten des irdischen Lebens, dann wäre er nie ans Kreuz gegangen. Denken Sie an Jesu Flehen im Garten Gethsemane: „Und er ging ein wenig weiter und fiel auf sein Angesicht und betete und sprach: Mein Vater, wenn es möglich ist, so gehe dieser Kelch an mir vorüber! Doch nicht wie ich will, sondern wie du willst" (Matthäus 26,39). Er ging ans Kreuz, weil er Gottes ewige Pläne im Auge hatte.

Einen unglaublichen Gegensatz dazu finden wir *schon im nächsten Vers*. Sehen Sie mal, was die Jünger gerade machen: „Und er kommt zu den Jüngern und findet sie schlafend; und er spricht zu Petrus: Also nicht *eine* Stunde konntet ihr mit mir wachen?" (Matthäus 26,40). Was hatten die Jünger im Auge? Gottes Pläne? Überhaupt nicht! Ihre einzige Sorge war die eigene Bequemlichkeit. Wir sollen daraus lernen.

Denken Sie an das, was der Apostel Paulus schrieb: „Denn das schnell vorübergehende Leichte unserer Bedrängnis bewirkt uns ein über die Maßen überreiches, ewiges Gewicht von Herrlichkeit, da wir nicht das Sichtbare anschauen, sondern das Unsichtbare; denn das Sichtbare ist zeitlich, das Unsichtbare aber ewig." (2. Korinther 4,17-18)

Entwickeln Sie eine Haltung der Dankbarkeit. Darin besteht das Geheimnis, alles „ohne Murren und Klagen" zu tun. Wenn Sie tatsächlich vom eigenen Ich befreit sein möchten, so dass Sie dem Herrn wirksam dienen können, dann ist dies ein wesentlicher und grundlegender Schritt. Machen Sie sich klar, dass Sie auch nicht eine der

Gott will mich

Segnungen verdient haben, die Gott Ihnen bereits gegeben hat, und verlangen Sie nicht auch noch *mehr* von ihm. Man sollte sich eine Liste von all den Dingen machen, für die man dankbar sein kann! Sie können diese Liste in Ihre Bibel legen und jeden Tag lesen. Das wird Sie mit Sicherheit verändern. Und schreiben Sie die Liste neu, wenn Ihre Freude sich das nächste Mal heimlich davonmacht. Setzen Sie sich einfach hin und schreiben Sie aus dem Gedächtnis auf, was Ihnen einfällt. Es ist erstaunlich, wie demütigend eine solche Erfahrung ist. Ich habe meine „Dankbarkeitsliste" im Jahr 1982 begonnen und im Laufe der Jahre bin ich auf 127 größere Segnungen gekommen. Aus dieser Liste habe ich die 20 wichtigsten herausgeschrieben und auf eine Karteikarte übertragen, die ich mir jeden Tag anschaue. Das rückt meine Einstellung wieder gerade, wenn ich merke, dass ich mich immer nur um mich selbst drehe oder anfange, Ansprüche zu stellen.

Nehmen Sie andere wichtiger als sich selbst. Unglücklicherweise ist es meist so, dass wir andere eher verurteilen, als dass wir ihnen Liebe zeigen und ihnen dienen. Wir behandeln andere nicht so, wie wir selbst gern behandelt werden möchten. Wir kritisieren und verdammen lieber. Jakobus 4,12 ermahnt uns: „*Einer* ist Gesetzgeber und Richter, der zu erretten und zu verderben vermag. Du aber, wer bist du, der du den Nächsten richtest?" Wir müssen demütig genug sein – wir müssen so vom eigenen Ich befreit sein – dass wir zugeben können, nicht alles zu wissen. Wir können unmöglich wissen, was ein Mensch alles durchgemacht hat oder wie weit er schon gekommen ist. Warum nicht? Weil wir nicht Gott sind! *Wir können uns so verhalten, als ob wir meinten, wir seien Gott, aber wir sind nicht Gott.*

Leben Sie in ständiger Verbindung mit Gott durch das Gebet. Die Jünger hatten keine Zeit zu beten, sie waren zu sehr damit beschäftigt, sich auszuruhen und zu schlafen. Kommt Ihnen das bekannt vor? Mir schon! So wie Jesus den Willen des Vaters erkannt hat, so ist auch für *uns* die einzige Möglichkeit, den Willen Gottes zu erkennen: im Gebet. Und damit ist kein kurzes Tischgebet gemeint und auch kein „Müde-bin-ich-geh-zur-Ruh"-Nachtgebet. In 1. Thessalonicher 5,16-18 lesen wir: „Freut euch allezeit! Betet unablässig! Sagt in allem Dank! Denn dies ist der Wille Gottes in Christus Jesus für euch."

Haben Sie das ernsthafte Verlangen, von Gott gebraucht zu werden statt

Fünfte Woche: Selbstverleugnung

ihn zu benutzen. Jesus hätte ohne weiteres seinen Einfluss in der Himmelswelt benutzen können, um nicht ans Kreuz gehen zu müssen. Er sagt seinen Jüngern: „Oder meint ihr, dass ich nicht meinen Vater bitten könne und er mir jetzt mehr als zwölf Legionen Engel stellen werde? Wie sollten denn die Schriften erfüllt werden, dass es so geschehen muss?" (Matthäus 26,53-54) Auch an dieser Stelle war es nicht Jesu Anliegen, Gott für sein eigenes Wohlergehen zu benutzen. Stattdessen war er dazu bereit, von Gott gebraucht zu werden, um die Schriften zu erfüllen.

Und doch: Wie oft versuchen wir, Gott zu manipulieren. Wie oft behandeln wir ihn wie einen Dienstboten. Gott, tu dies! Gott, tu das! Von allen Seiten umrahmen wir unsere Forderungen mit „Bitte" und „Amen", aber trotzdem sind es eigentlich Befehle. Und im Klartext heißt das dann: „Und wenn du das nicht tust, Herr, dann bin ich von dir sehr enttäuscht!" Selbst wenn wir anscheinend Gott dienen, ist das, was wir wirklich wollen, oft Ehre, ein aufregendes Erlebnis oder das Gefühl, wichtig zu sein. Das ist falsch! Lieben Sie ihn, weil er so ist, wie er ist, nicht, weil er dies oder jenes für sie tut. Und noch nicht einmal wegen der Freude, die er schenkt, oder wegen der Wunder, die er tut.

Es gab einige wenige Gelegenheiten in meinem Leben, bei denen ich Gottes Reden so klar und deutlich empfand, dass es nahezu hörbar war. Das erste Mal geschah das im Juli 1980, einige Tage nachdem ich mich bekehrt hatte. Ich ging an einem Flussufer in Pennsylvania entlang. Es war schon spät am Abend und der Mond leuchtete hell am Nachthimmel, als der Herr mir klarmachte, was er mit mir und meinem Leben vorhatte. Es war ein herrliches Erlebnis, das ich nie vergessen werde.

Die zweite Gelegenheit war alles andere als herrlich. Ich ging durch eine schwere Zeit voller Prüfungen, die mir alle Freude genommen hatten. Ich war verbittert und wütend auf Gott und die Welt. An einem Sonntagmorgen saß ich in der Gemeinde, schwamm in Selbstmitleid und bejammerte mein Schicksal.

Plötzlich war es, als hörte ich einen unvorstellbar qualvollen Seufzer. Ich hatte das überwältigende Gefühl, einen Schmerz tief in meiner Seele zu spüren. Dann meinte ich, Gott ganz leise zu mir sprechen zu hören, aber mit solcher Pein, dass ich sofort wusste: Ich mache ihm schrecklichen Kummer. Ich werde es nie vergessen: „Was willst du

Gott will mich

denn noch von mir, Donna? Was willst du denn noch? Ich habe dir *alles* gegeben. Ich habe meinen Sohn für dich gegeben."

Jesus Christus hat am Kreuz sich selbst verleugnet – für mich. Er hat sein Leben für mich hingegeben, aber ich wollte noch mehr. Ich war so *völlig mit mir selbst beschäftigt*, dass ich noch mehr wollte. Wie nötig haben wir es, uns selbst zu verleugnen, so wie Jesus Christus es tat. Wie nötig haben wir es, unsere geheimen Pläne, unsere Träume, unsere Wünsche loszulassen.

Wie könnte unser Herz noch voller sein? Welche größere Freude könnte es denn noch geben als die Freude zu wissen, dass unser himmlischer Vater uns so sehr geliebt hat, dass er seinen einzigen Sohn für uns gegeben hat, damit wir die Ewigkeit mit ihm verbringen können! Wir können gar nicht noch mehr wollen; er hat bereits alles gegeben. Das ist genug.

1. Welche fünf Prinzipien eines an Jesus Christus orientierten Lebens können wir aus der Stelle im Philipperbrief herausfiltern?

2. In welcher Hinsicht leben Sie normalerweise im Alltag mehr auf sich selbst als auf den Herrn bezogen?

3. Für wen leben Sie – für Gott oder für sich selbst? Was würde sich in Ihrem Alltag ändern müssen, wenn Sie tatsächlich für Gott leben würden?

4. Bemühen Sie sich aktiv um eine Haltung der Dankbarkeit oder sind Sie unzufrieden? Wenn Sie unzufrieden sind: Was werden Sie ändern?

Fünfte Woche: Selbstverleugnung

5. Begegnen Sie Ihren Mitmenschen vorurteilsfrei in dem Wissen, dass nur Gott das Recht hat, zu urteilen? Oder beäugen Sie andere lieber immer kritisch?

6. Benennen Sie einen Menschen, über den Sie normalerweise ständig urteilen. Was würde passieren, wenn Sie aufhören würden, immer „Recht zu haben" und stattdessen Gott das Urteil überließen? Überlassen Sie Gott diesen Menschen doch jetzt!

7. Leben Sie in einer ständigen Verbindung mit Gott durch das Gebet? Falls nicht, wie können Sie das heute ändern?

8. Ist es Ihr innigster Wunsch, von Gott gebraucht zu werden, oder versuchen Sie eher, Gott für Ihre eigenen Pläne einzuspannen?

9. Was haben Sie von Gott verlangt? Können Sie sich entschließen, das loszulassen?

10. Was war für Sie im heutigen Abschnitt besonders wichtig?

Zur Wiederholung:

- Richten Sie sich nach Gottes Plänen und nicht nach Ihren eigenen Planungen.
- Bemühen Sie sich um eine Haltung der Dankbarkeit.
- Begegnen Sie Ihren Mitmenschen positiv und ohne Vorurteile.
- Leben Sie in ständiger Verbindung mit Gott durch das Gebet.
- Streben Sie ernsthaft danach, von Gott gebraucht zu werden und nicht Gott zu benutzen.
- Gott hat uns bereits alles gegeben, was wir brauchen: die Rettung durch seinen Sohn Jesus Christus.

Dritter Tag

Den Stolz auf die Vergangenheit loslassen

Jesus Christus ist das beste Beispiel dafür, was es bedeutet, sich selbst zu verleugnen, aber er ist nicht das einzige Beispiel, welches das Wort Gottes uns gibt. Der Apostel Paulus sprach auch von Selbstverleugnung – er sprach davon, alles das wegzuwerfen, von dem er einst gedacht hatte, er könnte es Gott darbringen. Er musste sogar zugeben, dass alles, was er vollbracht hatte, all sein Streben, all sein Wissen nur eine Ansammlung von Müll war, verglichen mit dem, was Christus getan hatte.

> Aber was auch immer mir Gewinn war, das habe ich um Christi willen für Verlust gehalten; ja wirklich, ich halte auch alles für Verlust um der unübertrefflichen Größe der Erkenntnis Christi Jesu, meines Herrn, willen, um dessentwillen ich alles eingebüßt habe und es für Dreck halte, damit ich Christus gewinne und in ihm gefunden werde – indem ich nicht meine Gerechtigkeit habe, die aus dem Gesetz ist, sondern die durch den Glauben an Christus, die Gerechtigkeit aus Gott aufgrund des Glaubens – um ihn und die Kraft seiner Auferstehung und die Gemeinschaft seiner Leiden zu erkennen, indem ich seinem Tod gleichgestaltet werde, ob ich irgendwie hingelangen möge zur Auferstehung aus den Toten.
>
> Nicht, dass ich es schon ergriffen habe oder schon vollendet bin; ich jage ihm aber nach, ob ich es auch ergreifen möge, weil ich auch von Christus Jesus ergriffen bin. Brüder, ich denke von mir selbst nicht, es ergriffen zu haben; eines aber tue ich: Ich vergesse, was dahinten, strecke mich aber aus nach dem, was vorn ist, und jage auf das Ziel zu, hin zu dem Kampfpreis der Berufung Gottes nach oben in Christus Jesus.
>
> So viele nun vollkommen sind, lasst uns darauf bedacht sein! Und wenn ihr in irgendetwas anders denkt, so wird euch Gott auch dies offenbaren. Doch wozu wir gelangt sind, zu dem lasst uns auch halten! (Philipper 3,7-16)

Fünfte Woche: Selbstverleugnung

Paulus sagt, dass er alles, was er in der Vergangenheit erreicht hatte, für Dreck hält, *damit* er Christus gewinne. Er drückt also aus, dass diese beiden Dinge sich gegenseitig ausschließen. Sind Sie damit einverstanden? Oder hängen Sie an dem Gedanken, dass Sie sowohl Ihre weltlichen Möglichkeiten ausschöpfen als auch Christus nachfolgen könnten? Hätte Paulus nicht mit Recht stolz auf sich sein können? Nun, nach weltlichen Gesichtspunkten hätte er das sicherlich. Und Paulus selbst führt ja auch alle seine Fähigkeiten und Möglichkeiten, Gott zu dienen, auf, bevor er sie als „Dreck" bezeichnet. Lesen Sie einmal Philipper 3,4-6:

... obwohl auch ich Vertrauen auf Fleisch haben könnte. Wenn irgendein anderer meint, auf Fleisch vertrauen zu können – ich noch mehr: Beschnitten am achten Tag, vom Geschlecht Israel, vom Stamm Benjamin, Hebräer von Hebräern; dem Gesetz nach ein Pharisäer; dem Eifer nach ein Verfolger der Gemeinde; der Gerechtigkeit nach, die im Gesetz ist, untadelig geworden.

Ich weiß nicht, welche Fähigkeiten Sie aufweisen können, um Gott zu dienen, aber es ist wohl nicht ganz einfach, da an Paulus heranzureichen. Können Sie Ihre Vorfahren bis zum Stamm Benjamin zurückverfolgen? Sind Sie als Schriftgelehrter ausgebildet worden? Sind Sie Experte im Gesetz des Alten Testaments? Könnten Sie auch nur *eine Woche* lang problemlos das Gesetz halten? Und dennoch – Paulus, dieser Hebräer von Hebräern, dieser große Apostel, dieser Mann, von dem mehr Bücher des Neuen Testaments stammen als von irgendeinem anderen ... er nannte das alles Dreck. Er verleugnete sich selbst und vertraute auf Jesus Christus.

Könnten Sie ganz ehrlich alle Stärken und alle guten Eigenschaften, die Sie haben, und alles, was Sie schon vollbracht haben, Dreck nennen? Vielleicht stammen Sie aus „gutem Hause", wie mein Mann. Vielleicht fließt blaues Blut durch Ihre Adern. Vielleicht sind Sie zeit Ihres Lebens überall und bei allen beliebt gewesen. Vielleicht wissen Sie genau, wie man Freunde gewinnen und Menschen beeinflussen kann. Vielleicht hatten Sie immer die besten Noten, haben eine hervorragende Schule besucht und anschließend eine erstklassige Universität. Oder vielleicht haben Sie auch dank Ihrer Schönheit und Ihres Charmes „eine gute Partie" gemacht.

Gott will mich

Und es könnte ja auch sein, dass Sie eine der Frauen sind, die es geschafft haben, tatsächlich alles auf einmal zu kriegen. Sie haben spielend leicht Karriere gemacht, Sie haben hübsche, ausgeglichene Kinder, in Ihrer gesegnet glücklichen Ehe knistert noch immer das Feuer der Liebe, nebenbei joggen Sie täglich noch fünf Kilometer und außerdem engagieren Sie sich ehrenamtlich für einen guten Zweck. *Schön für Sie. Und jetzt die letzte Frage:* Könnten Sie alles das auf den Tisch legen und es Dreck nennen?

Ich habe mein Leben nicht mit besonders guten Voraussetzungen beginnen können. Falls irgendetwas Besonderes durch meine Adern fließt, dann wahrscheinlich Irischer Whisky. Wenn ich einen meiner Verwandten zitieren darf: „Wir stammen aus einem alten Geschlecht von Pferdedieben, Säufern und Raufbolden. Das ist eine stolze Tradition." Trotzdem habe ich es geschafft, das eine oder andere auf die Beine zu stellen (zumindest in den Augen der Welt). Und ich bringe es einfach nicht über mich, das Dreck zu nennen. Wenn es Ihnen genauso geht, dann gibt es dafür nur eine Erklärung. Sie sind immer noch ausgefüllt mit Ihrem eigenen Ich. Sie haben sich noch nicht selbst verleugnet. Solange noch das Ich seinen Anteil fordert, hat Jesus Christus nicht so viel Platz in Ihrem Leben, wie er es möchte. Er hat nicht genug Platz, um Sie ganz zu einem Werkzeug zu machen, das er gebrauchen kann.

Werden Sie eines Morgens aufwachen und den Stolz auf die Vergangenheit einfach wegwerfen können? Wird das in einem wundersamen Augenblick geschehen? Meiner Erfahrung nach ist das anders! Da dauert der Vorgang des Ausräumens, der Selbstverleugnung ein Leben lang; und das schließt auch mit ein, dass ich den Stolz auf die Vergangenheit loslassen kann. Also gehen Sie täglich an diese Aufgabe heran.

1. Von welchen Dingen musste Paulus nach eigenen Aussagen befreit werden? Was hoffte er dadurch zu gewinnen?

Fünfte Woche: Selbstverleugnung

2. An was klammern Sie sich? Was meinen Sie Jesus Christus anbieten zu können? Schreiben Sie alle Dinge auf, von denen die Welt sich beeindruckt zeigen könnte. Denken Sie an Ihre Herkunft, Ihre Ausbildung, Ihre Erfahrung im Dienst für den Herrn, alles, was Sie bisher erreicht haben, und welche Fähigkeiten Ihnen noch einfallen.

3. Können Sie nun ehrlich sagen, dass Sie alle diese Dinge für Dreck halten? *Sind sie nichts als* ein großer Verlust *in Ihren Augen?* Nehmen Sie sich eine Weile Zeit, um darüber nachzudenken:

4. Schreiben Sie alle Ihre beeindruckenden Eigenschaften und Fähigkeiten noch einmal auf ein anderes Blatt – und dann zerreißen Sie es in kleine Fetzen oder verbrennen Sie es. Wenn Sie diese Bibelarbeit mit einer Gruppe von Frauen zusammen machen, bringen Sie Ihre Liste zum nächsten Treffen mit und vernichten Sie sie gemeinsam.

5. Was war für Sie im heutigen Abschnitt besonders wichtig?

Zur Wiederholung:

- Sie müssen es anstreben, selbst Ihre größten Erfolge als „Dreck" anzusehen, genau wie der Apostel Paulus.
- Den Stolz auf die Vergangenheit loszulassen ist ein lebenslanger Prozess.

Vierter Tag

Den Schmerz der Vergangenheit loslassen

In den vergangenen Jahren ist es ein beliebter Zeitvertreib geworden, seine Vergangenheit aufzuarbeiten. Durch meine Lebensgeschichte bin ich wahrlich ein Kandidat für nahezu jede psychologische Methode, die es da gibt; und ich weiß, dass es mit Sicherheit wertvoll ist, die eigene Vergangenheit zu verstehen. Aber wenn wir wirklich Werkzeuge in Gottes Hand werden wollen, dann müssen wir den Schmerz der Vergangenheit loslassen. Wir sollen dabei nicht vergessen, was wir durch unsere Erfahrungen gelernt haben, und wir sollen auch die Möglichkeiten zum Dienst für den Herrn nicht außer Acht lassen, die durch die schweren Erfahrungen erst möglich werden. Aber wir sollen die Wunden nicht immer wieder aufreißen, sondern sie heilen lassen. Wir dürfen nicht immer und immer wieder „den Schorf abkratzen". Glauben Sie es mir – ich habe viele Jahre lang immer wieder „den Schorf abgekratzt": So kann keine Wunde heilen, so gibt es nur immer mehr Schmerz.

Ich möchte Ihnen heute eine Frau vorstellen, die sich geweigert hat, vom Schmerz der Vergangenheit ihr Leben bestimmen zu lassen. Vor einigen Jahren sprach ich auf einer Konferenz christlicher Autoren. Dort traf ich eine interessante Frau, die mir erzählte, sie wollte über die Erfahrungen in ihrem Leben ein Buch schreiben. Ich dachte nur: „Oh wei, wer will das nicht? Na ja …" Aber als mir Valerie dann ihre Lebensgeschichte erzählte, da wurde mir klar, dass sie es wirklich verdiente, weite Verbreitung zu finden.

Ungefähr ein Jahr später bereitete ich mich auf ein Seminar vor, das ich zu dem Thema halten sollte: „Ein Werkzeug in Gottes Hand." Dabei brachte mir der Herr immer wieder diese Valerie in den Sinn. Eine Woche vor dem Seminar rief Valerie mich dann schließlich „wie aus heiterem Himmel" an, um mir zu sagen, wie Gott mich in ihrem Leben gebraucht hat. Sie erzählte mir, dass der Dienst, den der Herr ihr aufs Herz gelegt hat (sie kümmert sich besonders um Christinnen,

Fünfte Woche: Selbstverleugnung

die an seelischen Verletzungen leiden), inzwischen Tausende von Menschen im ganzen Land erreicht hatte. Valerie hat mir erlaubt, sowohl auf dem Seminar davon zu erzählen als auch jetzt in diesem Buch ihre Geschichte zu veröffentlichen:

> Kurz nach der Hochzeit stellte ich fest, dass mein Mann eine Leidenschaft für Pornografie hatte. Zuerst brachte er pornografische Zeitschriften mit nach Hause. Nach ungefähr einem Jahr fing er an, durchschnittlich einmal im Monat in ein Pornokino zu gehen. Nach und nach steigerte sich die Häufigkeit, bis er schließlich einmal in der Woche ging. Die ganze Zeit über hatte er ein Doppelleben. Er spielte weiterhin in der Musikgruppe unserer Gemeinde, und bisweilen bezeugte er in der Versammlung, was Jesus in seinem Leben tat ... und dann kam er nach Hause und guckte Pornofilme. Die Frauen in der Gemeinde sagten immer zu mir: „Ach, du hast es gut mit einem so frommen Mann." Sie hatten ja keine Ahnung ...
> Als die Videorecorder aufkamen, kaufte er sofort einen mit der ausdrücklichen Absicht, Pornos zu Hause gucken zu können. Ich packte oft meine Kinder ins Auto und fuhr mit ihnen bis drei Uhr morgens durch die Gegend, damit sie nichts von diesem Müll mitkriegten, der in unser Haus eingeschleppt wurde.
> Mit der Zeit wurden die Filme immer schlimmer und immer brutaler. Er erzählte mir ständig davon, ob ich es hören wollte oder nicht. Zu dieser Zeit (neun Jahre nach unserer Hochzeit) hatte sich seine Sucht gesteigert: von erotischen Zeitschriften anfangs bis zu mehr als fünfzehn harten Pornofilmen in der Woche. Wenn ich versuchte, ihn vom Gucken abzuhalten, wurde er wütend und gewalttätig. Und wenn er sie guckte, war er pervers und gewalttätig. Es kam eigentlich aufs Gleiche heraus. Es war der reine Wahnsinn.
> Während dieser Zeit wurde er von einem liebenden Ehemann zu einem Menschen, der seine ganze Familie mit Gewalt bedrohte und mich sexuell missbrauchte. Schließlich stellte ich ihn zur Rede. Ich sagte ihm, dass er sich entscheiden müsste, weil ich dieses Doppelleben einfach nicht länger ertragen konnte. Ich konnte die Lügen nicht mehr ertragen. Ich sagte ihm, dass er sich entscheiden müsste zwischen der Pornografie – und seiner Familie und seinem Gott.
> Am nächsten Tag beging er Selbstmord.

Gott will mich

Wie kommt jemand wie Valerie mit diesem heutigen Thema klar? Wie kann sie akzeptieren, dass ein allmächtiger Gott diese schmerzlichen Erfahrungen in ihrem Leben zugelassen hat? In diesem Buch hier geht es nicht um Theorien, es geht um die Realität. Deshalb fragte ich Valerie ganz offen, ob sie die Ansichten, die ich hier vorstelle, teilen kann. Ihre Antwort war ein uneingeschränktes Ja. „Es war die Sache wert, schon allein um des Dienstes willen, den ich heute an seelisch verletzten Frauen tun kann. Ich weiß, dass ich genau an der Stelle bin, an der Gott mich haben will, und das wäre überhaupt nicht möglich ohne die schmerzlichen Erfahrungen, die ich selbst gemacht habe." Valeries Wahlspruch ist: „Gott benutzt unsere Vergangenheit, um die Zukunft anderer Menschen zu verändern."

Wie können wir nun die Macht der Vergangenheit unschädlich machen? Wie können wir die Vergangenheit so gänzlich *loslassen*, sie aus unserem Leben ausräumen, so dass sie uns nicht länger beherrschen kann? Es gibt nur einen einzigen Weg: Jesus Christus. Es hat einmal jemand gesagt: „Deine Vergangenheit ist solange eine Entschuldigung für dein gegenwärtiges Verhalten, *bis* du Jesus Christus in dein Leben aufgenommen hast." Also hören Sie auf damit, immer wieder zurückzuschauen. Hören Sie auf, in der Vergangenheit nach Erklärungen zu suchen. Sehen Sie auf den Schöpfer und lassen Sie ihn die Vergangenheit aus Ihrem Leben ausräumen. Wenn Sie ihn wirken lassen, dann wird er alle, die es sehen, in Staunen versetzen darüber, was er durch Ihr Leben wirken kann.

Weil Valerie den Schmerz in der Vergangenheit durchgemacht hat, ist sie heute ein schönes Beispiel für ein Werkzeug, das Gott gebrauchen kann. Zweifellos hat Gott auch in Ihrem Leben schmerzliche Erfahrungen zugelassen. Die Frage ist nur: *Was werden Sie mit diesem Schmerz tun?* Werden Sie es zulassen, dadurch gereinigt zu werden und in ein Werkzeug verwandelt zu werden, das Gott gebrauchen kann, um einer verwundeten Welt zu dienen? Oder werden Sie es zulassen, dass Sie durch den Schmerz der Vergangenheit verbittert werden? Es liegt ganz bei Ihnen.

Fünfte Woche: Selbstverleugnung

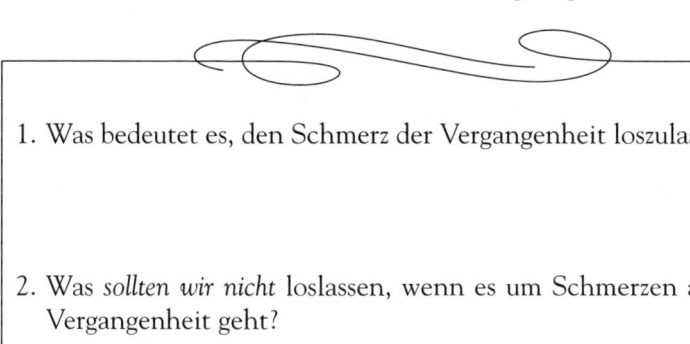

1. Was bedeutet es, den Schmerz der Vergangenheit loszulassen?

2. Was *sollten wir nicht* loslassen, wenn es um Schmerzen aus der Vergangenheit geht?

3. Welchen Schmerz müssen Sie loslassen?

4. Inwiefern kann es hilfreich sein, den Schmerz zu einem Dienst für andere zu machen?

5. Was war für Sie im heutigen Abschnitt besonders wichtig?

Zur Wiederholung:

- Lassen Sie den Schmerz der Vergangenheit nicht Ihre Zukunft beherrschen.
- Verwandeln Sie Ihre schmerzlichen Erfahrungen in einen Dienst an anderen.

Gott will mich

Fünfter Tag

---••◆••---

Die Hoffnungen auf die Zukunft loslassen

Brüder, ich denke von mir selbst nicht, es ergriffen zu haben; eines aber tue ich: Ich vergesse, was dahinten, strecke mich aber aus nach dem, was vorn ist, und jage auf das Ziel zu, hin zu dem Kampfpreis der Berufung Gottes nach oben in Christus Jesus. (Philipper 3,13-14)

Die ganze Woche haben wir uns nun mit dem Vorgang des „Ausräumens" beschäftigt. Und wir müssen nicht nur die Vergangenheit ausräumen, sondern auch unsere Pläne und Träume für die Zukunft. Beachten Sie, dass Paulus (in Philipper 3) sich einzig und allein „nach oben" orientiert. Wenn er an die Zukunft dachte, dann sah er nicht hübsche Enkel, einen sonnigen Altersruhesitz und ein Wohnmobil, um noch etwas von der Welt zu sehen. Nein, er sah nur seinen himmlischen Preis. Können Sie ernsthaft von sich behaupten, dass Ihnen nur der Himmel in den Sinn kommt, wenn Sie an die Zukunft denken? Können Sie ernsthaft von sich behaupten, dass Sie sich einzig und allein nach dem himmlischen Kampfpreis sehnen? *Nehmen Sie sich jetzt einmal die Zeit und beten Sie über die Hoffnungen und Träume, an denen Sie festhalten. Lassen Sie sich von Gott zeigen, was Sie loslassen müssen, um mehr Platz für ihn zu schaffen.*

Nur vier Tage nachdem ich die Abschnitte für diese Woche geschrieben hatte, durfte ich an einem Seminar mit Elisabeth Elliot teilnehmen. Ihr Thema am ersten Abend lautete: „Wovor fürchten Sie sich?" Ich bin kein besonders ängstlicher Mensch, deshalb musste ich schon eine ganze Weile grübeln. Langsam und fast unbewusst streichelte ich über meinen Bauch. Ich war im vierten Monat schwanger und schon ziemlich rundlich; meine Mutter war davon überzeugt, dass ich Zwillinge bekommen würde. Ein Gedanke ging mir durch den Kopf: „Ich kann mir nichts Schlimmeres vorstellen, als dieses Kind zu

Fünfte Woche: Selbstverleugnung

verlieren." Unser Bibelvers an diesem Abend war Psalm 15,5: „Der HERR ist das Teil meines Erbes und mein Becher; du bist es, der mein Los festlegt." Gott gibt uns genau das richtige Maß an Leiden, das wir brauchen, um uns dem Bild seines Sohnes gleichzumachen.

Am Samstagmorgen kamen wir zusammen, um uns mit der Frage zu beschäftigen: „Wessen sind Sie sicher?" Elisabeth Elliot sprach von Gottes Allmacht und Liebe. Sie beschrieb, wie ihre Zuversicht unerschütterlich fest blieb, selbst nachdem sie zweimal die grauenhafte Erfahrung machen musste, den Ehemann zu verlieren. Bei der Mittagspause sagte ich zu der Frau neben mir: „Wissen Sie, das ist wirklich seltsam. Ich habe noch nie so etwas wirklich Tragisches erlebt. Natürlich hatte ich schon mein Päckchen zu tragen und es gab auch schon manche schweren Zeiten in meinem Leben, aber noch nie irgendetwas richtig Tragisches." Nur einige Augenblicke später merkte ich, dass ich eine Fehlgeburt hatte.

Die nächsten zwei Wochen versanken hinter einem Schleier von Schmerzen und Tränen und Schuld und Gebet, aber in alledem reichten Gottes Friede und Gottes Gnade. Es ist schwer zu verstehen, warum Gott es zulässt, dass zwölfjährige Mädchen völlig gesunde Babys austragen können, während ich, die ich schon zwölf Jahre verheiratet bin, das nicht kann. Aber wessen bin ich sicher? Ich bin sicher, dass Gott alles führt und leitet. Ich bin sicher, dass er mich liebt. Ich bin sicher, dass auch das letztendlich zu meinem Besten dient. In jedem Fall hat es mir ganz deutlich gezeigt, was es bedeutet, „ausgeleert" zu werden – meine Hoffnungen und Träume Gottes liebendem und vollkommenen Willen zu überlassen.

Als ich mit dem endgültigen Befund vom Arzt nach Hause kam, rannte ich zuerst zu meinem Kleiderschrank und holte alle meine Umstandssachen heraus. Mein Mann nahm sie und verbannte sie in eine dunkle Ecke in der Garage. Mir ist dabei bewusst geworden, dass auch das sehr deutlich zeigt, was „Ausleeren" bedeutet. Ich musste ganz *wörtlich* meine Pläne wegpacken, um Platz zu schaffen für das, was Gott in meinem Leben und durch mein Leben wirken wollte.

Während dieser Zeit habe ich Trost durch den Text eines Liedes von Twila Paris gefunden. Es heißt „Ein Herz, das dich kennt". Ich weiß nicht im Einzelnen, was die Sängerin durchgemacht hat, als sie dieses Lied schrieb, aber ich weiß, dass sie sich dabei auch mitten in einer solchen Phase des Ausleerens befunden haben muss. Sie beschreibt so eindrucksvoll, wie man sich fühlt, wenn man gegen das ankämpft, was Gott gerade tut, und wie man schließlich dahin kommt, es aus Gottes Hand anzunehmen; anzunehmen, dass wir nie wirklich frei sind in Christus, bis wir nicht alles andere losgelassen haben, bis wir uns ganz seinem Willen hingeben, bis wir es lernen, uns nach Gottes Plänen und Gottes Zeiten zu richten, und nicht verlangen, dass alles nach unserem Willen und *sofort* geschieht.

Selbst diejenigen, die schon viele Jahre mit dem Herrn leben und sehr schwere Zeiten durchgemacht haben, sind oft erstaunt, dass sie plötzlich solche „Geheimtaschen" des Widerstandes in ihrem Herzen entdecken. Da gibt es Dinge, auf denen wir bestehen, ganz egal, was Gott davon hält.

Ich vertraue darauf, dass auch Sie den gleichen Trost finden, mit dem ich getröstet wurde, wenn Gott Sie durch diese Phase des Ausleerens gehen lässt: Es ist das Wissen, dass auf jedem Weg, den wir gehen müssen, Gott schon vor uns gegangen ist. Jeder Schritt, den wir machen, war von Anfang an vorgesehen; entweder damit wir daran wachsen können oder damit wir es lernen, anderen den Weg zu weisen.

In 2. Korinther 1,3-5 heißt es: „Gepriesen sei der Gott und Vater unseres Herrn Jesus Christus, der Vater der Erbarmungen und Gott allen Trostes, der uns tröstet in all unserer Bedrängnis, damit wir die trösten können, die in allerlei Bedrängnis sind, durch den Trost, mit dem wir selbst durch Gott getröstet werden. Denn wie die Leiden des Christus überreich auf uns kommen, so ist auch durch den Christus unser Trost überreich."

Nun, das war eine harte Woche, in deren Verlauf wir gemeinsam erarbeitet haben, was es bedeutet, das eigene Ich ausräumen zu lassen, sich selbst zu verleugnen. Wir haben betrachtet, dass sowohl der Herr Jesus Christus als auch der Apostel Paulus sich selbst verleugnet haben, und wir haben aus ihrem Leben und ihrem Dienst wichtige Grundsätze herausfiltern können. Wir haben betont, wie wichtig es ist, den Stolz auf die Vergangenheit genauso loszulassen wie auch den Schmerz der Vergangenheit; und wir haben außerdem erkannt, dass wir auch unsere Träume und Hoffnungen auf die Zukunft freigeben müssen. Und warum müssen wir alle diese Dinge loslassen? Damit wir Platz schaffen für das, was Gott in unserem Leben und durch unser Leben wirken will.

Fünfte Woche: Selbstverleugnung

Die zweite Voraussetzung dafür,
ein Werkzeug in Gottes Hand zu werden, lautet:

**Verleugnen Sie sich selbst,
um in Ihrem Leben Platz für Gott zu schaffen.**

1. Schreiben Sie Ihre Zukunftspläne auf. Denken Sie sowohl an irdische als auch an himmlische Wünsche. Und seien Sie ehrlich!

2. Sind Sie bereit, diese Dinge loszulassen? Wie würden Sie reagieren, wenn sich nicht einmal einer dieser Träume erfüllen würde?

3. Was auch immer Sie festhalten, es kann Ihnen möglicherweise einmal großen Schmerz verursachen, denn es bedeutet, dass Sie Ihr Ich noch immer nicht ganz ausgeräumt haben. Bitten Sie den Herrn im Gebet, dass er Ihren Blick immer mehr auf ewige Dinge richtet, und schreiben Sie Ihr Gebet auf.

4. Was ist Ihr größtes Verlangen? Ist Ihr Herz bereit, darauf zu warten, dass Gott es erfüllt, oder wehren Sie sich noch in seiner Hand? Beten Sie darüber!

5. Was war für Sie im heutigen Abschnitt besonders wichtig?

6. Wie lautet der „Schwerpunkt der Woche"?

7. Wie lauten die ersten beiden Voraussetzungen dafür, ein Werkzeug in Gottes Hand zu werden?

Zur Wiederholung:

- Sie müssen nicht nur Ihre Vergangenheit, sondern auch Ihre Hoffnungen und Träume für die Zukunft aufgeben.
- Wenn wir uns an irgendetwas klammern, dann kann das eine Quelle großen Schmerzes in unserem Leben werden.
- Gott erwartet von uns, dass wir andere trösten mit dem Trost, den wir selbst in Christus empfangen.

Sechste Woche: Reinigung

Schwerpunkt der Woche:

Lassen Sie es zu, dass Gott Sie reinigt, selbst wenn es wehtut

Leitvers der Woche:

*Wenn wir sagen, dass wir keine Sünde haben,
betrügen wir uns selbst und die Wahrheit ist nicht in uns.
Wenn wir unsere Sünden bekennen,
ist er treu und gerecht,
dass er uns die Sünden vergibt und uns reinigt
von jeder Ungerechtigkeit.*

1. Johannes 1,8-9

Gott will mich

Erster Tag

———••◆••———

Die Putzkolonne: Gottes Leute

Tut mir leid, dass ich das gleich so sagen muss, aber diese Woche wird nicht besonders spaßig. Das Ausräumen des eigenen Ichs, die Selbstverleugnung, ist schon nicht einfach; aber die Reinigung ist der schwierigste Abschnitt auf Ihrem Weg, ein Werkzeug in Gottes Hand zu werden. Vor allem dann, wenn Gott auch noch das himmlische Scheuerpulver einsetzen muss. Die dritte Voraussetzung dafür, ein Werkzeug in Gottes Hand zu werden, lautet: „Lassen Sie es zu, dass Gott Sie reinigt, auch wenn es wehtut."

Ich sag es Ihnen gleich: Genau das ist der Punkt, an dem viele Christen versagen. Gott verspricht nicht, nicht bekannte Sünden zu vergeben. Um es noch einmal zu wiederholen: *An keiner Stelle in Gottes Wort verspricht Gott, nicht bekannte Sünden zu vergeben.* Tatsächlich sagt unser Leitvers für diese Woche genau das aus: „Wenn wir sagen, dass wir keine Sünde haben, betrügen wir uns selbst und die Wahrheit ist nicht in uns." Bevor Gott uns reinigen kann, müssen wir bekennen. Allerdings können wir unsere Sünden erst dann bekennen, wenn wir sie erkannt haben; und das erfordert oft einen intensiven Blick in den geistlichen Spiegel.

Unglücklicherweise hat die Sünde manchmal die Eigenart, sich heimlich an einen heranzumachen. Und dann wacht man eines Tages auf und muss feststellen, dass man schon monatelang im Dreck watet. Normalerweise wacht man auf, weil sich die ersten *Folgen* der Sünde zeigen. Wenn wir das Glück haben, die richtigen Leute um uns herum zu haben, kann uns auch ein guter Freund „aufwecken". So ist es David gegangen:

Und der HERR sandte Nathan zu David. Und er kam zu ihm und sagte zu ihm: Zwei Männer waren in einer Stadt, der eine reich und der andere arm. Der Reiche hatte Schafe und Rinder in großer Men-

Sechste Woche: Reinigung

ge. Der Arme hatte aber nichts als nur ein einziges kleines Lamm, das er gekauft hatte. Und er ernährte es, und es wurde groß bei ihm, zugleich mit seinen Kindern. Von seinem Bissen aß es, aus seinem Becher trank es, und in seinem Schoß schlief es. Es war ihm wie eine Tochter. Da kam ein Besucher zu dem reichen Mann; dem aber tat es Leid, ein Tier von seinen Schafen und von seinen Rindern zu nehmen, um es für den Wanderer zuzurichten, der zu ihm gekommen war. Da nahm er das Lamm des armen Mannes und richtete es für den Mann zu, der zu ihm gekommen war. Da entbrannt der Zorn Davids sehr gegen den Mann und er sagte zu Nathan: So wahr der HERR lebt, der Mann, der das getan hat, ist ein Sohn des Todes. Das Lamm aber soll er vierfach erstatten, dafür dass er diese Sache getan hat, und weil es ihm um den Armen nicht Leid getan hat.

Da sagte Nathan zu David: *Du* bist der Mann! So spricht der HERR, der Gott Israels: *Ich* habe dich zum König über Israel gesalbt und *ich* habe dich aus der Hand Sauls errettet und *ich* habe dir das Haus deines Herrn gegeben und die Frauen deines Herrn in deinen Schoß und habe dir das Haus Israel und Juda gegeben. Und wenn es zu wenig war, so hätte ich dir noch dies und das hinzugefügt. Warum hast du das Wort des HERRN verachtet, indem du tatest, was böse ist in seinen Augen? Uria, den Hetiter, hast du mit dem Schwert erschlagen, und seine Frau hast du dir zur Frau genommen. Ihn selbst hast du ja umgebracht durch das Schwert der Söhne Ammon. Nun denn, so soll das Schwert von deinem Haus auf ewig nicht weichen, dafür dass du mich verachtet und die Frau Urias, des Hetiters, genommen hast, damit sie deine Frau sei. So spricht der HERR: Siehe, ich lasse aus deinem eigenen Haus Unglück über dich erstehen und nehme deine Frauen vor deinen Augen weg und gebe sie deinem Nächsten, dass er bei deinen Frauen liegt vor den Augen dieser Sonne! Denn du, du hast es im Verborgenen getan; ich aber, ich werde dies tun vor ganz Israel und vor der Sonne!

Da sagte David zu Nathan: Ich habe gegen den HERRN gesündigt. Und Nathan sagte zu David: So hat auch der HERR deine Sünde hinweggetan, du wirst nicht sterben. Nur weil du den Feinden des HERRN durch diese Sache Anlass zur Lästerung gegeben hast, muss auch der Sohn, der dir geboren ist, sterben. (2. Samuel 12,1-14)

Gott will mich

Welchen Mut musste Nathan aufbringen, um den König von Israel zur Rede zu stellen; vor allem, wenn man bedenkt, dass David schnell zornig wurde und noch schneller bereit war, sein Schwert zu benutzen. Aber David war Nathan so wichtig, dass der Prophet ihn zur Rede stellte, obwohl er damit allerhand riskierte. Wenn man es auf den Punkt bringt, dann ist Nathan das Werkzeug, das Gott gebrauchte, um David wieder zur Besinnung zu bringen. Lassen Sie mich eine Frage stellen: Wann haben Sie zum letzten Mal jemandem in die Augen gesehen und gesagt: „*Du* bist die Frau!" Wann hat jemand Ihnen zum letzten Mal klar eine bestimmte Sünde in Ihrem Leben gesagt und sie aufgefordert, Buße zu tun? Falls Sie nicht zu einer ganz ungewöhnlichen Gemeinde gehören oder zu einem außerordentlich eifrigen Hauskreis, habe ich so das Gefühl, dass Ihre Antwort lautet: „In letzter Zeit nicht", oder sogar eher: „Noch nie."

Falls das der Fall ist, dann kann nur eine von den folgenden drei Möglichkeiten zutreffen:

(1) Sie sind sündlos, deshalb gibt es nichts, weswegen man Sie zur Rede stellen müsste. Die Bibel sagt allerdings, dass das für Menschen unmöglich ist. („Denn alle haben gesündigt und erlangen nicht die Herrlichkeit Gottes", Römer 3,23) Wir müssen uns also eine andere Möglichkeit überlegen.

(2) Sie sind eine besonders geschickte Heuchlerin, so dass keiner Sie irgendwelcher Sünden verdächtigt, und Sie sündigen nur insgeheim. Nun, das wäre immerhin eine Möglichkeit. Aber da fällt mir gerade ein, dass Jesus nichts besonders Nettes über Heuchler gesagt hat: „Wehe euch, Schriftgelehrte und Pharisäer, Heuchler! Denn ihr gleicht übertünchten Gräbern, die von außen zwar schön scheinen, inwendig aber voll von Totengebeinen und aller Unreinigkeit sind." (Matthäus 23,27)

(3) Keiner weiß genug über Ihr Leben oder Sie sind keinem wichtig genug, dass er es für nötig hielte, sich dafür einzusetzen, dass Sie näher zu Jesus Christus gezogen werden. Es scheint ganz so, als ob Möglichkeit Nr. 3 das Rennen macht.

Ich vermute, das ist einer der Gründe, weshalb der Leib Christi, die Gemeinde, heutzutage so lauwarm und kraftlos ist: Wir wagen es nicht mehr, einander zur Rede zu stellen, einander die Wahrheit zu sagen. Menschen mit der Gabe der „Prophetie" – d. h. mit der Fähigkeit zu

Sechste Woche: Reinigung

„sehen" und auszusprechen, was Gott im Leben Einzelner oder einer Gemeinde tut – werden verschmäht. Keiner will mehr hören, welche Einsichten Gott ihnen aufs Herz gelegt hat; die Leute wollen lieber etwas *Ermutigendes* hören.

Warum rede ich jetzt über Propheten? Nun, weil Gott Ihnen „Propheten" über den Weg schickt! Denken Sie an Menschen, die sofort den Knackpunkt sehen, die Sie anscheinend mühelos durchschauen, die Dinge sagen, die Ihnen unbehaglich sind. Das sind die Propheten. Wenn Sie es ernst meinen und es wirklich zulassen, dass Gott Sie reinigt, dann schicken Sie sie nicht fort. Nehmen Sie sie besser mit in ihr Leben hinein.

Wir brauchen alle einen solchen „Nathan" – jemanden, der uns mit der Wahrheit konfrontiert. Wir werden es sicherlich nicht immer *mögen*, was der Prophet uns zu sagen hat, aber wenn wir ein Werkzeug in Gottes Hand werden wollen, dann müssen wir fortwährend gereinigt werden. Dazu sind Bekenntnis und Buße notwendig. Und das bedeutet, dass ich mich der Sünde in meinem Leben stelle. Und manchmal brauche ich dazu einen Freund, der mir den Spiegel der Wahrheit vor Augen hält. Wenn Sie solch einen Freund, solch eine Freundin nicht haben, *dann gehen Sie auf die Suche!*

1. Weshalb stellte Nathan David zur Rede?

2. Glauben Sie, dass es für Nathan leicht war, mit David über seine Sünde zu sprechen? Warum bzw. warum nicht?

3. Kennen Sie irgendjemanden, der vielleicht die „Gabe der Prophetie" haben könnte? Denken Sie über Dinge nach, die jemand gesagt hat und die Sie vielleicht gekränkt haben. Beten Sie darüber, ob diese Person Sie vielleicht möglicherweise tatsächlich mit der Wahrheit konfrontiert hat. Es ist meistens so, dass jede Kritik zumindest ein Körnchen Wahrheit enthält.

4. Jeder braucht mindestens einen „Nathan" in seinem Leben. Wenn Sie jemanden haben, der diese wichtige Rolle in Ihrem Leben übernommen hat, dann danken Sie dem betreffenden Menschen dafür! Wenn Sie keinen haben, dann suchen Sie. Und geben Sie dieser Person die Erlaubnis, Ihnen so nahe zu kommen, dass sie die Sünde in Ihrem Leben erkennen kann und Sie zur Rede stellen kann. *Tun Sie das heute noch.*

5. Was war für Sie im heutigen Abschnitt besonders wichtig?

Zur Wiederholung:

- Gott benutzt Menschen, um unsere Aufmerksamkeit auf noch nicht bekannte Sünden zu lenken.
- Verschmähen Sie die „Propheten" in Ihrem Leben nicht. Freuen Sie sich über die Menschen, die es wagen, Sie wegen einer Sünde zur Rede zu stellen.

Sechste Woche: Reinigung

Zweiter Tag

Die Putzlappen: Gebet und Nachdenken

In letzter Zeit habe ich von einem südafrikanischen Pastor und Missionar namens Andrew Murray, Jahrgang 1828, alles gelesen, was ich in die Finger kriegen konnte. Murrays zeitlose Klassiker sind in Amerika inzwischen neu aufgelegt worden, um sie den heutigen Lesern zugänglich zu machen. Hier ist ein Auszug aus „Des Gläubigen Geheimnis vom Warten auf Gott"; das ist die Kostbarkeit, die ich gerade lese:

> Der große Mangel der heutigen Christenheit besteht darin, dass *wir Gott nicht kennen*. Die Antwort auf jede Klage über Schwachheit und Verfehlungen, die Botschaft an jede Versammlung oder Gemeinde, die eine Anleitung zur Heiligung sucht, sollte ganz einfach lauten: *Wo ist dein Gott?* Wenn du wirklich an Gott glaubst, wird er es in Ordnung bringen. Gott ist durch seinen Heiligen Geist dazu bereit und in der Lage. Höre auf, die Lösung deines Problems von dir selbst zu erwarten oder eine Antwort von irgendetwas, das aus dem Menschen herauskommt. Weihe dich einfach völlig dem Herrn, damit er in dir arbeitet ...
>
> Bete zu Gott, dass wir die rechte Sicht dafür bekommen, welchen Einfluss ein Leben haben könnte, das nicht nur aus Gedanken, Vorstellungen oder Anstrengungen besteht, sondern das alles von Gott erwartet.

Zu diesen Gedanken möchte ich nur noch hinzufügen: Alles von Gott erwarten *zur Reinigung*. Wenn wir im Gebet zu Gott kommen, sollten wir nicht eine ganze Liste von Anliegen mitbringen. So oft kümmern wir uns nur um unsere Bedürfnisse, unsere Wünsche und Forderungen. Stattdessen sollten wir uns ganz auf ihn konzentrieren. Wir wollen in seine Gegenwart treten und ganz still bleiben und es zulassen, dass er sich uns ganz neu und persönlich offenbart.

Gott will mich

Wie kann das die Reinigung unterstützen? Ganz einfach: Je mehr wir Gott sehen, so wie er ist – je mehr wir seine Heiligkeit betrachten – umso deutlicher werden wir die *Notwendigkeit unserer Reinigung* erkennen. Das ist unvermeidbar. Wenn wir Gott so begegnen könnten wie Jesaja, dann würden wir wohl genauso reagieren:

> Da sprach ich: Wehe mir, denn ich bin verloren. Denn ein Mann mit unreinen Lippen bin ich und mitten in einem Volk mit unreinen Lippen wohne ich. Denn meine Augen haben den König, den HERRN der Heerscharen, gesehen. (Jesaja 6,5)

Wenn Sie Gott im Gebet begegnen und er sich Ihnen immer mehr offenbart, dann wird daraus ganz natürlicherweise ein Zuwachs an Heiligung entstehen. Wir machen jetzt einen kleinen Test, an dem Sie sehen können, ob Sie es zulassen, dass der Heilige Geist reinigend in Ihr Leben eingreift oder nicht:

Von welcher bestimmten Sünde hat der Heilige Geist Sie in der vergangenen Woche überführt? Welche bestimmten Dinge haben Sie getan oder gesagt – oder unterlassen zu tun oder zu sagen – und der Heilige Geist hat Ihnen gezeigt, dass Sie dafür Buße tun müssen? Ich würde sagen, wenn Sie hier keine Antwort wissen, *dann liegt es bestimmt nicht daran, dass Sie nicht gesündigt haben*. Es liegt daran, dass Sie dem Heiligen Geist nicht die Zeit zugestehen, die er braucht, um Sie von Ihrer Sünde zu überführen und zu reinigen.

Welche bessere Schriftstelle könnte es geben, um über die Reinigung von Sünde nachzudenken, als Psalm 51. Es ist kein Zufall, dass das genau die Worte sind, die David schrieb, nachdem Nathan ihn wegen seines Ehebruchs zur Rede gestellt hatte. Wenn wir einmal unsere Sünde erkannt haben – oder jemand uns darauf aufmerksam gemacht hat – dann kann der Reinigungsprozess beginnen. Unser Abschnitt für heute ist absichtlich kurz, damit Sie sich die Zeit nehmen können, und zwar *jetzt sofort*, Ihre Sünden vor Gott zu bringen. Lassen Sie Ihr Herz die Worte Davids aufnehmen. Sie haben keine Eile; es gibt heute nichts zu tun, was wichtiger wäre als es zuzulassen, dass Gott Sie reinigt.

> Sei mir gnädig, o Gott, nach deiner Gnade;
> tilge meine Vergehen nach der Größe deiner Barmherzigkeit!

Sechste Woche: Reinigung

Wasche mich völlig von meiner Schuld
und reinige mich von meiner Sünde!
Denn ich erkenne meine Vergehen,
und meine Sünde ist stets vor mir.
Gegen dich, gegen dich allein habe ich gesündigt
und getan, was böse ist in deinen Augen;
damit du im Recht bist mit deinem Reden,
rein erfunden in deinem Richten.
Siehe, in Schuld bin ich geboren
und in Sünde hat mich meine Mutter empfangen.
Siehe, du hast Lust an der Wahrheit im Inneren,
und im Verborgenen wirst du mir Weisheit kundtun.
Entsündige mich mit Ysop, und ich werde rein sein;
Wasche mich, und ich werde weißer sein als Schnee.
Lass mich Fröhlichkeit und Freude hören,
so werden die Gebeine frohlocken, die du zerschlagen hast.
Verbirg dein Angesicht vor meinen Sünden
und tilge alle meine Schuld!
Erschaffe mir, Gott, ein reines Herz
und erneuere in mir einen festen Geist!
Verwirf mich nicht von deinem Angesicht,
und den Geist deiner Heiligkeit nimm nicht von mir!
Lass mir wiederkehren die Freude deines Heils
und stütze mich mit einem willigen Geist!
Lehren will ich die von dir Abgefallenen deine Wege,
dass die Sünder zu dir umkehren.
Errette mich von Blutschuld, Gott, du Gott meines Heils,
so wird meine Zunge deine Gerechtigkeit jubelnd preisen.
Herr, tue meine Lippen auf,
dass mein Mund dein Lob verkünde.
Denn du hast keine Lust am Schlachtopfer, sonst gäbe ich es;
Brandopfer gefällt dir nicht.
Die Opfer Gottes sind ein zerbrochener Geist;
ein zerbrochenes und zerschlagenes Herz
Wirst du, Gott, nicht verachten.

(Psalm 51,3-19)

Gott will mich

1. Schreiben Sie alle wichtigen Gedanken auf, die Ihnen beim Lesen und Nachdenken über Psalm 51 in den Sinn kamen.

2. Hat der Heilige Geist Ihnen irgendeine spezielle Sünde bewusst gemacht, von der Sie gereinigt werden müssen? Falls ja, schreiben Sie ein Gebet des Bekenntnisses und der Buße auf. Falls nicht, beten Sie weiter!

3. Hat Ihr Gebetsleben Einfluss auf Ihren Alltag? Inwiefern? Falls nicht: Liegt es vielleicht daran, dass Sie sich in Ihren Gebeten mehr auf sich selbst konzentrieren als auf Gott, wenn das Gebet Sie nicht verändert?

4. Was war für Sie im heutigen Abschnitt besonders wichtig?

Zur Wiederholung:

- Gebet und das Nachdenken über Gottes Wort sind unverzichtbar für den Reinigungsprozess.
- Wenn wir unsere Sünden bekennen, wird Gott uns ein gereinigtes Herz und einen erneuerten Geist geben.
- Wenn der Heilige Geist Sie nicht vor kurzem von einer Sünde überführt hat, dann liegt das nicht daran, dass Sie nicht gesündigt hätten! Es liegt daran, dass Sie es nicht zulassen, von ihm gereinigt zu werden.

Sechste Woche: Reinigung

Dritter Tag

Der Reinigungsprozess: Prüfungen

Es gibt kein Öl, ohne die Oliven zu quetschen,
es gibt keinen Wein, ohne die Trauben auszupressen,
es gibt kein Parfüm, ohne die Blumen zu zerdrücken,
und es gibt keine wahre *Freude* ohne Leid.
(Barbara Johnson)

Hier meine eigene Version eines ansonsten eher unangenehmen Verses: „Haltet es für lauter Freude, meine Schwestern, wenn euer Ehemann euch zum Essen und ins Kino einlädt oder wenn ihr einen Einkaufsgutschein für eine schicke Boutique geschenkt bekommt." Na ja, diejenigen, die die Bibel *wirklich* kennen, haben wahrscheinlich schon gewusst, dass der Vers *so* nicht da steht. Obwohl wir zugeben müssen, dass wir sehr oft so *leben*, als sei genau das die Lehre der Bibel.

Nein, die Bibel sagt vielmehr: „Haltet es für lauter Freude, meine Brüder, wenn ihr in mancherlei Versuchungen geratet, indem ihr erkennt, dass die Bewährung eures Glaubens Ausharren bewirkt. Das Ausharren aber soll ein vollkommenes Werk haben, damit ihr vollkommen und vollendet seid und in nichts Mangel habt." (Jakobus 1,2-4) Aha, jetzt kommen wir mit unserem Reinigungsprozess so richtig zur Sache und das ist nicht besonders angenehm.

Wir müssen uns wohl mal näher mit diesem „damit" befassen. Das heißt doch nichts anderes, als dass wir *alle möglichen schweren Zeiten durchmachen müssen, damit* wir vollkommen und vollendet sind und in nichts Mangel haben. Und wir haben uns oft genug vorgemacht, dass es uns vielleicht aus der einen oder anderen Klemme helfen würde, wenn wir „vollkommen und vollendet" wären. Nur – man kann das eine nicht ohne das andere bekommen. Man kann nicht wachsen und „vollkommen werden", ohne schwere Zeiten durchzumachen. Das ist immer ein Doppelpack. Zwei zum Preis von einem.

Gott will mich

Nur mal so aus Neugier: Wie viele meiner Leserinnen würden wohl den Einkaufsgutschein vorziehen? Bereiten Sie sich auf eine ganz exotisch klingende Feststellung vor: Jede Frau, die dieses Buch liest, hat das absolut *vollkommene Leben* geführt! Was sind Sie alle für Glückspilze! Sie hatten vollkommene Eltern, eine vollkommene Kindheit, Sie sind in einer vollkommenen Umgebung aufgewachsen und haben eine vollkommene Schule besucht. Sie sind mit einem vollkommenen Ehemann verheiratet oder führen ein vollkommenes gesegnetes Leben als Alleinstehende.

Das stimmt wirklich. Sie haben das für Sie vollkommene Leben geführt. Gott hat Ihnen *genau, präzise und vollkommen* die Erfahrungen in Ihrem Leben gegeben, die Sie brauchen, um ein Werkzeug in seiner Hand zu werden. Gott wusste bei jedem Schritt, den Sie in Ihrem Leben unternahmen, *ganz genau*, was er tat. Eines muss ich aber an dieser Stelle klarstellen: Gott billigt Sünde nicht; er hat Ihren Kummer nicht verursacht und er erfreut sich nicht an Ihrem Schmerz. In seiner Allmacht lässt er solche Dinge zu.

Er freut sich auch nicht über unsere Schwächen und unser Versagen, aber in seiner Gnade tilgt er sie und benutzt sie, um uns auf unserer Lebensreise voranzubringen. Sie sind sein Geschöpf, von Gott persönlich gemacht und ausgewählt zu seinem Dienst, deshalb dürfen Sie zuversichtlich darauf vertrauen, dass er alle Umstände ihres Lebens – auch das, was Sie „sich selbst antun" – dazu benutzt, dass Sie dem Bild seines Sohnes ähnlicher werden. „Wir wissen aber, dass denen, die Gott lieben, alle Dinge zum Guten mitwirken, denen, die nach seinem Vorsatz berufen sind." (Römer 8,28)

Vor kurzem traf ich eine andere christliche Autorin namens Margie Erbe. Vor einigen Jahren war sie fast an einer Gehirnblutung gestorben und Gott hatte sie wunderbar geheilt. Über diese schwere Prüfung hatte sie ein Buch geschrieben. Daraufhin war sie überall eingeladen worden, um ihr Zeugnis weiterzugeben.

Dann bekam sie die Einladung, auf einer Großveranstaltung in Kalifornien zu sprechen. Der Herr hatte zu ihr ganz klar darüber gesprochen; dies sollte ein Wendepunkt in ihrem Leben werden. Deshalb lud sie ihre ganze Familie zu diesem besonderen Ereignis ein. Sie gab ihr Zeugnis, und alles lief wie am Schnürchen. Danach kam ihr dreizehnjähriger Sohn Danny zu ihr, gratulierte ihr und sagte: „Du

Sechste Woche: Reinigung

warst toll, Mama, und du hast so hübsch ausgesehen." Ein paar Stunden später starb er bei einem Unfall.

Für uns sterbliche Menschen ist es unmöglich zu verstehen, warum Gott solch unfassbares Leid in unserem Leben zulässt. Und wenn wir nach eigenen Erklärungen suchen, befinden wir uns auf sehr wackligem Boden, so wie Hiobs sogenannte Freunde. Eines ist allerdings klar: Das Wort Gottes sagt, dass wir solche Prüfungen „für lauter Freude" halten sollen, da wir wissen, dass sie uns dem Bild Christi angleichen sollen.

Tatsächlich ist die einzige Möglichkeit, nicht durchzudrehen und auch den Glauben zu behalten, die, keine Erklärung von Gott zu verlangen. Sobald wir anfangen, nach dem „Warum" zu fragen, befinden wir uns in der Gefahrenzone. Die einzig vernünftigen Fragen lauten hier: „Was jetzt, Herr? Was willst du, wohin soll ich von hier aus gehen? Wie kann ich mit diesem Schmerz umgehen und ihn zum Dienst für andere nutzen?" Gott wird für einen Ausgleich sorgen. Wenn wir ihm unseren Schmerz überlassen, dann nimmt er ihn und verwandelt ihn in etwas Gutes.

Sind Sie davon überzeugt, dass Sie das absolut *vollkommene Leben* geführt haben ... *vollkommen für Sie?* Gott wusste immer genau, was er tat, bei jedem Schritt in Ihrem Leben. Nichts – keine Erfahrung, wie schmerzlich sie auch gewesen sein mag – ist in Gottes Augen unnötig gewesen.

Wie können Prüfungen uns reinigen und uns näher zu dem Ziel bringen, ein Werkzeug in Gottes Hand zu werden? Andrew Murray beschreibt das so:

In Zeiten der Not sage:
Erstens: Er hat mich hierhin gebracht. Ich bin durch seinen Willen an diesem Platz; darin will ich Ruhe finden.
Außerdem: Er will mich in seiner Liebe halten und mir in der Prüfung Gnade erweisen, dass ich mich wie sein Kind verhalten kann.
Dann: Er wird aus meiner Prüfung einen Segen machen; er lehrt mich das, was zu lernen für mich notwendig ist, und er wirkt in mir die Gnade, die er für mich vorgesehen hat.
Schließlich: Zu seiner Zeit kann er mich wieder herausführen, wie und wann, weiß er allein.
Sage: Hier bin ich

Gott will mich

durch Gottes Willen,
unter Gottes Fürsorge,
in seiner Schulung,
solange er es will.

Sie lesen diese Seiten heute aus einem bestimmten Grund. Es ist Gottes Führung; Sie sind unter seiner Fürsorge und in seiner Schulung, und zwar solange er es will. Ist das nicht aufregend? Um es noch deutlicher zu sagen: *Die Prüfungen*, die Sie gerade durchmachen – und auch die Prüfungen, die Sie in der Vergangenheit durchgemacht haben – hat unser liebender Gott *zu einem bestimmten Zweck* zugelassen.

Es gibt nur eine Möglichkeit, wie Leid uns reinigen kann, statt uns zu zerstören, nämlich nur dann, wenn wir unsere Träume und unsere Pläne seinem Willen ausliefern. Wir kommen wieder auf den Punkt zurück, dass wir verstehen müssen, wer Gott ist und wer wir sind. Er ist der Töpfer, und wir sind der Ton. Er hat einen ewigen Plan mit uns, den unser begrenztes Denken unmöglich begreifen kann. Wir können nicht alle Antworten wissen. Aber wir können eine Entscheidung treffen. Fragen Sie sich jetzt: „Bin ich bereit, es zuzulassen, dass Gott mich formt – ganz gleich, welches Werkzeug er benutzt, welche Umstände er auswählt?" Wenn Sie mit Ja antworten können, dann können Sie ein Werkzeug in Gottes Hand werden.

1. Warum kann man sagen, das jede Christin ein für sie persönlich genau richtiges Leben geführt hat?

2. Gibt es in Ihrer Vergangenheit irgendetwas, das alles andere als vollkommen zu sein schien? Beginnen Sie zu begreifen, dass auch die schweren Dinge Teil von Gottes vollkommenem Plan für Sie waren?

Sechste Woche: Reinigung

3. Gibt es Warum-Fragen in Ihrem Leben, die Sie noch nicht loslassen konnten – einige Fragen, die Gott Ihnen erst noch beantworten soll, *bevor* Sie sich ihm ganz anvertrauen? Schreiben Sie sie auf und beschließen Sie, sie loszulassen.

4. Wann haben Sie bereits feststellen können, dass Gott in Ihrem Leben Prüfungen zugelassen hat, um Sie Christus ähnlicher werden zu lassen?

5. Was war für Sie im heutigen Abschnitt besonders wichtig?

Zur Wiederholung:

- Wenn Leid kommt – und es kommt mit Sicherheit –, hängt unser geistliches Überleben davon ab, die Warum-Fragen loszulassen und stattdessen zu fragen: „Was jetzt, Herr?"
- Eine der wichtigsten Fragen, die Sie sich selbst stellen können, lautet: „Bin ich bereit, es zuzulassen, dass Gott mich formt – ganz gleich, welches Werkzeug er benutzt, welche Umstände er auswählt?"

Gott will mich

Vierter Tag

Die reinigende Kraft der Stille

Um dieses Kapitel, „Sechste Woche, vierter Tag", habe ich mich monatelang herumgedrückt. Ich wusste einfach nicht, wie ich dieses Thema „Stille" anpacken sollte. Wissen Sie, ich bin immer schon ein Krachmacher gewesen. Ich bin nicht gerade ein stiller Typ. Aber gerade heute Morgen habe ich an einer Diskussionsrunde teilgenommen; dabei ging es um die verschiedenen Möglichkeiten, sich der Leitung des Heiligen Geistes zu öffnen. Einfach so zum Spaß (und in der Hoffnung, jemand würde eine geniale Idee äußern, die ich dann „ausleihen" könnte) schlug ich „Stille" vor. Also: Fernsehen ausschalten, belangloses Gerede am Telefon, bedeutungsloses Gequatsche einfach aufhören. Als ich dann noch erwähnte, man könnte auch das Radio ausmachen, sogar christliche Radiosendungen, da ging eine Welle der Entrüstung durch den Raum. Ein Mann entgegnete mir: „Das ist ja wohl wirklich eine ganz persönliche Angelegenheit. Ich glaube, das muss jeder für sich selbst entscheiden. Stille ist nicht für jeden gut. Wenn es zu still ist, gehen meine Gedanken in die falsche Richtung." Allenthalben zustimmendes Nicken.

Jetzt werden Sie hoffentlich sehr stolz auf mich sein, denn *ich habe ihm nicht gesagt*, was ich Ihnen jetzt mitteile. (Ja, ich hab's tatsächlich geschafft, den Mund zu halten! Das ist ein wahres Wunder!) Seine Gedanken gehen nicht in die „falsche Richtung", sie gehen in die richtige Richtung, allerdings geradewegs in die Gosse. Seine Gedanken gehen genau dahin, wo sein Herz hin will. Und wenn er sich nicht bald einmal eingehend mit den tieferen Schichten seines Herzens beschäftigt, dann werden seine Gedanken weiterhin den falschen Weg einschlagen. Und es könnte dann nur noch eine Frage der Zeit sein, bis die Füße sich den Gedanken anschließen. Dadurch, dass man sich mit Geräuschen umgibt – selbst wenn die Geräusche christliche Musik sind –, umgeht man nur einfach das eigentliche Thema.

Sechste Woche: Reinigung

Seien Sie einmal still. Horchen Sie auf ihr Herz. Hören Sie, was Ihr Herz Ihnen sagt: wer Sie wirklich sind und was Sie wirklich wollen. Ich habe jetzt nicht gesagt: Folgen Sie den Gedanken Ihres Herzens, denn Ihr Herz wird Sie oft in die Irre führen. Ich meinte nur einfach: Stellen Sie alle Geräusche aus und dann horchen Sie auf das, was wirklich in Ihnen vorgeht. Wenn Sie dann einmal die Wahrheit über sich herausgehört haben, dann kann Gott Sie reinigen. Aber solange Sie leugnen, dass Ihr Herz schmutzig ist, kann Gott nicht mit der Reinigung beginnen.

Haben Sie keine Angst vor der Stille. Lassen Sie es nicht zu, dass die Welt Sie taub macht für die Wahrheit, taub für den wahren Zustand Ihres Herzens. Wenn die Stille Sünde in Ihrem Herzen aufdeckt, dann bekennen Sie sie. Tun Sie Buße. Bitten Sie Gott, Sie davon zu reinigen. Die Stille ist Ihr Helfer bei dem Vorgang der Reinigung. Wenn die Stille irgendeinen Schmutz ans Licht bringt, dann tut sie genau das, was sie tun soll.

Lassen Sie mich das noch einmal wiederholen:

Wenn die Stille irgendeine Sünde in Ihrem Herzen aufdeckt, dann tut sie genau das, was sie tun soll.

Zum ersten Mal habe ich nach einem Gespräch mit meiner Freundin Mariette Holland über dieses Thema nachgedacht. Sie ist fünfzehn Jahre lang Nonne gewesen und sie berichtete mir, dass sie im Klosterleben den Wert der Stille zu schätzen gelernt habe. Ihr Mann, Dr. Jerry Holland, ist ein ehemaliger Augustinermönch und hat dreißig Jahre lang im Kloster gelebt. Ich bat die beiden, mir ihre Erfahrungen mit der Stille zu schildern. Daraufhin schrieben sie mir diesen Brief. Mit ihrer Erlaubnis darf ich ihre Gedanken hier veröffentlichen.

„Das Geschenk und die Kraft der Stille"

Mariette und ich verfügen beide über einen Erfahrungsschatz, den nur wenige Paare miteinander teilen können. Wir haben beide jahrelang mit einem Geschenk leben dürfen, das man *magnum silentium* nennt. Das ist Latein und bedeutet „große Stille". Jeden Abend nach der Abendandacht und dem Abendgebet begann die Stille, und sie wurde eingehalten, bis das Frühstück und die Morgenmesse zu Ende waren. Solange konnten wir die Stunden der Stille genießen. Wir konnten diese Zeit allein verbringen in stiller Betrachtung; wir hatten Muße,

Gott will mich

um über den tieferen Sinn unseres Lebens nachzudenken, und wir hatten die Möglichkeit, uns mit den vier Vorzügen des Menschen zu beschäftigen: Selbsterkenntnis, Bewusstsein, Vorstellungskraft und freier Wille.

All diese Jahre der Stille gaben uns Kraft und Orientierung, die wir auf andere Weise nicht bekommen hätten. Orientierung kann man nicht durch Reisen erwerben, sondern nur indem man stehen bleibt und dem Geräusch der Stille lauscht. Die ersten Christen gingen auch nicht in die Wüste, um vor den Menschen zu fliehen, sondern um zu lernen, wie sie ihnen besser dienen könnten.

Leider musste ich die Erfahrung machen, dass die Menschen heutzutage der Stille sehr argwöhnisch begegnen; sie halten Stille für eine lästige Bürde oder eine Einschränkung. Sie fürchten sich davor. Sie tun alles, um der Stille zu entfliehen.

Mariette und ich haben jetzt nicht mehr die Selbstdisziplin, die *magnum silentium* erfordert, aber wir vermissen die Stille. Und es gibt häufig Zeiten, zu denen wir ganz bewusst Radio und Fernsehen ausschalten und im selbst gewählten Alleinsein über unser Leben nachdenken. Morgens gehen wir in der Stille am See spazieren, nehmen die Färbung des Himmels in uns auf, der sich im Wasser spiegelt. Wir *hören bewusst* die Laute der Enten und den Wind, der durch die Zweige streicht. Und wir finden Kraft in dieser Stille.

Bei einem unserer Seminare fordern wir die Leute auf, ihren geheimen Garten zu suchen, ihren Ort der Stille und des Alleinseins. Sie sollen dorthin entfliehen und ihre Seele regelmäßig wieder gesunden lassen. Die meisten Teilnehmer finden das sehr schwierig; manche unterhalten sich heimlich miteinander; manche schlafen ein; und manchen ist es peinlich, dass sie ständig Geräusche brauchen. Aber die wenigen, die sich uneingeschränkt auf das Alleinsein mit sich selbst einlassen, staunen über die Kraft, die sie daraus gewinnen.

Vermeiden Sie die Stille ... oder suchen Sie sie? Jesus hat sie bewusst gesucht: Er zog sich oft von der Menschenmenge zurück und ermunterte seine Jünger, es ebenso zu tun. Auch wir müssen lernen, still zu werden. Er sagt immer noch jedem Einzelnen: „Kommt, ihr selbst allein, an einen öden Ort und ruht ein wenig aus!" (Markus 6,31)

Fühlen Sie sich gezwungen, sich immer mit Geräuschen zu umge-

Sechste Woche: Reinigung

ben? Können Sie das Radio im Auto oder in der Küche einfach ausgeschaltet lassen? Könnten Sie das allgegenwärtige Fernsehen für einen Tag oder eine Woche oder einen Monat oder für immer ausmachen? Wir haben neulich unseren Fernseher einen Monat lang in den Schrank gesperrt und es war eine wahre Wohltat. Mein Mann bat mich, den Fernseher wieder aufzustellen, aber auch er musste zugeben, dass der Friede in unserem Haus durch die Ruhe erheblich gesteigert worden war.

Haben Sie schon einmal eine *Freizeit der Stille* ins Auge gefasst oder einen ruhigen Erholungsurlaub? Wenn wir in einem Vergnügungspark Schlange stehen, wenn wir unseren Kindern „Erinnerungen fürs Leben" mit auf den Weg geben wollen, dann ist das nicht die einzige Möglichkeit der Freizeitgestaltung. Es ist nämlich tatsächlich so, dass sowohl wir als auch unsere Kinder all das, was wir bereits gespeichert haben, auch verarbeiten müssen. Wir müssen den Müll aussortieren. Wir müssen das Wertvolle weiterverarbeiten. Wir brauchen unser Leben nicht mit noch mehr Dingen zu belasten, mit noch mehr Unternehmungen, noch mehr Kleidung, noch mehr und noch mehr und immer noch mehr.

Sogar belanglose Unterhaltungen und kleine Streitereien zu Hause sind Möglichkeiten, der Stille aus dem Weg zu gehen. Oft verstecken wir uns nur hinter irgendwelchen Geräuschen. So kann man unangenehme Angelegenheiten und innere Fragen, die an die Substanz gehen, umgehen: den Schmerz der Vergangenheit, den Anspruch der Gegenwart, die Angst vor der Zukunft.

Warum führen Sie nicht bei sich zu Hause eine Stunde der Stille ein? Wenn die Kinder schon zu groß sind für einen Mittagsschlaf, können Sie von ihnen erwarten, dass sie jeden Tag eine Stunde still in ihrem Zimmer bleiben – zum Lesen, Nachdenken oder Ausruhen.

Komischerweise ist selbst unsere Stille Zeit manchmal ziemlich geräuschvoll – auch hier kann man eine rege Tätigkeit entfalten. Ich muss den Bibelleseplan heraussuchen, Gebetslisten durchgehen, Andachtsbücher wälzen. Gibt es noch Raum für Stille in unserer Stillen Zeit? Auch ich werde an dieser Stelle oft schuldig. Beim Verfassen dieses Buches fühle ich mich auch immer gezwungen, Ihnen jeden Tag etwas *zu tun* zu geben. Nun, heute nicht! Heute sollen Sie einfach nur *still* sein. Denken Sie nicht über etwas Bestimmtes nach. Schreiben Sie nichts auf. Gehen Sie nicht Ihre Liste mit Gebetsanliegen durch. Sitzen Sie nur einfach still und horchen Sie in sich hinein.

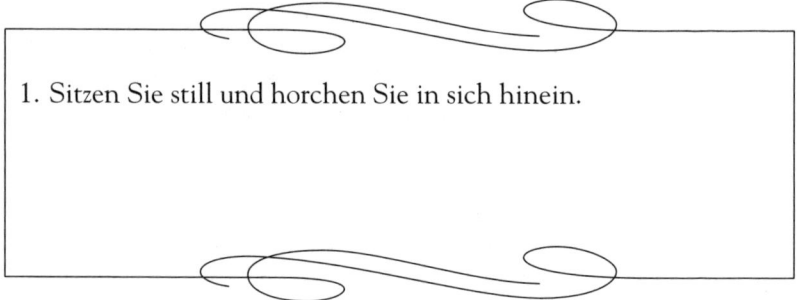

1. Sitzen Sie still und horchen Sie in sich hinein.

Zur Wiederholung:

- Unsere moderne Zeit treibt uns dazu, unser Leben mit Geräuschen zu füllen. Wir brauchen Zeit, jeden Tag und jede Woche, um das alles wieder auszuleeren.
- In der Stille können wir herausfinden, wo unser Herz wirklich ist.
- Wenn durch die Stille Sünde in unserem Herzen aufgedeckt wird, dann ist das beabsichtigt: Bekennen Sie die Sünde und bitten Sie Gott, Sie zu reinigen.

Sechste Woche: Reinigung

Fünfter Tag

————•••◆•••————

Die reinigende Wirkung geistlicher Züchtigung

In dieser Woche haben wir eine Reihe von Möglichkeiten kennen gelernt, die Gott benutzt, um uns zu reinigen, nämlich:

- Gottes Leute
- Gebet und Nachdenken über Gottes Wort
- Prüfungen
- Stille

Jedes dieser Werkzeuge kann der Schöpfer in Ihrem Leben benutzen, aber nicht, wenn Sie sich sträuben. Nicht, wenn Sie sich aus seinen liebenden Händen herauswinden. Nicht, wenn Sie sich aufregen und so herumzappeln, dass Sie schließlich auf den Boden knallen. Wir stellen also fest, dass es hier ein Gleichgewicht gibt oder sogar eine Spannung – so wie in jeder Hinsicht unseres Daseins – zwischen Gottes Allmacht und der Verantwortlichkeit des Menschen. Ja, Gott hat einen meisterlichen Plan, um uns dem Bild seines Sohnes ähnlich werden zu lassen. Ja, er wünscht sich, dass wir inwendig rein und heilig sind. Ja, er stellt in seiner Allmacht alle Dinge zu unserem Besten zusammen, so dass wir voller Vertrauen sagen können: „Ich habe ein für mich vollkommenes Leben."

Aber gleichzeitig ist ein scheinbar gegensätzliches Prinzip genauso wahr. Wir sind verantwortlich für unsere Entscheidungen. Und nicht nur das, wir müssen auch auf jeden Fall die Konsequenzen jeder falschen Entscheidung und jeder nachlässigen Handlungsweise tragen. Wie können wir diese beiden Prinzipien miteinander in Einklang bringen? Ehrlich gesagt kann kein Sterblicher dieses Geheimnis vollständig lüften. Es ist so, als wolle man die Dreieinheit völlig begreifen oder die Tatsache, dass Jesus sowohl wahrer Gott als auch wahrer Mensch

Gott will mich

sein konnte. Wenn wir ehrlich sind, müssen wir zugeben, dass uns das unmöglich ist. Dennoch wissen wir durch den Glauben, dass Gott ein dreieiniger Gott ist. Wir wissen durch den Glauben, dass Jesus Gott und Mensch gleichermaßen war. Und durch den Glauben wissen wir auch, dass die Allmacht Gottes und die Verantwortlichkeit des Menschen wirklich zusammenpassen. Folgender Satz hat mir geholfen, das zu verstehen, und vielleicht kann er auch Ihnen helfen:

Handle in dem Bewusstsein, für deine Handlungen voll verantwortlich zu sein;
vertraue und bete in dem Bewusstsein, dass Gott das Ergebnis deines Handelns in der Hand hat.

Wie können wir das nun auf den Reinigungsprozess anwenden? Wir wollen uns mal ein paar Beispiele ansehen:

- Gott wird Ihnen in seiner Allmacht die richtigen Leute über den Weg schicken, die durch ihre Worte Ihr geistliches Wachstum fördern können – aber es ist Ihre Verantwortung, dafür zur Verfügung zu stehen und gewillt zu sein, diese Worte in Ihr Herz zu lassen.
- Der allmächtige Gott will durch das Gebet mit Ihnen in Verbindung bleiben und er will Sie in seiner Allmacht auf dem Weg leiten, den er für Sie vorgesehen hat – aber Sie sind dafür verantwortlich, sich die Zeit für das Gebet zu nehmen.
- Gott will Sie durch sein Wort lehren; und in seiner Allmacht schneidet er jede Lektion so zu, dass sie den Bedürfnissen des Schülers entspricht – aber Sie haben selbst die Verantwortung dafür, das Wort Gottes zu studieren und darüber nachzudenken.
- Gott wird schmerzliche Prüfungen in Ihrem Leben zulassen; Prüfungen, die durch seine liebenden Hände ausgewählt und durch seine Allmacht dazu bestimmt sind, letztlich zu Ihrem Besten zu dienen – aber es liegt in Ihrer Verantwortung, das zu lernen, was Gott für Sie vorgesehen hat, und sich „wie sein Kind" zu verhalten. (Andernfalls könnte es sein, dass Gott die Lektion wiederholt.)
- Gott will Sie in Augenblicken der Stille reinigen und er spricht mit leiser Stimme zu Ihnen – aber Sie müssen alle anderen Geräusche abstellen und zuhören.

Sechste Woche: Reinigung

In diesem Buch hieß es die ganze Zeit über: „Kümmern Sie sich nicht um Äußerlichkeiten; konzentrieren Sie sich auf die innere Wirklichkeit und lassen Sie Gott für die Äußerlichkeiten sorgen." Aber das heißt nicht, dass die innere Wirklichkeit nicht immer deutlicher nach außen sichtbar würde für die Welt, die uns beobachtet, nur weil wir uns nicht auf die äußere Erscheinung *konzentrieren*. Ganz im Gegenteil. Wenn wir uns der geistlichen Züchtigung überlassen, dann ist das ein greifbarer Beweis dafür, dass wir bereit sind, mit dem Heiligen Geist bei der Aufgabe der Reinigung zusammenzuarbeiten. Wenn wir es zulassen, dass Gott uns ganz umkrempelt, dass er mit dem wunderbaren „Gottesfaktor" an unserem Herzen arbeitet, dann werden wir in unserem Leben das ständig wachsende Geschenk der Gerechtigkeit Gottes ernten – Liebe, Freude, Friede, Geduld, Freundlichkeit, Treue, Sanftmut und Selbstbeherrschung.

Die dritte Voraussetzung dafür,
ein Werkzeug in Gottes Hand zu werden, lautet:

Lassen Sie es zu, dass Gott Sie *reinigt*, auch wenn es wehtut.

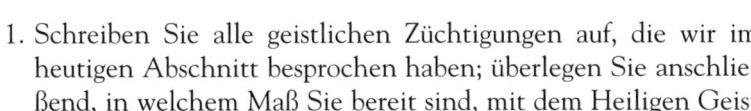

1. Schreiben Sie alle geistlichen Züchtigungen auf, die wir im heutigen Abschnitt besprochen haben; überlegen Sie anschließend, in welchem Maß Sie bereit sind, mit dem Heiligen Geist zusammenzuarbeiten und sich der Züchtigung mit dem Ziel persönlicher Heiligung zu überlassen.

2. Was war für Sie im heutigen Abschnitt besonders wichtig?

Gott will mich

3. Wie lautet der „Schwerpunkt der Woche"?

4. Wie lauten die ersten drei Voraussetzungen dafür, ein Werkzeug in Gottes Hand zu werden?

Zur Wiederholung:

- Gott benutzt verschiedene Werkzeuge, um uns zu reinigen, aber es liegt in unserer Verantwortung, dabei mit ihm zusammenzuarbeiten.
- Handeln Sie in dem Bewusstsein, für Ihre Handlungen voll verantwortlich zu sein; vertrauen Sie und beten Sie in dem Bewusstsein, dass Gott das Ergebnis Ihres Handelns in der Hand hat.

Siebte Woche: Auftanken

Schwerpunkt der Woche:

Lassen Sie sich immer wieder neu mit dem lebendigen Wasser des Geistes Gottes erfüllen

Leitvers der Woche:

*Werdet voller Geist, indem ihr zueinander
in Psalmen und Lobliedern und geistlichen Liedern redet
und dem Herrn mit eurem Herzen singt und spielt!
Sagt allezeit für alles dem Gott und Vater Dank
im Namen unseres Herrn Jesus Christus!*

Epheser 5,18-20

Gott will mich

Erster Tag

Erfüllt mit lebendigem Wasser

Gott hat uns als leere Gefäße geschaffen, die dafür vorgesehen sind, *nur* mit ihm gefüllt zu werden. Jeder Mensch kann diese innere Leere wahrnehmen – eine Leere, die nur Gott ausfüllen kann – und wir haben alle das Bedürfnis, sie auszufüllen. Wir können die Leere ausfüllen durch Karriere, Geld, ein geschmackvoll ausgestattetes Haus, durch die richtige Kleidung und das richtige Styling. Wir können auch versuchen, die Leere mit Essen auszufüllen, mit Saubermachen oder viel Betriebsamkeit in der Gemeinde. Die Möglichkeiten sind schier unbegrenzt. Wenn man jedoch ein Gefäß werden möchte, das von Gott gebraucht werden kann, ein Werkzeug in seiner Hand, dann ist die vierte Voraussetzung dafür: erfüllt zu sein und sich immer wieder neu mit dem lebendigen Wasser des Geistes Gottes erfüllen zu lassen. Es reicht nicht, wenn wir uns selbst voll stopfen mit Grundsätzen und Lehren, Traditionen, Ritualen und Gewohnheiten. Wir benötigen das lebendige Wasser, das vom Thron Gottes in das Leben derer fließt, die sich an ihn halten. Und dann fließt es durch deren Leben, um den Durst eines verdurstenden und sterbenden Volkes zu stillen. Jeremia 2,13 beschreibt dies folgendermaßen: „Denn zweifach Böses hat mein Volk begangen: Mich, die Quelle lebendigen Wassers, haben sie verlassen, um sich Zisternen auszuhauen, rissige Zisternen, die das Wasser nicht halten." Wir wenden uns nicht der Quelle zu, sondern versuchen stattdessen, uns mit Dingen zufrieden zu geben, die niemals zufrieden stellen können.

Denken Sie an jene samaritanische Frau, die all das wusste. (Wir haben in der dritten Woche ihre Bekanntschaft gemacht.) Sie versuchte, ihr Leben mit Männern auszufüllen. Sie hatte eine Beziehung nach der anderen auf der Suche nach der Erfüllung, die nur Gott geben kann. Und dann begegnete sie Jesus.

Er sah über ihre Fehler hinweg und gab ihr ein Versprechen: „Jeden,

Siebte Woche: Auftanken

der von diesem Wasser trinkt (dem Wasser im Brunnen), wird wieder dürsten; wer aber von dem Wasser trinken wird, das ich ihm geben werde, den wird *nicht* dürsten in Ewigkeit, sondern das Wasser, das ich ihm geben werde, wird in ihm eine Quelle Wassers werden, das ins ewige Leben quillt." (Johannes 4,13)

Die Bibel überliefert uns auch ihre Reaktion in Johannes 4,28: „Die Frau nun ließ ihren Wasserkrug stehen und ging weg in die Stadt und sagte zu den Leuten: Kommt, seht einen Menschen, der mir alles gesagt hat, was ich getan habe! Dieser ist doch nicht etwa der Christus?"

Während dieser Begegnung mit Jesus wurde sie gefüllt mit dem „lebendigen Wasser", und daraufhin bekam ihr Leben einen weit reichenden Einfluss. Es war tatsächlich so, dass „aus jener Stadt viele von den Samaritern an ihn glaubten um des Wortes der Frau willen." Hier ist ein Tongefäß, das mit einem himmlischen Schatz gefüllt ist. Hier ist eine Frau, die es nicht zuließ, dass alte Vorurteile ihre Zukunft beeinflussten. Hier ist eine Frau, die es nicht zuließ, dass das, was sie früher einmal war, sie davon abhielt so zu werden, wie sie sein sollte. Hier ist eine Frau, die *mit dem lebendigen Wasser gefüllt* war.

Warum haben so viele Samaritaner sich Jesus Christus zugewandt? Weshalb war die Frau am Jakobsbrunnen solch ein kraftvolles Werkzeug in Gottes Hand? Es war einfach so, dass keiner, der sich ihr Leben anschaute, dann noch sagen konnte: „Was für eine bemerkenswerte Frau. Ich könnte nie so sein wie sie." *Nein!* Die Leute wurden genötigt zu sagen: "Welch einem *bemerkenswerten Gott muss* sie begegnet sein! Wenn in seinem Reich sogar für die noch Platz ist, vielleicht gibt es dann auch noch Platz für mich. Wenn er die gebrauchen kann, vielleicht kann er dann auch mich gebrauchen!"

Was genau ist eigentlich lebendiges Wasser? Jesus erklärt diesen Ausdruck ein paar Kapitel später:

An dem letzten, dem großen Tag des Festes aber stand Jesus und rief und sprach: Wenn jemand dürstet, so komme er zu mir und trinke! Wer an mich glaubt, wie die Schrift gesagt hat, aus seinem Leibe werden Ströme lebendigen Wassers fließen. Dies aber sagte er von dem Geist, den die empfangen sollten, die an ihn glaubten." (Johannes 7,37-39)

Gott will mich

Mit Gott gefüllt werden, mit dem lebendigen Wasser, das Jesus verheißen hat, ist keine einmalige Angelegenheit. Das geht Schritt für Schritt, ein Leben lang. Andrew Murray drückt es folgendermaßen aus:

> Alles, was die Gemeinde und ihre Glieder benötigen, um die Kraft und Macht Gottes in der Welt bekannt zu machen, ist die Rückkehr an ihren wahren Ort; an den Ort, der uns gehört, sowohl durch die Schöpfung als auch durch die Erlösung. Es ist ein Ort absoluter und unaufhörlicher Abhängigkeit von Gott...
>
> Gott hat als Schöpfer den Menschen zu einem Gefäß geformt, durch das er seine Kraft und Güte kundtun kann. Der Mensch hat nicht in sich selbst die Quelle des Lebens, der Stärke oder des Glücks. Der Unsterbliche und einzig Lebendige will jeden Augenblick in Verbindung stehen mit dem Menschen und allen seinen Bedürfnissen. Der Ruhm und der Segen des Menschen sollen nicht unabhängig sein oder gar von ihm selbst abhängen, sondern nur von Gott. Der Mensch soll in der Freude bleiben, jeden Augenblick aus der Fülle Gottes zu leben. (*Believer's Secret of Waiting on God*, S. 16)

Jesus Christus ist unser Leben; es gibt *kein Leben* ohne Wasser. Wir können nur das weitergeben, was wir selbst empfangen haben. Ein Gefäß kann schließlich nicht selbst Wasser *herstellen*. Es kann nur das ausgießen, was zuvor hineingegossen wurde. In gleicher Weise müssen wir mit Gottes Geist gefüllt werden – mit dem lebendigen Wasser –, wenn wir irgendjemandem etwas weitergeben wollen.

Mir scheint es, als ob die Gemeinde Gottes heutzutage sich in dieser Hinsicht mit zwei Gefahren auseinandersetzen muss. Ich selbst habe schon beide Extreme durchgemacht. Die erste Gefahr: Wasser, das zu lange in einem Gefäß bleibt, wird abgestanden. Es reicht nicht, eine Predigt nach der anderen in sich aufzunehmen, eine Bibelarbeit nach der anderen, ein christliches Buch nach dem anderen, und nie etwas an andere weiterzugeben. Wenn alles bloß darauf hinausläuft, unseren eigenen Glauben zu füttern, dann werden wir dicke und träge Christen. Mir ist es so gegangen, und ich glaube, dass viele von denen, die unsere Gemeinderäume füllen, sich in genau diesem Zustand befinden.

Siebte Woche: Auftanken

Die zweite Gefahr scheint mir allerdings noch größer zu sein; und auch hier bin ich schuldig geworden: Man gibt, obwohl man gar nicht gefüllt ist. Das heißt, dass mir zwar eigentlich gar keiner zuhören sollte, aber ich rede trotzdem. Keiner hat mich um Rat gefragt, aber ich gebe trotzdem gute Ratschläge. Ich rede von den Urteilen und dem Gift meines eigenen Herzens und nicht von der Liebe und Gnade im Herzen Gottes. So werde ich zu einem Tongefäß, das mit Nägeln und Schrauben und Münzen und allem möglichen Kram vollgestopft ist und auf den Boden knallt. Das gibt nur ein Getöse und ist ein überaus hässlicher Anblick; nichts Schönes ist da mehr zu erkennen.

Nur ein selbst ernannter Amateurtheologe wird einer Frau, die keine Kinder bekommen kann, erklären, dass Gott sie straft, oder einem Mann, der an Krebs stirbt, dass da noch Sünde in seinem Leben sein muss; oder einem Gelähmten, dass er nicht genug Glauben hat. Das ist Gift aus den Tiefen der Hölle, keine Botschaft aus dem Mund Gottes. Seien Sie achtsam: Bevor Sie versuchen, irgendetwas in das wertvolle Leben anderer Menschen „hineinzugießen", *müssen Sie sicher sein, dass Sie selbst bereits gefüllt sind.*

In dieser Woche wollen wir uns damit beschäftigen, womit wir nach den Aussagen der Bibel erfüllt werden sollen. Außerdem werden wir erfahren, wie wir ganz praktisch den Vorgang des „Erfüllt-Werdens" unterstützen können.

1. Warum war die Frau am Jakobsbrunnen solch ein nützliches Gefäß, das Gott gebrauchen konnte?

2. Wie hatte sie vorher versucht, die Lücke zu füllen, die nur Gott ausfüllen kann? Glauben Sie, dass das geklappt hat? Warum bzw. warum nicht?

Gott will mich

3. Womit versuchen Sie die Lücke zu füllen, die nur Gott ausfüllen kann?

4. Können Sie sich an eine Gelegenheit erinnern, bei der Sie „übergeflossen" sind in Worten oder Taten, die nicht von Gott kamen? Was kam dabei heraus?

5. Können Sie sich an eine Gelegenheit erinnern, bei der das „übergeflossen" ist, was Gott zuvor in Ihr Leben hineingegossen hat? Wo lag der Unterschied?

6. Was ist für Sie die größere Gefahr: immer weiter aufnehmen, ohne auch etwas auszugießen; oder ausgießen, ohne zuvor gefüllt worden zu sein?

7. Was war für Sie im heutigen Abschnitt besonders wichtig?

Zur Wiederholung:

- Ein Gefäß kann kein Wasser herstellen. Es kann nur ausgießen, was vorher eingefüllt wurde.
- Vor zwei Gefahren müssen Sie auf der Hut sein: Die Wahrheiten, die Gott in Ihr Leben gefüllt hat, nicht weiterzugeben, und etwas weiterzugeben, ohne vorher von Gott gefüllt worden zu sein.

Siebte Woche: Auftanken

Zweiter Tag

———•••◆•••———

Erfüllt mit Liebe und Freude

Wenn wir überlegen, womit wir erfüllt werden müssen, um ein Werkzeug in Gottes Hand zu werden, sollte uns gleich die Frucht des Geistes in den Sinn kommen. An den nächsten drei Tagen wollen wir herausfinden, was damit genau gemeint ist. Wir werden uns alle der Reihe nach vornehmen – heute beginnen wir mit „Liebe" und „Freude". Das Wort Gottes wird dabei für sich selbst sprechen. Während wir uns damit beschäftigen, denken Sie betend darüber nach, ob Sie wirklich immer mehr mit der Frucht des Geistes erfüllt sind. In Galater 5,22-25 heißt es:

> Die Frucht des Geistes aber ist: Liebe, Freude, Friede, Langmut, Freundlichkeit, Güte, Treue, Sanftmut, Enthaltsamkeit. Gegen diese ist das Gesetz nicht gerichtet. Die aber dem Christus Jesus angehören, haben das Fleisch samt den Leidenschaften und Begierden gekreuzigt. Wenn wir durch den Geist leben, so lasst uns durch den Geist wandeln.

Liebe

Als Jesus gefragt wurde, welches das wichtigste Gebot ist, antwortete er:

> Du sollst den Herr, deinen Gott, lieben mit deinem ganzen Herzen und mit deiner ganzen Seele und mit deinem ganzen Verstand. Dies ist das größte und erste Gebot. Das zweite aber ist ihm gleich: Du sollst deinen Nächsten lieben wie dich selbst. (Matthäus 22,37-39)

Je nachdem wie viel Liebe Sie Ihrer Familie und Ihren Freunden entgegenbringen, aber auch den Nachbarn, auch Fremden und sogar Feinden – man kann daran ablesen, inwieweit Sie erfüllt sind vom

Heiligen Geist. Was genau bringt denn die Liebe mit sich? Ist Liebe ein Gefühl, das wir aufbringen müssen? Wir wollen noch einmal Gottes Wort anschauen:

> Die Liebe ist langmütig, die Liebe ist gütig; sie neidet nicht; die Liebe tut nicht groß, sie bläht sich nicht auf, sie benimmt sich nicht unanständig, sie sucht nicht das Ihre, sie lässt sich nicht erbittern, sie rechnet Böses nicht zu, sie freut sich nicht über die Ungerechtigkeit, sondern sie freut sich mit der Wahrheit, sie erträgt alles, sie glaubt alles, sie hofft alles, sie erduldet alles. Die Liebe vergeht niemals. (1. Korinther 13,4-8)

Wollen Sie mal etwas Lustiges lesen? Dann ersetzen Sie das Wort „Liebe" immer durch Ihren eigenen Namen und gucken Sie sich an, wie wunderbar das passt. Ich werde es Ihnen zeigen: „Donna ist langmütig". (Was Sie im Hintergrund hören ist nur mein kichernder Ehemann.) Das hier ist auch gut: „Donna lässt sich nicht erbittern, sie rechnet Böses nicht zu." (Entschuldigung, ich bin gleich wieder da. Ich muss nur gerade mal den Werkzeugkasten holen, um meinen Mann zu reparieren. Er hat sich kaputtgelacht!)

Es hilft alles nichts, wir müssen uns damit abfinden: Wenn Sie diese Art von Liebe hätten, dann müssten Sie kein Buch lesen, um ein Werkzeug zu werden, das Gott gebrauchen kann. Es ist in Wahrheit so, dass auf dieser Seite der Ewigkeit noch nie jemand diese perfekte Liebe *geschafft* hat, außer Jesus. Dennoch bleibt es unser Ziel, ihm jeden Tag ähnlicher zu werden:

> Ihr habt gehört, dass gesagt ist: Du sollst deinen Nächsten lieben und deinen Feind hassen. Ich aber sage euch: Liebt eure Feinde und betet für die, die euch verfolgen, damit ihr Söhne eures Vaters seid, der in den Himmeln ist! (Matthäus 5,43-45)

Lieben Sie Ihre Feinde oder sinnen Sie auf Rache? Hegen Sie Bitterkeit gegen solche, die Sie verletzt haben, oder vergeben Sie gern? Jesus sagt, wir sollen das *Maß unserer Liebe* danach ausrichten, wie wir denjenigen begegnen, die uns *am schlechtesten* behandeln. Denn schließlich: „Wenn ihr liebt, die euch lieben, welchen Lohn habt ihr? Tun nicht auch die Zöllner dasselbe?" (Matthäus 5,46). Gott wird kein bisschen geehrt, wenn wir nur da lieben, wo es einfach ist. Das kann jeder. Aber nur Gott kann uns befähigen, auch diejenigen zu lieben, die uns verletzt haben. Und wenn wir das tun, ist uns die Aufmerksamkeit der Welt sicher. Denn dann sieht die Welt etwas, das *nur Gott tun kann*, und er wird geehrt.

Vor einigen Monaten waren alle Medien voll von Berichten über eine Mutter, die dem angeklagten Mörder ihres Sohnes ihre Wut ins Gesicht schrie. Sie hatte eine Stellungnahme vorbereitet voller Hass und Abscheu, die sie im Gerichtssaal vorlas. Natürlich konnte jeder diese Mutter verstehen. Der Angeklagte hatte auf grauenhafte Weise das Leben ihres geliebten Kindes ausgelöscht. *Jeder normale Mensch kann diese Wut nachvollziehen.*

Dieser Bericht hat mir eine andere Gerichtsszene ins Gedächtnis zurückgerufen. Eine Frau aus unserer Gemeinde in Philadelphia verlor ihren Mann durch einen brutalen Mord. Der Schuldige wurde gefasst und es kam zur Gerichtsverhandlung. Nach der Urteilsverkündung stand die Witwe auf und sagte dem Verbrecher, dass sie ihm vergeben hatte und dass sie hoffte, er würde eines Tages den Gott kennen lernen, der ihrem Mann so viel bedeutet hatte. Dann schenkte sie ihm eine Bibel, auf deren Einband der Name des Mörders eingraviert war.

Welche dieser Frauen war ein Werkzeug in Gottes Hand? Die eine Frau kannte nur Trauer und Wut – sehr verständlich. Die andere Frau hatte nur das Reich Gottes im Sinn – völlig unverständlich. Und das Ergebnis? Ich bezweifle, dass irgendjemand im Gerichtssaal diese Szene jemals vergessen kann.

Freude

Wir neigen dazu, uns Freude als etwas vorzustellen, das wir erleben, etwas, das uns passiert. Aber die Bibel *gebietet* uns, voller Freude zu sein. Und Gebote haben nichts mit Gefühlen zu tun, sondern mit Gehorsam. Man kann sich vornehmen, voller Freude zu sein; es handelt sich um eine Entscheidung, die man treffen muss, wie man den Umständen des Lebens begegnen will. Freude ist also tatsächlich eine ernsthafte Angelegenheit. Wir werden uns übrigens in der zehnten Woche ganz dem Thema „Freude" widmen.

Gott will mich

Jeder durchschnittliche Heide kann sich freuen, wenn alles glatt läuft. Was uns davon unterscheidet – d. h. was es Gott ermöglicht, durch unser Leben geehrt zu werden – ist die Art und Weise, wie wir uns verhalten, wenn alles schief geht. Ich soll mich nicht nur freuen, weil es für mich gut ist, sondern auch, weil es für die Welt gut ist, die mich beobachtet. Wie war noch gleich der einzige Grund unseres Daseins? *Gott zu verherrlichen.* Wenn wir Werkzeuge in Gottes Hand werden wollen, dann ist ein wichtiger erster Schritt: Ich entschließe mich zur Freude, wenn alle um mich herum den Kopf hängen lassen und Trübsal blasen.

1. Schreiben Sie die Stelle aus 1. Korinther 13 ab und setzen Sie überall, wo das Wort „Liebe" vorkommt, Ihren eigenen Namen ein.

2. Wie weit ist diese Beschreibung von der Wirklichkeit entfernt? Gab es auch bei Ihnen etwas zu lachen? Schreiben Sie auf, wie Sie reagiert haben.

3. Haben Sie bei sich eine zunehmende Fähigkeit bemerkt, solchen Menschen mit Liebe zu begegnen, die Sie schlecht behandeln? Überlegen Sie, wie Sie vor kurzem mit einer solchen Situation umgegangen sind, und beschreiben Sie Ihre Handlungsweise, wie auch immer sie war.

Siebte Woche: Auftanken

4. Können Sie sich freuen, wenn schwere Zeiten kommen? Oder stöhnen und jammern Sie dann? Denken Sie wieder an eine spezielle Situation, an der Sie Ihre Antwort festmachen können. Versuchen Sie, ganz ehrlich Ihr jetziges Maß an „Fruchtfülle" einzuschätzen!

5. Was war für Sie im heutigen Abschnitt besonders wichtig?

Zur Wiederholung:

- Ein Werkzeug, das Gott gebrauchen kann, muss mit der Frucht des Geistes erfüllt sein.
- Zwei genaue Anhaltspunkte für den „Füllgrad" sind: Die Liebe, die wir zeigen, ganz gleich, wie wir behandelt werden, und die Freude, die wir unabhängig von den Umständen unseres Lebens ausstrahlen.

Gott will mich

Dritter Tag

―――――•••●•••―――――

Erfüllt mit Frieden, Geduld, Freundlichkeit und Güte

Zieht nun an als Auserwählte Gottes, als Heilige und Geliebte: herzliches Erbarmen, Güte, Demut, Milde, Langmut! Ertragt einander und vergebt euch gegenseitig, wenn einer Klage gegen den anderen hat; wie auch der Herr euch vergeben hat, so auch ihr! (Kolosser 3,12-14)

Erfüllt mit Frieden

Die Bibel verspricht uns einen Frieden, der jeglicher Logik widerspricht. „Und der Friede Gottes, der allen Verstand übersteigt, wird eure Herzen und eure Gedanken bewahren in Christus Jesus." (Philipper 4,7) Klingt gut, aber *wie soll das gehen?* Wie können wir mit einem Frieden erfüllt werden, der allen Verstand übersteigt? Glücklicherweise lässt Gott uns dabei nicht im Regen stehen und er hat auch nicht gesagt: „Wie das funktioniert, müsst ihr selber rausfinden!" Wir werden zu *Gottes Ehre* gefüllt, denn dann können wir Werkzeuge werden, durch die Gott wirken kann. *Er möchte uns sogar mit noch mehr Frieden erfüllen, als wir uns vorstellen können.*

Und wie das gehen kann, sagen uns bereits die beiden nächsten Verse: „Übrigens, Brüder, alles, was wahr, alles, was ehrbar, alles, was gerecht, alles, was rein, alles, was liebenswert, alles, was wohllautend ist, wenn es irgendeine Tugend und wenn es irgendein Lob gibt, das erwägt! Was ihr auch gelernt und empfangen und gehört und an mir gesehen habt, das tut! Und der Gott des Friedens wird mit euch sein." (Philipper 4,6-7)

Also noch einmal: Friede ist nichts, auf das man untätig wartet. In Kolosser 3,15 heißt es: „Und der Friede des Christus regiere in euren Herzen." Das müssen wir als Aufforderung verstehen, als Gebot. Und

Siebte Woche: Auftanken

in 2. Timotheus 2,22-23 wird es noch deutlicher: „Die jugendlichen Begierden aber fliehe, strebe aber nach Gerechtigkeit, Glauben, Liebe, *Frieden* (hervorgehoben vom Verfasser) mit denen, die den Herrn aus reinem Herzen anrufen! Aber die törichten und ungereimten Streitfragen weise ab, da du weißt, dass sie Streitigkeiten erzeugen!"

Wir sollen nicht danach streben, nur in den ruhigen Stunden, die wir allein zu Hause verbringen, mit Frieden erfüllt zu werden; wir brauchen einen überströmenden Frieden im Umgang mit anderen. Und auch hier macht die Bibel uns nichts vor. *Das ist ein hartes Stück Arbeit!* „Jagt dem Frieden mit allen nach und der Heiligung, ohne die niemand den Herrn schauen wird." (Hebräer 12,14)

Wenn wir mehr Friedensstifter in unseren Gemeinden hätten und weniger Störenfriede, das wäre doch wohl ein Riesenunterschied! Es würde den Herrn ehren und Menschen in sein Reich ziehen! Glauben Sie mir: Wie viele Leute haben sich schon vom Glauben abgewandt aus Enttäuschung über Spaltungen in der Gemeinde! Wie viele Menschen haben nicht zum Herrn gefunden, weil die Gemeinde viel zu sehr mit Zank und Streit beschäftigt war, anstatt sich um „Außenstehende" zu kümmern! Und wie viele finden das Christentum „abstoßend" nur auf Grund dessen, was sich in den Gemeinden abspielt!

Wissen Sie, was das Gegenteil eines Friedensstifters ist? Das ist *jemand, der sich nur um sich selbst dreht.* Leute, die ihre eigenen Pläne und Vorstellungen vorantreiben wollen, die meinen, sie hätten die Weisheit gepachtet: Solche Menschen sind eine Plage in jeder Gemeinde. Ich weiß das, weil ich selbst einer davon war. Wir kommen dabei wieder auf das Thema Selbstverleugnung zurück: wie wichtig es ist, sich *vom eigenen Ich zu trennen*. Erst wenn wir das Ich loslassen, können wir den Frieden Gottes weitergeben. Vorher versperrt noch zu viel emotionaler und geistlicher Müll den Weg.

Es gibt nun allerdings mit Sicherheit auch Zeiten, zu denen man in der Gemeinde auch widerstehen muss: Zum Beispiel, wenn Kompromisse in Bezug auf Gottes Wort gemacht werden. Oder wenn eine Schwester in Sünde lebt; auch dann müssen wir den Mut aufbringen, sie in Liebe zur Rede zu stellen. Aber dennoch gilt: „Wenn möglich, so viel an euch ist, lebt mit allen Menschen in Frieden!" (Römer 12,18) Eine Frau, die mit sich selbst und anderen in Frieden lebt, ist ein Werkzeug in Gottes Hand.

Gott will mich

Erfüllt mit Geduld (Langmut)

Unser Tagesvers aus dem Kolosserbrief ermahnt uns als Auserwählte Gottes: „Ertragt einander und vergebt euch gegenseitig, wenn einer Klage gegen den anderen hat; wie auch der Herr euch vergeben hat, so auch ihr!" (Kolosser 3,13) Wir können hier feststellen, dass Geduld und Vergebungsbereitschaft untrennbar miteinander verbunden sind.

Ich besitze ein altes Poster, auf dem steht: „Bitte hab' Geduld. Gott ist noch nicht fertig mit mir!" Wir können die Schrullen des anderen ertragen, *wir dürfen aber auch keinen Groll gegen ihn hegen*. Wenn wir dem anderen jede Kränkung nachtragen und uns weigern zu vergeben, dann werden wir sehr schnell die Geduld verlieren.

Unsere Gefühle sind wie ein großes Lagerhaus. Wir können nur eine gewiss Menge an negativen Gefühlen „einlagern"; irgendwann platzen wir heraus mit unserem angestauten Ärger, mit Bitterkeit und Groll. Deswegen sind Leute, die nicht zur Vergebung bereit sind, auch meist ungeduldig, ihr „Lager" ist immer kurz vor dem Bersten. Früher ging es mir auch so. (Und das kann mir bisweilen heute noch passieren.) Mein Herz war so voller Bitterkeit, und meine Gedanken beschäftigten sich immer wieder damit, wer mich wann gekränkt hatte und wer mich nie recht gewürdigt hatte, dass ich sofort explodierte, sobald mir nur jemand ein bisschen auf den Schlips trat. Ich hatte einfach Angst: Wenn ich dem vergebe, der mich verletzt hat, wäre es dann nicht so, als ob das, was er mir angetan hatte, eigentlich ganz in Ordnung war? Ich musste lernen, dass meine Vergebung den Schuldigen nicht rechtfertigt; aber mich befreit die Vergebung.

Sind Sie ungeduldig? Erforschen Sie ihr Herz und Sie werden feststellen, dass die *fehlende Vergebungsbereitschaft* wahrscheinlich Ihr eigentliches Problem ist. Es wird Ihnen überhaupt nichts bringen, an alten Wunden festzuhalten. Im Gegenteil, es wird Sie daran hindern, das nützliche Werkzeug zu werden, zu dem Gott Sie machen will. In Sprüche 19,11 heißt es: „Die Einsicht eines Menschen macht ihn langmütig, und sein Ruhm ist es, an der Übertretung vorüberzugehen." Wenn wir geduldig mit anderen sind, dann können wir vergeben, dann können wir „an der Übertretung vorübergehen", d. h. wir können über Kränkungen nachsichtig hinwegsehen. Und wenn wir vergeben, dann haben wir ein ganz großes Lager *voller Geduld*.

Siebte Woche: Auftanken

Freundlichkeit und Güte

Eben deshalb wendet aber auch allen Fleiß auf und reicht in eurem Glauben die Tugend dar, in der Tugend aber die Erkenntnis, in der Erkenntnis aber die Enthaltsamkeit, in der Enthaltsamkeit aber das Ausharren, in dem Ausharren aber die Gottseligkeit, in der Gottseligkeit aber die Bruderliebe, in der Bruderliebe aber die Liebe! Denn wenn diese ‹Dinge› bei euch vorhanden sind und zunehmen, lassen sie ‹euch› im Hinblick auf die Erkenntnis unseres Herrn Jesus Christus nicht träge und nicht fruchtleer sein. (2. Petrus 1,5)

Manche Leute sind einfach *nett*, finden Sie nicht auch? Gott hat sie schon nett erschaffen und so nett bleiben sie auch. Gott hat denen wohl so eine *Nettigkeits-Anlage* mitgegeben. Haben Sie nicht auch manchmal das Gefühl, dass Sie wohl gerade unterwegs gewesen sein müssen, als Gott die Nettigkeit verteilt hat? Es scheint wirklich so zu sein, dass manche Leute von Natur aus einfach lieb und nett sind, „freundlich und gütig", während wir anderen uns immer danach abstrampeln müssen.

Doch Freundlichkeit und Güte sind Eigenschaften, die der Herr an uns sehen möchte: „Die Frucht des Geistes aber ist: Liebe, Freude, Friede, Langmut, Freundlichkeit, Güte ... Wenn wir durch den Geist leben, so lasst uns durch den Geist wandeln!" (Galater 5,22+25) „Lasst uns wandeln", das bedeutet: Wir wollen uns bemühen, wir wollen uns anstrengen, das, was Gott durch den Heiligen Geist in uns hineingelegt hat, zu entwickeln. Wir können nicht einfach nur darauf warten, so ganz von selbst mit Freundlichkeit und Güte *erfüllt* zu werden. Wir müssen auch selbst bereit sein, etwas dafür zu tun.

Sie werden mir sicher zustimmen, dass Unfreundlichkeit und Hartherzigkeit nicht zu den Kennzeichen eines Menschen gehören, der mit dem Herrn lebt. Aber wie sieht es bei uns aus mit der „Vorstufe" dieser schlechten Eigenschaften, mit der *Gleichgültigkeit*? Ist Ihnen das schon einmal aufgefallen? Wenn ich mich nicht *bewusst* um Freundlichkeit und Güte *bemühe*, dann kommt meist eine nichts sagende Gleichgültigkeit dabei heraus. Ein unfreundlicher und hartherziger Christ kann Gott nicht dienen, aber ein gleichgültiger Christ wird auch träge und ohne Frucht bleiben.

Gott will mich

Ist das nicht ein erschreckender Gedanke: Es ist möglich, Jesus Christus zu kennen und dennoch träge und fruchtlos zu leben. Das Wort Gottes gibt nirgendwo eine Garantie dafür, dass jeder von uns automatisch am Bau seines Reiches mitwirkt. Gott kann Frauen wie uns gebrauchen, aber wir müssen uns mit ganzer Kraft dafür einsetzen, dass unser Glaube durch Freundlichkeit und Güte anderen gegenüber sichtbar wird.

Es stimmt zwar, dass Gott oft Werkzeuge auswählt, die uns ungeeignet erscheinen und doch von ihm gebraucht werden. Dennoch können wir nicht einfach bleiben, wie wir nun mal sind, wenn wir mit Gott leben wollen. Gott war bereit, durch die Hure Rahab zu wirken, aber sie musste bereitwillig ihr Volk verlassen und mit den Israeliten ziehen. Gott war bereit, durch den ungestümen Petrus zu wirken, aber er musste seinen Beruf als Fischer aufgeben und Jesus nachfolgen. Abraham verließ Ur in Chaldäa. Mose musste Ägypten verlassen, vierzig Jahre lang Schafe hüten, dann zurückkehren und schließlich mit dem Volk Gottes Ägypten noch einmal verlassen. David musste das Hüten der Schafe aufgeben, um gegen Goliat zu kämpfen und später König von Israel zu werden. Wir finden dieses Muster überall im Wort Gottes.

Gott nimmt uns so an, wie wir sind, aber er möchte nicht, dass wir so bleiben, wie wir sind: Wir sollen „das alte Leben" verlassen, aufgeben und dann unter seiner Führung weitergehen. Nicht nur um seines Reiches willen; nicht nur damit wir Werkzeuge in seiner Hand werden können; auch um unserer selbst willen. Denn er hat uns gemacht und er kennt uns durch und durch. Er weiß, dass es ein besseres Leben für uns ist, wenn wir *uns bemühen, mit Freundlichkeit und Güte erfüllt zu werden*. Er weiß, dass wir nur dann den Zweck erfüllen können, zu dem wir erschaffen sind: ein Werkzeug zu sein, das die Ehre Gottes widerspiegelt.

1. Sind Sie in Ihrer Gemeinde ein Friedensstifter oder ein Störenfried? Erforschen Sie Ihr Herz und erläutern Sie Ihre Antwort.

Siebte Woche: Auftanken

2. Wo ist die Verbindung zwischen Geduld und Vergebungsbereitschaft? Haben Sie diese Verbindung in Ihrem Leben erfahren? Wie war das?

3. Mit wem sind Sie am ungeduldigsten? Ist das eigentliche Problem möglicherweise Ihre Weigerung, diesem Menschen zu vergeben? Was müssen Sie vergeben?

4. Wie kann es sein, dass jemand, der den Herrn kennt, ein träges und fruchtloses Leben führt? Was kann dazu führen, dass jemand kein brauchbares Werkzeug für Gott wird?

5. Was war für Sie im heutigen Abschnitt besonders wichtig?

Zur Wiederholung:

- Gott holt uns da ab, wo wir stehen; aber wir können nicht gleichzeitig da bleiben, wo wir sind, und dennoch mit Gott gehen.
- Es ist möglich, den Herrn Jesus Christus zu kennen und trotzdem träge und fruchtlos zu leben.
- Das Wort Gottes fordert uns auf, *danach zu streben*, mit der Frucht des Geistes erfüllt zu werden. Und zwar nicht nur damit wir zu brauchbaren Werkzeugen werden, durch die Gott wirken kann, sondern auch um unserer selbst willen.

Vierter Tag

———•••———

Erfüllt mit Treue, Sanftmut und Selbstbeherrschung

Treue

Gnade und Treue sollen dich nicht verlassen. Binde sie um deinen Hals, schreibe sie auf deines Herzens Tafel! Und finde Gunst und feine Klugheit in den Augen Gottes und der Menschen! (Sprüche 3,3-4)

In einem Bibellexikon habe ich für den biblischen Begriff der Treue folgende Eigenschaften gefunden: beständig, vertrauenswürdig, unzweifelhaft, gewiss und wahr. Treu sein bedeutet: Ich weiß ganz genau, was ich glaube, und ich stehe dazu. Wir sollten uns die Worte Elias zu Herzen nehmen, der vor dem Volk stand und sagte: „Wie lange hinkt ihr auf beiden Seiten? Wenn der HERR der wahre Gott ist, dann folgt ihm nach!" (1. Könige 18,21)

Hinken Sie auf beiden Seiten? Vielleicht sind Sie verstandesmäßig davon überzeugt, dass Ihr Leben von Christus erfüllt sein muss, dass Ihre Pläne den Plänen Gottes weichen sollten. Aber wie leben Sie im Alltag? Wird in Ihrem Leben immer Ihre Überzeugung sichtbar, dass es Ihre höchste Berufung ist, sich als leeres Gefäß Gott darzubringen, damit er Sie mit seinen Gaben füllt? Wenn Sie so sind wie ich an vielen Tagen meines Lebens, dann sind Sie noch viel zu sehr mit sich selbst angefüllt – mit Ihren eigenen Plänen und Vorstellungen – und haben nur ein kleines Eckchen für Gott frei. Aber Gott gibt sich nicht mit einem kleinen Eckchen zufrieden. Entweder er ist Herr *über alles* oder er ist *überhaupt nicht* Herr. *Sind Sie also mit Treue erfüllt?* Sind Sie beständig und vertrauenswürdig? Stehen Sie ohne Zweifel fest im Glauben – nicht nur im Kopf, sondern auch im Herzen? Leben Sie in der vollkommenen Gewissheit, dass Gott durch Sie alles vollbringen kann, was er sich vornimmt? Eine meiner Lieblingsstellen in

Siebte Woche: Auftanken

der Bibel sind die Worte, mit denen Elisabeth Maria begrüßt, die mit Jesus schwanger ist. Elisabeth sagt: „Glückselig, die geglaubt hat, denn es wird zur Erfüllung kommen, was von dem Herrn zu ihr geredet ist." (Lukas 1,45) Ist das nicht eine wunderschöne Verheißung? Wie gesegnet könnte unser Leben sein, wenn wir nur *glaubten, denn es wird zur Erfüllung kommen, was von dem Herrn geredet ist*. Wenn wir nur ernsthaft glaubten und dem Herrn nachfolgten.

Sanftmut

Wir kommen jetzt zu einer Bibelstelle, die ich gar nicht mag, und bisher haben wir uns davon fernhalten können. Dummerweise ist sie jetzt unvermeidlich:

> Euer Schmuck sei nicht der äußerliche durch Flechten der Haare und Umhängen von Gold oder Anziehen von Kleidern, sondern der verborgene Mensch des Herzens im unvergänglichen Schmuck des sanften und stillen Geistes, der vor Gott sehr köstlich ist. (1. Petrus 3,3-4)

Zwei Dinge mag ich überhaupt nicht an diesen Versen: Zum einen ziehe ich mich gerne schick an und zum anderen rede ich *schrecklich gern* wie ein Wasserfall. Bedeuten diese Verse nun, dass ich schlampig oder altmodisch gekleidet herumlaufen soll und keinen Piep mehr sagen darf? Viele fromme Männer und Frauen im Verlauf der Kirchengeschichte haben diese Stelle so aufgefasst. Ich bin in Pennsylvania aufgewachsen, nur eine Stunde entfernt von den sogenannten „Amish people". Falls Sie noch nichts von diesen Leuten gehört haben: Sie leben und kleiden sich sehr einfach. Ich meine *sehr* einfach. Sie fahren immer noch mit Pferd und Wagen, ihr Land bewirtschaften sie mit Pferden und Ochsen, sie lesen bei Kerzenlicht – kurz gesagt, sie verzichten auf alle Annehmlichkeiten des modernen Lebens. Sie ziehen einfache schwarze Kleidung an und die Frauen tragen immer eine Kopfbedeckung. Die Frauen sind übrigens, wie man mit Sicherheit annehmen kann, sehr still.

Ist es das, was diese Bibelstelle von uns erwartet? Ich bewundere die „Amish people", aber trotzdem trage ich liebend gern Rot und Lila und Zartgelb und was auch immer mir sonst gefällt. Dennoch ist mir klar, dass wahre Schönheit das alles nicht benötigt; die wahre Schönheit kommt von innen. Je älter ich werde, umso lieber höre ich das.

Aber was *ist* denn nun diese innere Schönheit, von der wir erfüllt werden sollen? Was ist dieser sanfte und stille Geist, den die Bibel uns ans Herz legt? Wir wollen auf Jesus sehen und er sagt uns: „Nehmt auf euch mein Joch und lernt von mir! Denn ich bin sanftmütig und von Herzen demütig, und ihr werdet Ruhe finden für eure Seelen; denn mein Joch ist sanft und meine Last ist leicht." (Matthäus 11,29-30)

Wir sollen sanftmütig sein so wie Jesus. Die einzige Möglichkeit, sanftmütig mit anderen umzugehen, ist, anderen mit demütigem Herzen zu begegnen. „Wandelt ... mit aller Demut und Sanftmut, mit Langmut einander in Liebe ertragend!" (Epheser 4,2) Andrew Murray erklärt es folgendermaßen:

> Da Christus sich selbst vor Gott so demütigte und Gott stets vor ihm war, war es ihm möglich, sich ebenso vor den Menschen zu demütigen. Er war in der Lage, der Diener aller zu sein. Seine Demut war einfach die völlige Hingabe seiner selbst an Gott, die es dem Vater ermöglichte, mit ihm nach seinem Wohlgefallen zu verfahren, ganz gleich, was die Menschen um ihn von ihm sagen oder ihm antun würden.
>
> Gerade diese Geisteshaltung, diese Wesensart Christi haben seinem Erlösungswerk Wirksamkeit und Erfolg verliehen. Wir werden dadurch in die Lage versetzt zu erkennen, dass wir zu Teilhabern Christi gemacht wurden. Dies ist die wahre Selbstverleugnung, zu der unser Retter uns ruft – wir müssen anerkennen, dass unser Ich nichts Gutes in sich hat, außer wenn es sich als ein leeres Gefäß begreift, das Gott füllen muss, und dass die Forderungen des Gefäßes, irgendetwas zu sein oder zu tun, nicht im Geringsten erfüllt werden müssen. Darin besteht über allem und vor allem die Gleichförmigkeit zu Jesus. Es bedeutet, nichts durch uns selbst zu sein und nichts durch uns selbst zu tun, so dass Gott alles sei.
>
> Hier haben wir die Wurzel und die wahre Natur echter Demut. Wir müssen von Jesus lernen, wie er sanftmütig und von Herzen demütig ist. Er lehrt uns, wo die wahre Demut entspringt und wo sie ihre Kraft findet – in dem Wissen, dass Gott alles in allem wirkt, und dass wir dazu berufen sind, uns ihm auszuliefern ... (aus: *Humility*)

Siebte Woche: Auftanken

Sanftmut ist der äußere Ausdruck einer inneren Wirklichkeit: Sie erfordert ein demütiges Herz und ein Leben der Selbstverleugnung und Hingabe.

Selbstbeherrschung (Enthaltsamkeit)

Jetzt komme ich zu einem Abschnitt dieses Buches, den besser jemand anders für mich geschrieben hätte! Wenn es eine Sache gibt, die mir im Leben am meisten Schwierigkeiten eingebrockt hat, dann mein Mangel an Selbstbeherrschung. Ich kann meine Zunge nicht im Zaum halten und deswegen rede ich ständig dummes Zeug oder mache spitze Bemerkungen. Ich verletze andere damit und bekomme selbst immer wieder Ärger. Ich habe auch meinen Appetit nicht unter Kontrolle, deshalb habe ich fortwährend Probleme mit meiner Waage: Sie zeigt immer mehr an, als mir lieb ist. Ich kann meine Aktivitäten nur schwer kontrollieren und darum lebe ich mit zwei Extremen: gar nichts tun oder zu viel tun. Ich sage oft, dass ich zwei Geschwindigkeiten habe: Koma und Wahnsinn ... Keines davon kann Gott gefallen.

Aber wenn ich so darüber nachdenke, dann kann ich Ihnen vielleicht doch die eine oder andere Erkenntnis zum Thema Selbstbeherrschung weitergeben. Ich weiß nämlich eine Menge darüber, wie man es *nicht* machen sollte. Ich weiß genau, was nicht funktioniert: wenn man versucht, durch gute Vorsätze von außen etwas zu ändern. Zum Beispiel: Ich nehme mir vor, den Mund zu halten. Oder ich nehme mir vor, die neue Frau Saubermann zu werden, indem ich ein Buch über Haushaltsführung lese oder ein Seminar besuche. Ich nehme mir vor, abzunehmen und sportlich zu werden, indem ich einen Diätkurs mache und mich im Fitness-Center anmelde.

Alle Versuche, sich die Selbstbeherrschung durch gute Vorsätze selbst aufzuzwingen, sind auf lange Sicht zum Scheitern verurteilt. Man muss sich innerlich ändern. Sehen Sie nicht auf sich selbst oder auf Ihre guten Vorsätze; sehen Sie auf Gott. Selbstbeherrschung ist eine Frucht des Heiligen Geistes. Wenn Sie mehr und mehr mit dem Heiligen Geist erfüllt werden, dann werden Sie auch immer mehr Selbstbeherrschung haben. Ich weiß nicht, wie das bei Ihnen ist, aber ich kann in dieser Hinsicht nur sagen: „Volltanken, bitte!"

Gott will mich

1. Sind Sie treu oder hinken Sie auf beiden Seiten? Vielleicht ist Ihnen verstandesmäßig alles klar, was das Glaubensleben angeht, aber wie sieht es in Ihrem Leben tatsächlich aus?

2. Sind Sie demütig genug, um mit anderen sanftmütig umzugehen?

3. Haben Sie Probleme mit der Selbstbeherrschung? Auf welchen Gebieten? Wenn Sie sich über Ihre Schwachstellen im Klaren sind, dann bitten Sie Gott um Hilfe. Denken Sie daran: Gute Vorsätze helfen nicht, aber der Heilige Geist hilft!

4. Sehen Sie die Frucht des Geistes in Ihrem Leben immer mehr Formen annehmen? Geben Sie jetzt keine schnelle Antwort. Treten Sie vor den Herrn und denken Sie über jeden einzelnen Wesenszug nach. Bitten Sie ihn, Ihnen zu zeigen, wo Sie noch wachsen müssen. Schreiben Sie die Gedanken auf, die der Herr Ihnen gibt:

5. Was war für Sie im heutigen Abschnitt besonders wichtig?

Zur Wiederholung:

- Zeigen Sie Treue durch Ihr Leben: Machen Sie deutlich, dass Sie Ihr Leben auf dem Glauben aufbauen, von dem Sie reden.
- Seien Sie demütig genug, um sanftmütig mit anderen umzugehen.
- Selbstbeherrschung kommt nicht durch gute Vorsätze; Selbstbeherrschung kommt vom Heiligen Geist.

Siebte Woche: Auftanken

Fünfter Tag

Nehmen Sie sich Zeit zum Auftanken

Beachte den Sabbattag, um ihn heilig zu halten, so wie der HERR, dein Gott, es dir geboten hat! Sechs Tage sollst du arbeiten und all deine Arbeit tun; aber der siebte Tag ist Sabbat für den HERRN, deinen Gott. (5. Mose 5,12-14a)

Es gibt ein altes Lied, darin heißt es: „Ich fühl' mich so leer ... aber ich muss weiter!" Genau so geht es viel zu vielen Menschen. Wir laufen und rennen und machen und tun, bis wir irgendwann nicht mehr können. Leer, aber trotzdem weiter – da ist das Scheitern schon vorprogrammiert. Wenn Sie nicht genug Öl im Auto haben, dann wird es ja auch nicht lange dauern, bis der Motor kaputt ist. Dann haben Sie zwei teure Möglichkeiten: Entweder lassen Sie einen neuen Motor einbauen oder Sie kaufen gleich ein neues Auto.

Das wirklich Ärgerliche bei dieser Vorstellung ist natürlich, dass Sie genau wissen: Sie hätten diese Dummheit ganz leicht von Anfang an vermeiden können, z. B. durch einen Ölwechsel oder eine regelmäßige Ölkontrolle. Unglücklicherweise haben Sie zu lange gewartet und jetzt sind diese einfachen Maßnahmen, die das Unglück hätten verhindern können, völlig nutzlos.

In gewisser Hinsicht ist das bei unserem Geist ähnlich. Er ist wie ein Gefäß, das aufgefüllt, geölt, gewartet werden muss. Wenn wir es versäumen, die ganz normale geistliche Routine-Wartung durchzuführen, wenn wir nicht daran denken, den geistlichen Tank aufzufüllen, dann sind wir auch irgendwann hinüber. Das ist nur eine Frage der Zeit. Ein leeres Gefäß richtet gar nichts mehr aus; man lässt es am Straßenrand liegen, es taugt nichts mehr. Deshalb bin ich der Überzeugung, dass es so wichtig ist, dass wir eine Ruhezeit beachten, ist es doch bezeichnend, dass Gott im Sieben-Tage-Rhythmus der Woche seinem Volk Israel einen Ruhetag verordnet hat. Es mag unwichtig

Gott will mich

sein, wann wir eine solche Ruhezeit einhalten, vielleicht sogar täglich eine gewisse Zeit, aber sicherlich bietet sich der staatlich festgelegte Sonntag auch gut an, zumal die Gemeinde an diesem Tag zusammenkommt.

Ein solcher Ruhetag ist allerdings nicht dazu da, um faul herumzuliegen, um Spritztouren zu unternehmen oder um den Haushalt auf Vordermann zu bringen. Schon der Sabbat Israels war dazu geschaffen, dass der Israelit in Ruhe darüber nachsinnen konnte, wo man einst war (Ägypten) und wohin einen Gott führen werde (verheißenes Land). Eine solche Selbstbesinnung auf unser Verhältnis zu Gott haben auch wir nötig. Um diese „Bilanz" zu erleichtern, habe ich das „Arbeitsblatt zur Auswertung der vergangenen Woche" entworfen. *Oft spricht Gott zu mir am deutlichsten an diesen Sonntagnachmittagen, wenn ich bereit bin, einfach still dazusitzen und mit dem Herzen und den Gedanken die vergangene Woche noch einmal durchzugehen.* Viel zu oft leben wir wie in einem Wirbelsturm. Wir haben die besten Absichten, aber die Zeit fliegt so schnell vorüber, dass wir kaum Zeit haben, zwischendurch Luft zu holen. Wenn das Wetter es zulässt und Sie die Möglichkeit haben, in einen Park oder eine Grünanlage zu gehen, umso besser. Nehmen Sie Ihren Terminkalender für die vergangene Woche mit (falls Sie einen haben) und gehen Sie in Gedanken noch einmal alle Ereignisse durch. Denken Sie auch darüber nach, welchen Menschen Sie begegnet sind. Bitten Sie Gott, dass er Ihrem Gedächtnis auf die Sprünge hilft; dass er Ihnen die Augenblicke in den Sinn bringt, in denen er durch Sie gewirkt hat, oder die Situationen, in denen Sie sich besser anders verhalten hätten.

Auf der übernächsten Seite finden Sie eine Vorlage des Arbeitsblattes zur Auswertung der vergangenen Woche. Vielleicht möchten Sie sich lieber andere Fragen zum Nachdenken stellen; dann entwerfen Sie Ihr eigenes Arbeitsblatt. Das Wichtigste an der Sache ist nur, dass Sie diese Zeit nutzen, um geistlich aufzutanken.

Zu manchen Zeiten könnten Ihre Antworten Sie enttäuschen. Das Nachdenken kann schmerzhaft sein; aber dennoch ist es außerordentlich notwendig. Einige Forscher haben kürzlich eine große Anzahl von alten Leuten über neunzig befragt, was sie anders machen würden, wenn sie ihr Leben noch einmal von vorn anfangen könnten. Eine der drei häufigsten Antworten war: „Ich würde mehr nachden-

Siebte Woche: Auftanken

ken." Denken Sie nach und lassen Sie sich von Gott immer wieder neu erfüllen. Tanken Sie geistlich auf, damit Sie *ein Werkzeug in Gottes Hand bleiben können.*

Wenn Sie Ihre Wochenauswertung ausgefüllt haben, dann schreiben Sie das, was Sie sich für die kommende Woche vorgenommen haben, auf einen Zettel, den Sie irgendwo hinkleben, wo Sie ihn häufig sehen.

In dieser Woche haben wir uns darüber Gedanken gemacht, wie wichtig es ist, mit dem lebendigen Wasser des Geistes Gottes erfüllt zu sein. Wir haben die Frucht des Heiligen Geistes betrachtet, anhand derer wir feststellen können, wie voll (oder wie leer) unser „geistlicher Tank" ist. Je mehr wir mit lebendigem Wasser des Geistes Gottes erfüllt sind, umso mehr Frucht wird unser Leben hervorbringen. Heute haben wir uns schließlich damit beschäftigt, dass regelmäßiges „geistliches Auftanken" lebensnotwendig ist. Dafür sollte man sich einen Sabbattag der Ruhe und des Nachdenkens reservieren. Wenn Sie von Gott gebraucht werden möchten, dann sollten Sie immer bis an den Rand gefüllt sein mit dem lebendigen Wasser des Geistes Gottes.

Gott will mich

Arbeitsblatt zur Auswertung der vergangenen Woche

1. Habe ich auf Gottes Stimme geachtet und habe ich sie gehört? Was sagt er mir?

2. Zeigt sich die Frucht des Geistes bei mir immer mehr durch zunehmende Liebe, durch Freude, Frieden, Geduld, Freundlichkeit, Güte, Treue, Sanftmut und Selbstbeherrschung? Wo wird es besser? Wofür muss ich verstärkt beten?

3. Was hat Gott mir in meiner Stillen Zeit gezeigt?

4. Welche wichtigen Punkte habe ich verwirklicht?

5. Welche wichtigen Punkte habe ich außer Acht gelassen?

6. Was habe ich Neues gelernt – über mein Leben, über Gott, meine Familie und die Menschen in meiner Umgebung?

7. Welche besonderen Prioritäten setze ich für die kommende Woche? (Wohin könnte Gott mich führen wollen?)

Siebte Woche: Auftanken

Die vierte Voraussetzung dafür,
ein Werkzeug in Gottes Hand zu werden, lautet:

**Lassen Sie sich immer wieder neu erfüllen
mit dem lebendigen Wasser des Heiligen Geistes.**

1. Was müssen Sie ändern in der Art und Weise, wie Sie „Ihren Sabbat heiligen"?

2. Auf welche andere Art fordert Gott Sie noch heraus, regelmäßig geistlich aufzutanken?

3. Füllen Sie das Arbeitsblatt für die vergangene Woche aus. Was ist Ihnen aufgefallen?

4. Was war für Sie im heutigen Abschnitt besonders wichtig?

5. Wie lautet der „Schwerpunkt der Woche"?

6. Wie lauten die ersten vier Voraussetzungen dafür, ein Werkzeug in Gottes Hand zu werden?

Zur Wiederholung:

- Wenn wir unseren „Sabbat heiligen" z. B. den Sonntag als Ruhetag verbringen, dann nehmen wir uns die Zeit, darüber nachzudenken, wo wir einst waren und wohin Gott uns führen will.
- Das Auftanken ist ganz entscheidend, wenn wir ein Werkzeug in Gottes Hand bleiben möchten.

Achte Woche:
Auf Gottes Stimme achten

Schwerpunkt der Woche:

Auf Gottes Stimme achten

Leitvers der Woche:

*Ich hoffe auf den HERRN, meine Seele hofft,
und auf sein Wort harre ich.
Meine Seele harrt auf den Herrn,
mehr als die Wächter auf den Morgen,
die Wächter auf den Morgen.*

Psalm 130,5-6

Gott will mich

Erster Tag

Gott spricht zu seinem Volk

Diese Woche werden wir eine Pause machen mit den „fünf Voraussetzungen", um unsere Aufmerksamkeit auf einen bestimmten Punkt zu lenken: auf das unvorstellbare Vorrecht, dass Gott zu uns spricht. Die Grundvoraussetzung für dieses Vorrecht wollen wir in dieser Woche miteinander erarbeiten. Es geht darum, dass Gott immer zu seinem Volk gesprochen hat. Und Gott spricht auch heute noch zu seinem Volk. Er spricht auch zu Ihnen, aber vielleicht hören Sie nicht zu. Vielleicht wissen Sie nicht, wie Sie Gott hören können oder worauf Sie lauschen sollen. Vielleicht sind Sie zu sehr mit anderen Dingen beschäftigt, um sich *die Zeit dafür zu nehmen*. Kennen Sie eine regelmäßige Zeit der Stille vor Gott? Kennen Sie *überhaupt* eine Zeit der Stille vor Gott? Horchen Sie bewusst auf seine Stimme? Wenn Sie noch nie auf seine Stimme gehorcht haben, dann sollten Sie sich nicht wundern, wenn Sie ihn nicht hören. Vielleicht haben Sie das Gefühl, dass Gott schweigt oder dass er Ihnen nichts mitzuteilen hat. Ich kann Ihnen versichern, Gott möchte mit Ihnen sprechen. Er sehnt sich danach, dass Sie seine Stimme hören und in inniger Gemeinschaft mit ihm leben.

Wie auch immer, *wenn Sie Gott nicht zu sich sprechen hören, dann ist das ein grundsätzliches Problem, das den Kern Ihres Christseins trifft.* Wenn Sie Gott nicht zu sich sprechen hören, dann liegt das Problem nicht bei Gott, sondern bei Ihnen.

Nun, ich weiß, dass das hart klingt, aber Liebe muss die Dinge beim Namen nennen. Wir haben jetzt sieben Wochen miteinander verbracht und Sie kennen mich inzwischen als eine Frau, die einfach sagt, wie es ist. Ich habe Sie lieb, darum muss ich Ihnen die Wahrheit sagen. *Nichts in diesen zehn Wochen ist wichtiger als dieses Thema hier!* Deshalb halten Sie jetzt inne und schreiben Sie ein Gebet auf als Antwort auf das Reden Gottes zu Ihnen. Entweder danken Sie ihm,

Achte Woche: Auf Gottes Stimme achten

dass er Ihnen das Vorrecht gibt, ihn zu hören, oder Sie flehen ihn an, dass er Ihr Herz öffnet, damit Sie seine Stimme hören können. Ich kann Ihnen versprechen: Gott möchte nichts lieber als das! Er spricht zu Ihnen und er möchte, dass Sie zuhören.

Gebet:

Ich bin davon überzeugt, dass es helfen kann, Gottes Stimme zu hören, wenn man Gebete niederschreibt oder Tagebuch führt. Wenn man sich in aller Ruhe überlegt, was man schreiben will, dann kommen die Gedanken aus der Tiefe des Herzens. Viele öffnen sich schriftlich in weitaus stärkerem Maß als beim lauten Aussprechen der Gedanken. Und das Schreiben zwingt einen dazu, sich zu konzentrieren und die Gedanken nicht abschweifen zu lassen. Versuchen Sie einmal eine Woche lang, Ihre Gebet aufzuschreiben, und beobachten Sie, welche Wirkung das haben kann.

Wir wollen jetzt einige Schriftstellen betrachten und beginnen damit zu untersuchen, wie Gott im Alten Testament gesprochen hat: „Nachdem Gott vielfältig und auf vielerlei Weise zu den Vätern geredet hat in den Propheten ..." (Hebräer 1,1) Im Einzelnen sprach Gott durch:

- Engel (1. Mose 16)
- Visionen (1. Mose 15)
- Träume (1. Mose 28,10-19)
- Den brennenden Dornbusch (2. Mose 3,2)
- Den Gebrauch von Urim und Tummim (2. Mose 28,30)
- Symbolische Handlungen (Jeremia 18,1-10)
- Den Ton eines leisen Wehens (1. Könige 19,12)
- Zeichen und Wunder (2. Mose 8,20-25)

Gott will mich

„Es ist nicht das Wichtigste, *wie* Gott im Alten Testament sprach. Das Entscheidende ist die Tatsache, *dass* er sprach. Und die, zu denen er sprach, *wussten*, dass es Gott war, und sie *wussten* auch, was er sagte.", schreibt der Prediger Henry Blackaby. In den Evangelien spricht Gott ganz direkt durch Jesus. Als Jesus die Erde verließ, sandte er den Heiligen Geist. Seit Pfingsten spricht Gott zu uns durch seinen Heiligen Geist. „Wenn aber jener, der Geist der Wahrheit, gekommen ist, wird er euch in die ganze Wahrheit leiten; denn er wird nichts aus sich selbst reden, sondern was er hören wird, wird er reden, und das Kommende wird er euch verkündigen." (Johannes 16,13)

Wir denken manchmal, Gott will etwas vor uns geheim halten. Die Wahrheit sieht ganz anders aus. Haben Sie schon einmal überlegt, wie viele Wunder Gott gewirkt hat, um uns sein Wort zu geben und zu erhalten? Würde ein Gott, dem seine Welt egal ist, sich diese Mühe machen?

Würden Sie, die Sie bloß ein sterblicher Mensch sind, *Ihre Kinder* so behandeln? Welche Eltern würden ein Kind zur Welt bringen und *dann nie mit ihm sprechen, ihm nie irgendeine Unterweisung zuteil werden lassen, es nie trösten, ihm nie ihre Liebe zeigen?* Welche Eltern würden sich nicht wünschen, eine tiefe liebevolle Beziehung zu ihrem Kind zu haben? Und ist es nicht offensichtlich, dass eine solche Beziehung eine ständige und deutliche Kommunikation voraussetzt? Wie viel mehr wünscht sich unser himmlischer Vater, mit seinen Kindern in Verbindung zu bleiben?

Können Sie sich vorstellen, wie viel Probleme Ihre Kinder hätten, wenn Sie sie *überhaupt nicht* erzogen und unterwiesen hätten? Ihr Leben wäre eine einzige Katastrophe. Das Gleiche gilt auch für uns als Gottes Kinder. Wenn Gott uns nicht sagen würde, was wir tun und lassen sollen, dann müssten wir *damit rechnen*, dass unser Leben völlig danebengeht! Unglücklicherweise erwägen die meisten Menschen nicht einmal die Möglichkeit, auf Gottes Stimme zu hören! Wir leben nur immer weiter munter drauflos und schicken ab und zu ein Gebetchen zum Himmel nach dem Muster: Ich bin klein, mein Herz ist rein ...

Lassen Sie sich einen guten Rat geben von einem der weltbesten Experten auf dem Gebiet des Mistmachens (das bin ich): Gott hat eine viel bessere Möglichkeit! Gott will Ihnen genaue Anweisungen für Ihr Leben geben; Sie müssen nur zuhören und gehorchen. Und

Achte Woche: Auf Gottes Stimme achten

falls Sie keine besonderen Anweisungen von Gott zu einer bestimmten Angelegenheit bekommen haben? Gehen Sie dann einfach Ihren eigenen Weg und tun Sie, was Sie für richtig halten? Nein. „Wenn Sie in einer Sache keine klare Anweisung von Gott haben, dann beten Sie, und warten Sie ab. Lernen Sie Geduld. Verlassen sie sich auf Gottes Zeitplan. Sein Zeitplan ist immer richtig und immer der beste. Lassen Sie sich nicht hetzen. Er hält vielleicht seine Anweisungen noch zurück, damit Sie noch intensiver seinen Rat suchen. Versuchen Sie nicht, die Beziehung zu Gott zu vernachlässigen, um endlich irgendetwas zu tun. Gott ist eine liebevolle Beziehung zu Ihnen wichtiger als alles, was Sie für ihn tun könnten." (Henry Blackaby)

Gott spricht noch immer! Er liebt Sie und er möchte mit Ihnen reden. Hören Sie zu!

1. Woher wissen Sie, dass Gott zu seinem Volk spricht?

2. Geben Sie einige Beispiele, wie Gott in der Vergangenheit zu seinem Volk gesprochen hat!

3. Was ist wichtiger: die Art, wie Gott früher sprach, oder die Tatsache, dass er überhaupt sprach? Warum?

4. Denken Sie an eine Gelegenheit, zu der Sie eine bestimmte Anweisung von Gott erhielten. Was kam dabei heraus?

Gott will mich

5. Jetzt überlegen Sie, zu welcher Gelegenheit Sie es versäumten, Gott vor einer wichtigen Entscheidung oder einem wesentlichen Schritt um Rat zu fragen. Wie war hier das Resultat?

6. Nehmen Sie sich jetzt eine halbe Stunde Zeit, still vor Gott zu werden und auf seine Stimme zu hören. Sie können über einen Bibeltext nachdenken, einen Spaziergang in einer ruhigen Umgebung machen oder sich einfach nur in Ihr „stilles Kämmerlein" zurückziehen. Halten Sie hier fest, was Gott Ihnen gesagt hat. (Nur keine Panik, wenn Sie „gar nichts gehört" haben! Wir haben in dieser Woche noch vier Kapitel zu diesem Thema und Sie haben außerdem die ganze Ewigkeit, um Gottes Stimme zu hören.)

7. Was war für Sie im heutigen Abschnitt besonders wichtig?

Zur Wiederholung:

- Gott hat immer zu seinem Volk gesprochen und er tut es auch heute noch.
- Gott will Ihnen Anleitung für Ihr Leben geben, aber Sie müssen sich nach seinem Zeitplan richten.
- Gott sucht immer wieder eine liebevolle Beziehung zu Ihnen.
- Wenn Sie Gottes Stimme nicht hören können, dann ist das ein Kernproblem in Ihrem Leben als Christin.

Achte Woche: Auf Gottes Stimme achten

Zweiter Tag

Gott spricht durch einen Esel

Gott ist völlig unbegrenzt in der Wahl der Mittel, die er benutzt, um zu seinem Volk zu sprechen. Wenn wir ihm im Gebet nicht zuhören wollen und auch nicht im Nachdenken über sein Wort, dann hat er noch eine Menge anderer origineller Möglichkeiten. So wie damals, als er *durch einen Esel* sprach:

> Und Bileam machte sich am Morgen auf und sattelte seine Eselin und ging mit den Obersten von Moab.
> Da entbrannte der Zorn Gottes, dass er ging. Und der Engel des HERRN stellte sich in den Weg, um ihm entgegenzutreten. Er aber ritt auf seiner Eselin und seine beiden Diener waren bei ihm. Und die Eselin sah den Engel des HERRN mit seinem gezückten Schwert in seiner Hand auf dem Weg stehen und die Eselin wich vom Weg ab und ging auf dem Feld weiter; und Bileam schlug die Eselin, um sie wieder auf den Weg zu lenken. Da trat der Engel des HERRN in einen Hohlweg zwischen den Weinbergen; eine Mauer war auf der einen und eine Mauer auf der anderen Seite. Und die Eselin sah den Engel des HERRN und drückte sich an die Wand und drückte den Fuß Bileams an die Wand; und er schlug sie noch einmal. Da ging der Engel des HERRN noch einmal weiter und trat an eine enge Stelle, wo kein Weg war, um auszuweichen, weder zur Rechten noch zur Linken. Und als die Eselin den Engel des HERRN sah, legte sie sich hin unter Bileam. Da entbrannte der Zorn Bileams und er schlug die Eselin mit dem Stock. Da öffnete der HERR den Mund der Eselin und sie sagte zu Bileam: Was habe ich dir getan, dass du mich nun schon dreimal geschlagen hast? Bileam sagte zu der Eselin: Weil du Spott mit mir getrieben hast. Hätte ich doch ein Schwert in meiner Hand! Gewiss hätte ich dich jetzt erschlagen! Und die Eselin sagte zu Bileam: Bin ich nicht deine Eselin, auf der du geritten bist

von jeher bis zum heutigen Tag? War es je meine Gewohnheit, dir so etwas zu tun? Und er sagte: Nein.

Da enthüllte der HERR die Augen Bileams und er sah den Engel des HERRN mit seinem gezückten Schwert in seiner Hand auf dem Weg stehen; und er neigte sich und fiel nieder auf sein Angesicht. Und der Engel des HERRN sprach zu ihm: Warum hast du deine Eselin nun schon dreimal geschlagen? Siehe, *ich* selbst bin ausgegangen, um dir entgegenzutreten, denn der Weg stürzt dich ins Verderben vor mir. Und die Eselin sah mich und wich vor mir aus, nun schon dreimal. Wenn sie nicht vor mir ausgewichen wäre, dann hätte ich *dich* jetzt auch erschlagen, sie aber am Leben gelassen. (4. Mose 22,21-34)

In diesem Bericht gibt es eine ganze Menge erstaunlicher Einzelheiten. Das Offensichtliche ist natürlich der sprechende Esel. Immer wenn ich irgendwo einen Vortrag halten soll, lese ich vorher noch einmal diese Bibelstelle. Es erinnert mich daran, dass ich bestimmt kein geistlicher Überflieger bin, nur weil Gott vielleicht durch mich spricht. Er hat schließlich auch durch eine Eselin gesprochen. Und meistens habe ich weitaus mehr Ähnlichkeit mit einer Eselin als mit einem geistlichen Überflieger. Und falls Sie immer noch nicht davon überzeugt sind, dass Sie nicht vollkommen sein müssen, um ein brauchbares Werkzeug für Gott zu sein – was für einen Beweis brauchen Sie denn noch? Also ehrlich: Man muss dafür wirklich kein *vollkommener* Mensch sein; ja, man muss noch nicht einmal unbedingt ein *Mensch* sein ...

Was mich an diesem Bericht wirklich fesselt, ist die Reaktion Bileams. Ohne mit der Wimper zu zucken, stürzt der alte Knabe sich gleich in ein Streitgespräch mit seiner Eselin, ohne auch nur einen Augenblick zu denken: „Moment mal, das ist aber doch komisch! Was ist denn jetzt los?" Und wir sind ganz genau so. Da schickt Gott uns die ungewöhnlichsten Umstände über den Weg, um unsere Aufmerksamkeit zu erregen, und wir schlendern einfach ganz lässig weiter. Im Neuen Testament erfahren wir übrigens noch einige ergänzende Bemerkungen über Bileam und die Gründe seines Handelns:

> Sie sind abgeirrt, da sie den geraden Weg verlassen haben, und sind nachgefolgt dem Weg Bileams, des Sohnes Beors, der den Lohn der

Achte Woche: Auf Gottes Stimme achten

Ungerechtigkeit liebte, aber eine Zurechtweisung der eigenen Gesetzlosigkeit empfing: Ein stummes Lasttier redete mit Menschenstimme und wehrte der Torheit des Propheten. (2. Petrus 2,15-16)

Ist es nicht erstaunlich, wie das Streben nach materiellem Besitz bewirken kann, dass wir taub werden für Gottes Reden? Alles um uns herum kann laut „Stopp!" rufen, aber wir wollen es nicht hören. So wie z. B. eine Frau, die sich von ihrer Arbeit ganz vereinnahmen lässt: Ihre Ehe ist kaputt; die Kinder sind drogenabhängig und nicht mehr unter Kontrolle zu bringen; der Haushalt ist völlig vernachlässigt; sie hat keine Freunde mehr und kein Leben außerhalb ihres Arbeitsplatzes; der angesammelte Stress steht kurz vor dem Überkochen; der Arzt warnt vor dem drohenden Zusammenbruch. Und trotzdem hält sie nicht einmal inne mit dem Gedanken: „Moment mal, ich muss hier irgendwie auf dem falschen Weg sein. Vielleicht will Gott mir ja etwas sagen!"

Wenn wir uns Hindernissen gegenüber sehen, dann benehmen wir uns normalerweise genau wie Bileam. Wer oder was gerade in unserer Nähe ist, kriegt eins drauf. Wir haben schließlich unsere Vorstellungen, die wir verwirklichen wollen, und wir ärgern uns über alles, was unseren Plänen im Weg steht.

Über diese Ironie sollten wir uns einmal Gedanken machen: Wir beten vielleicht zu Gott, dass er *das Hindernis beseitigt*, wenn es durchaus sein kann, dass gerade *Gott es war, der uns das Hindernis auf den Weg gelegt hat*. Wenn Sie das nächste Mal Gott bitten wollen, dass er etwas an Ihren Lebensumständen ändern soll, dann denken Sie erst einmal darüber nach. Vielleicht will Gott gar nicht die Umstände ändern, *vielleicht will er Sie ändern!*

Wenn in Ihrem Leben irgendetwas schief geht, dann ist das ein Hinweis dafür, dass Gott versucht, zu Ihnen zu sprechen. Seien Sie aufmerksam! Beten Sie! Vertiefen Sie sich in Gottes Wort. Suchen Sie den Rat reifer Christen. Es versteht sich von selbst, dass wir uns *nicht einzig und allein* auf die Führung durch Umstände verlassen. Aber wenn wir die Umstände im Licht dessen betrachten, was der Heilige Geist uns durch Gottes Wort, durch Gebet und durch Glaubensgeschwister sagt (diese drei Dinge werden wir in den nächsten Tagen betrachten), dann können wir klar erkennen, was Gott uns mitteilen will.

Gibt es irgendwelche Esel, die zu ihnen sprechen? Hören Sie gut zu!

Gott will mich

1. Wie reagierte Bileam, als seine Eselin begann, mit ihm zu sprechen?

2. Warum war diese Reaktion ungewöhnlich? Was erfahren wir durch seine Reaktion darüber, wo sein Herz eigentlich war? Was erfahren wir über seine Bereitschaft, auf Gott zu hören?

3. Welche beiden Dinge können uns taub machen für das, was Gott uns durch die Umstände in unserem Leben sagen will? Können Sie sich noch andere Dinge vorstellen?

4. Was waren bisher die ungewöhnlichsten Umstände in Ihrem Leben? Was hat Gott Ihnen durch diese Erfahrung gezeigt?

5. Auf welche ungewöhnliche Weise hat Gott schon einmal zu Ihnen gesprochen?

6. Gibt es irgendwelche „sprechenden Esel" auf Ihrem Weg? Stecken Sie vielleicht gerade in einer besonders schwierigen oder ungewöhnlichen Situation? Was könnte Gott Ihnen dadurch zeigen wollen?

7. Was war für Sie im heutigen Abschnitt besonders wichtig?

Zur Wiederholung:

- Gott kann einen sprechenden Esel – oder was immer er will – gebrauchen, um zu Ihnen zu sprechen.
- Achten Sie auf die Umstände in Ihrem Leben. Gott könnte dadurch zu Ihnen sprechen wollen.

Dritter Tag

Gott spricht durch sein Wort

Alle Schrift ist von Gott eingegeben und nützlich zur Lehre, zur Überführung, zur Zurechtweisung, zur Unterweisung in der Gerechtigkeit, damit der Mensch Gottes richtig sei, für jedes gute Werk ausgerüstet. (2. Timotheus 3,16-17)

In der dritten Woche haben wir uns damit beschäftigt, wie wesentlich es ist, Gott durch die Kenntnis seines Wortes immer besser kennen zu lernen. Heute kommen wir auf dieses Thema noch einmal zurück, aber unter einem etwas anderen Blickwinkel. Wir können nicht nur wissen, wer Gott ist, indem wir sein Wort lesen und in uns aufnehmen, wir können nicht nur wissen, was er in der Vergangenheit getan hat, sondern wir bekommen auch Einblick in das, *was er heute und in Zukunft tun will*. Die Bibel ist ja nicht nur ein historisches Dokument, nicht nur eine inspirierte Schrift, nicht nur die Quelle wahrer Lehre. Obwohl sie alles das und noch viel mehr ist, ist die Bibel auch *Gottes Möglichkeit, heute zu uns zu sprechen*. Gott spricht durch sein Wort.

Es ist Ihnen sicher auch schon aufgefallen, dass die Bibel ein ziemlich dickes Buch ist. Man kann sie unmöglich jedes Mal von vorn bis hinten durchlesen, wenn man die Führung Gottes braucht. Nun ja, vielleicht könnte man es ... Manche Leute suchen den Rat Gottes, indem sie einfach die Bibel irgendwo aufschlagen und dann mit dem Finger wahllos auf einen Vers tippen. Damit kann man natürlich ganz schön in Schwierigkeiten geraten. Sie kennen vielleicht diese alte Geschichte von einem Mann, der Eheprobleme hatte. Er schlug die Bibel auf und landete bei dem Vers: „Judas ging hin und erhängte sich." Der Mann fand, dass sich das nicht besonders hilfreich anhörte, deshalb schlug er die Bibel noch einmal irgendwo auf. Dieses Mal landete er bei dem Vers: „Was du tust, tu schnell!" Ich weiß, das ist ein ziemlich schlechter Witz. Aber das *eigentlich Traurige* an der Sache ist doch, dass manche Gotteskinder in dieser abergläubischen und willkürlichen Art das Wort Gottes befragen. Es gibt eine viel sinnvollere Möglichkeit, aus Gottes Wort Hilfe bei konkreten Fragen zu bekommen, wenn Sie sie dringend brauchen, auch wenn Sie gerade bis zum Hals in Schwierigkeiten stecken. Sie können beispielsweise ein Bibel-Anstreich-System benutzen. Das macht es nach meiner Erfahrung viel leichter, Gottes Stimme in der Bibel zu vernehmen.

Ich will Ihnen ein Beispiel geben: Immer wenn Sie bei Ihrer Bibellese auf eine ermutigende Bibelstelle stoßen, dann unterstreichen Sie die entsprechenden Verse blau. Und wenn Sie oder jemand aus Ihrer Umgebung traurig oder mutlos ist, dann schlagen Sie Ihre Bibel auf und suchen Sie eine blau unterstrichene Stelle. (Ich selbst unterstreiche gern Verse in meiner Bibel; ich finde, sie wird dadurch noch persönlicher. Wenn Sie allerdings nicht in Ihrer Bibel herummalen möchten, dann können Sie die jeweiligen Bibelverse auch auf Karteikarten schreiben und entsprechend farblich kennzeichnen.)

Das ganze Bibel-Anstreich-System funktioniert nach dem folgenden Muster. Ich habe noch in Klammern meine „Eselsbrücken" dazugeschrieben, um die einzelnen Farben leichter zuordnen zu können. Verlassen Sie sich aber besser nicht nur auf Ihr Gedächtnis, sondern schreiben Sie die Bedeutung der einzelnen Farben auf eine Karteikarte und stecken Sie sie in Ihre Bibel.

- Blau – Trost, Ermutigung (blau wirkt beruhigend)
- Rot – Heiliger Geist (rote Flammen, Feuerzungen)
- Gelb – Verheißungen (die Sonne bringt die Verheißung eines neuen Tages)
- Grün – Gottes Größe und Gottes Wort
- Grau – Satan, Sünde (Satan betrügt uns, indem er uns in Grauzonen bringen will)
- Orange – Anweisungen für das Leben als Christ (wenn wir diesen Anweisungen folgen, dann wird unser Leben strahlen wie die Mittagssonne)

In den nächsten zwanzig Minuten (*mindestens*) sollten Sie jetzt Ihre Bibel durchforsten und einige Ihrer Lieblingsverse mit der passenden Farbe unterstreichen – und zwar solche Bibelstellen, die Sie besonders

Achte Woche: Auf Gottes Stimme achten

ansprechen. Suchen Sie auch die Bibelverse, mit denen wir uns während der vergangenen acht Wochen beschäftigt haben. Vielleicht hat Gott durch den einen oder anderen dieser Verse in besonderer Weise zu Ihnen gesprochen. Wenn das zutrifft, dann unterstreichen Sie diese Verse auch farbig. Sehen Sie das jetzt aber nicht als Übung zum Buntmalen an; betrachten Sie es vielmehr als eine Gelegenheit, auf Gottes Stimme zu horchen.

1. Welches bedeutende Werkzeug benutzt Gott, um mit uns zu sprechen?

2. Welche Hilfsmittel kann man benutzen, um es sich zu erleichtern, Gottes Stimme in seinem Wort zu einem ganz bestimmten Problem zu hören?

3. Was war für Sie im heutigen Abschnitt besonders wichtig?

Zur Wiederholung:

- Gott spricht durch sein Wort.
- Wenn Sie Gottes Stimme hören wollen, dann lesen Sie sein Wort und achten Sie auf das, was es Ihnen sagt.
- Es kann hilfreich sein, Bibelstellen farblich zu kennzeichnen.

Vierter Tag

Gott spricht durch sein Wort durch uns

Gott spricht nicht nur durch sein Wort zu uns, er kann auch durch sein Wort durch uns sprechen. Wie? Indem Gottes Wort zu meinem Gebet wird. Jedes Problem, das es im menschlichen Leben geben kann, ist letztlich auf zwei einfache Fragen zurückzuführen: Hat Gott das wirklich alles im Griff? Liebt Gott mich wirklich? Wenn Gott jede Situation unter Kontrolle hat und er uns liebt, dann gibt es keine grundsätzlichen Probleme, sondern nur Umstände, die ein liebender Gott zulässt, um uns näher an sich zu ziehen. Wenn Gottes Wort zu einem Gebet wird, dann können wir diese Wahrheit in liebevoller Weise den Menschen um uns herum weitergeben. Wir können dann ein Werkzeug sein, durch das Gott sehr direkt zu anderen Menschen sprechen kann.

Wie oft fehlen Ihnen die Worte? Wenn Sie das Wort Gottes gut kennen, wird Ihnen das nicht häufig passieren. Wie oft haben Sie schon das *Falsche* gesagt? Auch das wird nicht mehr so häufig vorkommen, wenn Sie Gottes Wort kennen und zu Ihrem Gebet machen. Wie können Sie Gottes Willen für Ihr Leben erkennen, und wie können Sie anderen helfen, Gottes Willen für deren Leben zu erkennen? Diese Frage wird von vielen Christen jeden Tag aufs Neue gestellt. Es stimmt natürlich, dass uns manche Dinge verborgen bleiben; doch Gott spricht in seinem Wort klar und deutlich über seinen Willen. Auch hier kann es wieder eine große Hilfe sein, Bibelstellen zu unterstreichen, wenn Sie – oder jemand anders – eine besondere Wegweisung Gottes benötigen.

Wenn Sie nicht nur Ihre Gebetsanliegen am Wort Gottes ausrichten, sondern Gottes Wort tatsächlich zum Gebet werden lassen, dann brauchen Sie sich nie Sorgen zu machen, ob Ihre Gebete dem Willen Gottes entsprechen – das tun sie auf jeden Fall. Versuchen Sie es mal. Es wird ein Segen sein für Sie selbst und für die Menschen, mit denen Sie in Kontakt kommen.

Achte Woche: Auf Gottes Stimme achten

Nehmen Sie zum Beispiel eine Stelle wie Psalm 1,3 und setzen Sie den Namen einer bestimmten Person ein. Ich verdeutliche Ihnen das einmal mit dem Namen meines Mannes Cameron.

Herr, ich bitte dich für meinen Mann Cameron, dass er wie ein Baum werden kann, der an den Wasserbächen gepflanzt ist; der seine Frucht bringt zu seiner Zeit, dessen Laub nicht verwelkt. Herr, bitte segne alles, was er tut, damit es gelingt.

Oder ich bete in Anlehnung an Hebräer 13,20-21 für meine Tochter Leah:

Du Herr des Friedens, großer Hirte der Schafe, vollende meine Tochter Leah in allem Guten, damit sie deinen Willen tut. Bitte schaffe du in ihr, was vor dir wohlgefällig ist, durch Jesus Christus, dem die Herrlichkeit sei von Ewigkeit zu Ewigkeit! Amen.

Meine Lieblingsverse für Tage, an denen ich mich niedergeschlagen fühle, sind Klagelieder 3,22-25. Und so mache ich diese Verse zu meinem Gebet:

Ich ruhe in dir, HERR, denn deine Gnadenerweise sind nie zu Ende, ja, dein Erbarmen hört nicht auf, es ist jeden Morgen neu. Groß ist deine Treue. Mein Anteil ist der HERR, sagt meine Seele, darum will ich auf dich hoffen. Du, HERR, bist gut zu mir, weil ich auf dich harre; du, HERR, bist gut zu mir, weil meine Seele nach dir fragt.

Wenn es in Ihrer Familie schwierige Situationen gibt, dann dürfen Sie nicht vergessen, dass „bei Gott kein Ding unmöglich ist". Er ist der König der Könige, der Herr aller Herren. Immer wenn Sie in Ihrer Bibel auf einen Vers stoßen, der die Macht Gottes beschreibt oder die Kraft seines Wortes, dann unterstreichen Sie ihn lila als Symbol für königliche Macht. Eine wunderbare „lila" Stelle ist Jesaja 46,9-10. Als Familie können Sie beten:

Herr, wir gedenken des Früheren von der Urzeit her, dass du Gott bist. Es gibt keinen sonst, keinen Gott gleich dir. Wir danken dir,

Gott will mich

Vater, dass du von Anfang an den Ausgang verkündest und von alters her, was noch nicht geschehen ist. Wir wissen, dass dein Ratschluss zustande kommt, und alles, was dir gefällt, führst du aus.

Als ganze Familie können wir darin Ruhe finden.

Ich hoffe, es hat Ihnen gestern gefallen, Bibelverse, die Ihnen besonders viel sagen, nachzuschlagen und farbig zu unterstreichen. Wir wollen heute noch einmal etwas Ähnliches machen. Schlagen Sie die folgenden Stellen nach, die sich jeweils *auf bestimmte Situationen beziehen*. Unterstreichen Sie die Verse in der passenden Farbe, um sie später leicht wiederzufinden. Ich habe hier die Farben vorgeschlagen, die ich verwendet habe. Sie können aber auch andere Kriterien zugrunde legen.

Gebete für die Familie
- Psalm 90,17 (gelb)
- Epheser 6,10-19 (orange)

Gebete für die Ehe
- Römer 15,5-7 (gelb)
- Jeremia 32,39-41 (gelb)

Gebete für den Ehemann
- Jeremia 17,7-8 (orange)
- Epheser 1,16-19 (orange) und 3,14-19 (blau)
- Kolosser 1,9-13 (orange)

Gebete für die Kinder
- Psalm 32,8 (gelb)
- Sprüche 4,10-13 (orange)
- Kolosser 1,9-13 (orange)

Gebete zur Ermutigung
- Philipper 4,4-7 (orange)
- Habakuk 3,18-19 (orange)
- Psalm 34,1-10 (orange) und 103,8-13 (blau)
- Jesaja 41,10 (gelb)
- 1. Thessalonicher 3,11-13 (orange)
- 2. Thessalonicher 3,5 (blau)

Und schließlich, meine Schwester, ist dies mein Gebet für *Sie* (unterstreichen Sie es in Blau): „Herr, bitte segne die Leserinnen dieses Bu-

Achte Woche: Auf Gottes Stimme achten

ches und hilf ihnen, zu jeder Zeit im Geist zu beten mit allem Anhalten und Flehen." (Epheser 6,18)

1. Wie können wir sicher sein, dass unsere Gebete dem Willen Gottes entsprechen?

2. Wie hat Gott durch die heutigen Bibelstellen zu Ihnen gesprochen? Schreiben Sie Ihr Gebet auf und bringen Sie darin die Wahrheiten zum Ausdruck, die Gott Ihnen gerade besonders ans Herz gelegt hat.

3. Was war für Sie im heutigen Abschnitt besonders wichtig?

Zur Wiederholung:

- Gott spricht durch uns, besonders wenn wir sein Wort aussprechen.
- Wenn wir Gottes Wort zu unserem Gebet machen, dann wissen wir, dass wir entsprechend seinem Willen beten.

Gott will mich

Fünfter Tag

Gott spricht zu uns, wenn wir beten

Seid um nichts besorgt, sondern in allem sollen durch Gebet und Flehen mit Danksagung eure Anliegen vor Gott kundwerden; und der Friede Gottes, der allen Verstand übersteigt, wird eure Herzen und eure Gedanken bewahren in Christus Jesus. (Philipper 4,6-7)

Als ich Christ wurde, lernte ich so ziemlich als Erstes AIDA kennen. Natürlich nicht die berühmte Oper von Verdi, sondern die Abkürzung AIDA, durch die man sich gut merken kann, wie man im Gebet vorgehen sollte. Auf diese einfache Art kann man ein ausgewogenes Gebetsleben führen und auf die Stimme Gottes hören, ohne Gefahr zu laufen, immer nur zu fordern.

Anbetung
Intensives Sündenbekenntnis
Danksagung
Anliegen

Anbetung bedeutet, Gott zu ehren um seiner Person willen. Wenn wir Gott anbeten, dann rühmen wir ihn für das, was er ist, nicht für das, was er für uns tut. Das Lesen der Psalmen ist eine wunderbare Anregung für die Anbetung. Sehen Sie sich auch noch einmal an, was wir in der zweiten Woche erarbeitet haben, denn je mehr wir über das Wesen unseres Gottes wissen, umso leichter fällt es uns, ihn anzubeten. Und umso leichter werden wir in der Lage sein, die Stimme Gottes zu erkennen, denn Gott wird uns niemals etwas sagen, das im Gegensatz zu seinem Wesen und seinem Wort steht.

Intensives Sündenbekenntnis reinigt die Gedanken und das Herz in dem Wissen: „Wenn wir unsere Sünden bekennen, ist er treu und gerecht, dass er uns die Sünden vergibt und uns reinigt von jeder Unge-

Achte Woche: Auf Gottes Stimme achten

rechtigkeit." (1. Johannes 1,9) Das Sündenbekenntnis erinnert uns auch daran, dass wir nicht das Recht haben, Ansprüche zu stellen an den heiligen Gott. Wir sollten vielmehr in Demut zu ihm kommen mit der Bereitschaft, auf das zu hören, was er uns sagen will.
Danksagung gibt uns den richtigen Blickwinkel: Gott hat uns bereits alles gegeben, was wir brauchen. Um seine Güte zu erwidern, müssen wir auf ihn hören und werden erfahren, wie er uns heute als Werkzeug seiner Gnade und Barmherzigkeit gebrauchen will. (Schauen Sie doch noch einmal nach, womit wir uns in der fünften Woche am zweiten Tag beschäftigt haben. Lassen Sie sich von Dankbarkeit erfüllen! Vielleicht finden Sie noch mehr Anregungen, wie Sie ein dankbares Herz entwickeln können.)
Anliegen können Sie als Bitte und Fürbitte vor Gott bringen. Nachdem Sie ihn angebetet haben, nachdem Sie ihm ihre Sünden bekannt haben, und nachdem Sie ihm für alles gedankt haben, was er Ihnen schenkt, sind Sie nun bereit, Gott Ihre persönlichen Anliegen zu bringen. Beten Sie für Ihren Mann, Ihre Kinder, für Ihre Gemeinde und für die, die dort Verantwortung tragen. Wählen Sie aus den Nachrichten ein Land aus, von dem berichtet wird, und beten Sie für die Menschen, die dort leben.

Jesus Christus hat das Gebet als große Kraft gesehen, durch die seine Gemeinde ihre Arbeit tun sollte. ... Unser König auf dem Thron findet seinen größten Ruhm in der Fürbitte; und auch wir sollten unseren größten Ruhm darin finden. Durch die Fürbitte führt er sein Rettungswerk fort und ohne Fürbitte geht es nicht; durch sie allein können auch wir unser Werk tun und nichts wird ohne Fürbitte gelingen. ... Die Segenskraft der Gemeinde beruht auf der Fürbitte – *sie bittet um himmlische Gaben und erlangt sie, um sie den Menschen zu übermitteln.* Wenn wir durch mangelnde Belehrung oder fehlende geistliche Einsicht auf eigenen Eifer und eigene Anstrengung vertrauen und damit die Welt und das Fleisch in unseren Dienst mit einbeziehen, dann arbeiten wir womöglich mehr, als wir beten, und die Gegenwart und Kraft Gottes werden in unseren Werken nicht so sichtbar, wie es sein sollte. ...
Das Gebet verbindet den König auf dem Thron mit der Gemeinde am Schemel seiner Füße. Die Gemeinde, das menschliche Ver-

Gott will mich

bindungsglied, erhält ihre göttliche Stärke von der Kraft des Heiligen Geistes, der göttlichen Erwiderung des Gebetes.
  Noch immer ist das Gebet die von Gott bestimmte Weise, wie wir den himmlischen Segen in Fülle auf uns und unsere Nächsten ziehen sollen. ... Wir haben nun die Kraft des Gebetes betrachtet. Es ist die einzige Kraft auf Erden, die die himmlischen Kräfte in Bewegung bringen kann. (Andrew Murray, *The Ministry of Intercessory Prayer*)

Wenn wir beten, dann geschieht etwas Wunderbares. Die Mächte der Finsternis werden zurückgedrängt und die himmlischen Heerscharen treten in Aktion. In einem Buch habe ich einmal ein Bild gesehen, das mir sehr gut gefiel: Dort sind unsere Gebete als Treibstoff für die Engelflügel dargestellt ...
  Der Heilige Geist drängt uns oft zum Handeln, wenn wir beten. Ich bete zum Beispiel für einen kranken Nachbarn, und schon kommt mir die Idee, ihm einen Kuchen zu backen. Ich bete für einen verantwortlichen Bruder meiner Gemeinde, und Gott gibt mir den Gedanken, diesem Bruder ein paar Mut machende Zeilen zu schicken. Halten Sie immer ein Notizbuch griffbereit, dann können Sie sofort aufschreiben, was Gott Ihnen sagt, während Sie beten. Lassen Sie sich nicht von Einzelheiten ablenken; wann oder wie Sie Gottes Anregungen ausführen, können Sie sich später überlegen, wenn Sie zu Ende gebetet haben.
  In dieser Woche haben wir betrachtet, wie wichtig es ist, auf das Reden Gottes zu warten. Wir haben uns davon überzeugen können, dass Gott zu seinem Volk spricht – er hat es immer getan und er wird es weiterhin tun. Gott spricht zu uns auf vielerlei Arten, auch durch die Umstände, in denen wir uns befinden. Oft spricht er durch sein Wort zu uns und er spricht auch durch sein Wort *durch uns*. Am meisten spricht Gott allerdings zu uns, wenn wir beten – vor allem, wenn unser Gebet auf einem klaren Schriftverständnis beruht und wir mit seinem Willen und seinen Handlungsweisen durch die Bibel vertraut sind.
  Verbringen Sie genug Zeit im Gebet, um wirklich alles zu hören, was Gott Ihnen sagen will? Gott spricht immer. Die Frage ist nur, ob wir auch zuhören! Ist die Aussicht, Gottes Stimme zu hören, nicht jedes Opfer wert? Beten Sie darüber und Sie werden erfahren, was Gott zu Ihrem Gebetsleben zu sagen hat.

Achte Woche: Auf Gottes Stimme achten

1. Wie viel Zeit verbringen Sie täglich im Gebet?

2. Wie viel Zeit hätten Sie gern täglich fürs Gebet?

3. Können Sie sich vorstellen, dass Sie Gottes Stimme deutlicher hören könnten, wenn Sie diese Zeit täglich erübrigen würden? Warum bzw. warum nicht?

4. Zu welchen Einschränkungen oder Änderungen in Ihrem Tagesablauf wären Sie bereit, um mehr Zeit zu haben, Gottes Stimme zu hören?

5. Schlagen Sie folgende Bibelstellen nach und schreiben Sie alle Erkenntnisse über das Gebet auf, die Sie finden.

Jeremia 33,3

Matthäus 21,22

Gott will mich

Johannes 14,13 und 15,16b

Epheser 6,18

Kolosser 1,3 und 4,2

1. Thessalonicher 5,17

1. Timotheus 2,8

6. Was war für Sie im heutigen Abschnitt besonders wichtig?

7. Wie lautet der „Schwerpunkt der Woche"?

Zur Wiederholung:

- Gott spricht zu uns, wenn wir im Gebet zu ihm kommen.
- Wenn wir beten, spricht der Heilige Geist zu uns über das, was wir während des Betens *und* nach dem Beten tun sollen.

Neunte Woche: Dienen

Schwerpunkt der Woche:

Widmen Sie Ihr Leben dem Dienst, so wie Gott Sie führt

Leitvers der Woche:

*So lehre uns denn zählen unsere Tage,
damit wir ein weises Herz erlangen!*

Psalm 90,12

Gott will mich

Erster Tag

Gehen Sie mit Gott!

Die fünfte und letzte Voraussetzung dafür, ein Werkzeug in Gottes Hand zu werden, lautet: „Widmen Sie Ihr Leben dem Dienst für den Herrn, so wie er Sie führt." Denken Sie daran, dass es nicht reicht, dort einen Dienst für den Herrn zu tun, wo *Sie* meinen, gebraucht zu werden; es reicht nicht, „großartige Dinge für Gott anzustreben" oder auch einfach „eine Not zu sehen und anzupacken". Je aufmerksamer Sie auf die Richtungsvorgabe Gottes achten, umso wirkungsvoller wird Ihr Leben sein. Darum haben wir uns auch in der letzten Woche so intensiv damit beschäftigt, wie wichtig es ist, auf die Stimme Gottes zu achten, bevor man loslegt.

Gott möchte, dass jeder von uns ein Werkzeug wird, das er in dieser Welt gebrauchen kann. Unglücklicherweise fühlen wir uns oft verbittert und ausgelaugt, wenn wir uns eine Weile ohne sichtbaren Erfolg heftig bemüht haben, dem Herrn zu dienen; dabei sollten wir eigentlich voller Freude und Tatendrang sein. Wie kommt das? Es liegt daran, dass wir versuchen, etwas für Gott zu tun, statt ihn seine Werke durch uns tun zu lassen.

So wahr Gott durch seine Macht einst alles erschuf, so wahr erhält Gott durch eben diese Macht auch alles jeden Augenblick. Der Mensch muss nur auf den Ursprung des Seins schauen, und er wird erkennen, dass er alles Gott verdankt. Die größte Aufgabe des Menschen, seine höchste Tugend, sein einziges Glück ist es, jetzt und in alle Ewigkeit sich selbst dem Herrn als leeres Gefäß zur Verfügung zu stellen, in dem Gott leben und seine Macht und Güte zeigen kann. (Andrew Murray, *Humility*)

Wenn wir versuchen, „großartige Dinge für Gott" zu tun, dann verfolgen wir eigentlich unsere eigenen Ziele und unsere eigene Vorstellung

Neunte Woche: Dienen

von dem, was getan werden sollte, und wir vergessen dabei vollständig dass Gott einen ewigen Plan hat. Kurz gesagt, wir lassen Gott links liegen, statt mit ihm zu gehen.

Henry Blackaby schreibt in einem seiner Bücher: „Wir müssen formbar bleiben in der Hand des Meisters. Wenn ich verstehe, was Gott gerade da wirken will, wo ich bin, dann ist das wichtiger, als Gott zu sagen, was ich für ihn tun will." Während ich also gerade unterwegs bin, um einen Kuchen für einen Kranken zu backen, wartet Gott geduldig auf mich, weil er mich in seinem Werk gebrauchen will. Es ist natürlich keineswegs verkehrt, für jemanden, der krank ist, einen Kuchen zu backen! Aber backen Sie diesen Kuchen, weil Gott Sie dazu beauftragt hat? Oder backen Sie diesen Kuchen, um Gott zu beeindrucken oder um Lob zu ernten, damit Sie sich gut vorkommen, oder weil Sie sich Frau Soundso gegenüber sonst schuldig fühlen würden?

Es ist durchaus möglich, alle guten Taten aus schlechter Motivation heraus zu tun:

Wir können Zeugnis geben ... aus Stolz.
Wir können anderen dienen ... damit sie uns bewundern.
Wir können zur Gemeinde gehen ... aus Gewohnheit.
Wir können beten ... damit wir kriegen, was wir wollen.

Solange wir für unser Handeln die falsche Motivation haben oder einfach nur so selbstherrlich vor uns hin werkeln, lassen wir Gott völlig außen vor. Wir gehen nicht mit Gott, wir gehen im Alleingang. Und das hat Gott nicht für uns vorgesehen.

Wenn man so bedenkt, wie viele Nöte es in dieser Welt gibt ... Es ist tatsächlich verführerisch, überall mit anpacken zu wollen, wo Hilfe benötigt wird. Und man hört ja wirklich oft: Wenn du eine Not siehst, dann geh hin und hilf! Natürlich ist das nicht völlig von der Hand zu weisen, aber wir sollten uns zuallererst vergewissern, dass Gott diese bestimmte Not lindern möchte. Es könnte immerhin sein, dass eine Notlage *nicht behoben* werden soll, damit ein bestimmter Mensch seine geistliche Not bemerkt, die Notwendigkeit der Errettung oder der Buße; Gott könnte viele gute Gründe haben, warum er schwere Zeiten zulässt. Haben Sie daran schon einmal gedacht? Wann man also in einem solchen Fall hingeht und sich einmischt und dies und das unternimmt, dann könnte es nicht nur keine Hilfe sein, sondern man könnte damit sogar Schaden anrichten.

Gott will mich

Nun, wenn es also falsch sein kann, jede Not zu lindern, die wir sehen, wie sollen wir denn dann entscheiden, wo Gott uns haben möchte? In seinem Büchlein „Die Tyrannei des Dringenden" schreibt Charles Hummel: „Jesus ist nicht auf jede Anfrage eingegangen. Den Großteil seiner Zeit und seiner Kraft hat er zwölf Männern gewidmet. Dennoch konnte er sagen: 'Ich habe dich verherrlicht auf der Erde, das Werk habe ich vollbracht, das *du* mir gegeben hast, dass ich es tun sollte.'(Johannes 17,4)." (Hervorhebung durch den Autor.) Beachten Sie den Unterschied zwischen dem, was *Menschen* von Jesus erwartet haben, und dem Werk, das der *Vater* ihm aufgetragen hatte. Viele Blinde blieben weiterhin blind. Viele Kranke blieben weiterhin krank. Viele Menschen starben und wurden nicht von den Toten auferweckt so wie Lazarus. Woher wusste Jesus, wann er eingreifen sollte und wann nicht? Woher wusste er, welche Nöte er lindern sollte und welche Nöte nach dem Willen seines himmlischen Vaters bestehen bleiben sollten? Er wusste es, weil er stets in der Gegenwart Gottes lebte. Charles Hummel schreibt weiter: „Tag für Tag erkannte er den Willen des Vaters durch ein Leben im Gebet. Dadurch konnte er das Dringende abwehren und das Wichtige tun."

So sollten auch wir vorgehen. Das Entscheidende ist auch hier: Gehen Sie mit Gott! Gehen Sie nicht einfach davon aus, dass Sie schon wissen, was im Augenblick dran ist, nur weil Sie eine schwierige Situation kennen und schon eine Lösungsmöglichkeit parat haben. Das ist Überheblichkeit! Das ist Stolz, und Gott sagt, dass ihm dies zuwider ist! Ist das nicht erstaunlich? Wenn wir nur „nett" sein wollen, sollte Gott das tatsächlich verachten? Seine Wege sind ganz entschieden nicht unsere Wege. Deshalb ist es so entscheidend, mit Gott zu gehen, wenn wir ein Werkzeug in seiner Hand sein wollen.

1. Ist es Ihnen schon einmal passiert, dass Sie eine Not gesehen haben, die Sie lindern wollten, und später mussten Sie feststellen, dass Gott Ihr Eingreifen nicht beabsichtigt hatte? Beschreiben Sie die Situation!

Neunte Woche: Dienen

2. Wie ruft der himmlische Vater Sie, damit Sie ständig in seiner Nähe bleiben und seinen Willen erkennen, so wie Jesus es tat?

3. Was war für Sie im heutigen Abschnitt besonders wichtig?

Zur Wiederholung:

- Gehen Sie mit Gott!
- Gott möchte Sie nach seinem Willen leiten, um sein Werk zu vollbringen.
- Greifen Sie nicht spontan ein bei allen Nöten, die Sie sehen. Es könnte sein, das Gott diese Not mit Absicht zulässt.
- Wir können alle möglichen guten Taten aus den falschen Gründen tun. Wir sollten daher nur im Gehorsam handeln und nur das tun, was Gott uns aufträgt.

Gott will mich

Zweiter Tag

———•••———

Die grobe Richtung

Es gibt aber Verschiedenheiten von Gnadengaben, aber es ist derselbe Geist; und es gibt Verschiedenheiten von Diensten und es ist derselbe Herr; und es gibt Verschiedenheiten von Wirkungen, aber es ist derselbe Gott, der alles in allen wirkt. (1. Korinther 12,4-6)

Wie wir bereits gesehen haben, will Gott uns Tag für Tag führen. Er hat uns allerdings auch mit besonderen Interessen und Fähigkeiten ausgestattet und er hat jedem von uns besondere Angelegenheiten ans Herz gelegt. Wenn Sie sorgfältig darüber nachdenken, was für eine Art von Werkzeug Sie nach Gottes Willen sind, dann werden Sie am ehesten verstehen, wie und wo Gott Sie wahrscheinlich gebrauchen will. Sie können also die „grobe Richtung" ausmachen, die Gott für Ihr Leben vorgesehen hat. Ihre Persönlichkeit ist *ein wichtiger Teil von Gottes Führung – sie ist der Schlüssel zum Verständnis dessen, wie er Sie gebrauchen will.*

Wir haben bereits vor einer Weile gesehen, dass Gott gebrauchen kann, wen immer er will. Doch jemand, der schon die „grobe Richtung" kennt, in die er sich bewegen soll, ist oft viel brauchbarer als ein ganz „orientierungsloser" Mensch, der alle Richtungen ausprobieren will. Dieses Thema kam kürzlich in unserem Frauen-Bibelkreis zur Sprache, als wir uns damit auseinandersetzten, wie wir Gottes Stimme wahrnehmen können. Der Verfasser unseres Arbeitsbuches, Henry Blackaby, unterstreicht, wie wichtig es ist, genau darauf zu achten, wo Gott am Werk ist, und dann in diese Arbeit einzusteigen. Eine Frau in unserem Bibelkreis merkte allerdings zu Recht an, dass man innerhalb kürzester Zeit einen Nervenzusammenbruch kriegen müsste, wenn man überall da mitarbeiten will, wo man Gott am Werk sieht.

Wenn Sie also bemerken, dass Gott irgendwo wirkt, woher wissen Sie dann, ob er Sie in dieser bestimmten Situation gebrauchen will

Neunte Woche: Dienen

oder nicht? Es ist *nicht* ratsam, immer dann zur Stelle zur sein, wenn man irgendwo eine Not sieht. Ich bin der Überzeugung, dass es sehr hilfreich ist, wenn Sie wissen, was Ihr Leben für ein Ziel hat. Das heißt, dass Sie erkennen müssen, welche *Lebensaufgabe* der himmlische Vater für Sie vorgesehen hat. Wissen Sie, welches Ziel Ihr Leben hat? Haben Sie schon feststellen können, für welche Aufgabe Gott Sie geschaffen hat? Kennen Sie schon die grobe Richtung oder sind Sie noch völlig orientierungslos?

Oft sind gerade die Frauen, die am meisten auf die Beine stellen, noch völlig orientierungslos. Sie machen hier ein bisschen und da ein bisschen und kommen dabei doch geistlich gesehen auf keinen grünen Zweig. Dabei ist durchaus manch eine dieser Frauen in ihren vielfältigen Aufgaben sogar sehr tüchtig. Allerdings wird sie keinen bleibenden Eindruck in ihrer Umgebung hinterlassen, solange sie nicht Gottes Aufgabe für sich persönlich gefunden hat. Es ist erschreckend einfach, eine Frau zu entdecken, die ihre Lebensaufgabe noch nicht kennt. Sie arbeitet, dass die Fetzen fliegen, aber es scheint nie wirklich genug zu sein. Jeder kann über sie verfügen. Ihr Ehemann möchte gern, dass sie Bowling spielt. Ihre Kinder erwarten, von ihr zum Turnen, zum Training, zum Einkaufscenter, zur Freundin gefahren zu werden. (Und das ist nur das Programm für den Montag.) Der Missionskreis ihrer Gemeinde möchte, dass sie die nächste Missionskonferenz vorbereitet. Eine Freundin will, dass sie unbedingt mit zu Aerobic geht; eine andere Freundin schleppt sie mit in den Gemeindechor. Und so weiter und so weiter.

Diese Dinge sind alle ganz wunderbar – unter der Voraussetzung, dass ich alles tue in der Gewissheit, dass Gott das für mein Leben so vorgesehen hat. Wenn allerdings meine hauptsächliche Motivation darin besteht, Zustimmung von anderen zu erhalten, dann sind Schwierigkeiten schon vorprogrammiert. Wenn Sie auf Beifall von Menschen aus sind, dann werden Sie es nahezu unmöglich finden, irgendjemandem eine Bitte abzuschlagen. Doch dummerweise passiert es dann häufig, dass Sie Gottes Wünsche dadurch ablehnen, dass Sie den Wünschen von Menschen immer nachkommen wollen.

Wir haben das schon einmal erwähnt, aber man kann es gar nicht häufig genug sagen: Gott möchte nicht, dass wir irgendetwas für ihn *tun*. Er braucht weder unsere Hilfe noch unsere Vorschläge. Er möch-

Gott will mich

te, dass wir bereit für ihn sind, *damit er durch uns wirken kann*. Oft sind wir so sehr damit beschäftigt, „etwas für den Herrn zu tun", dass wir unsere wahre Aufgabe versäumen.

Wenn Frauen den Wunsch äußern, ihre Zeit sinnvoller einzuteilen, dann heißt das in den meisten Fällen entweder: Wie kann ich all den Kram, den ich mir eingebrockt habe, irgendwie auf die Reihe kriegen? Oder aber es bedeutet so viel wie: Ich kann mich zu gar nichts aufraffen. Wie kann ich nur disziplinierter werden? Die Antwort ist bei beiden Fragen die gleiche: Entdecken Sie die Lebensaufgabe, die Gott Ihnen stellt, und der Rest (nun ja, zumindest das meiste) wird sich finden. Wenn Sie sich auf Gottes Plan einlassen, wenn Sie einfach ein Werkzeug in Gottes Hand sind, dann stellt er die Kraft und die Mittel zur Verfügung. Wirklich eine wunderbare Sache. Sie können es erleben!

Als ich zum Beispiel mein erstes Buch innerhalb von nur drei Monaten geschrieben habe, war meine Tochter noch ein Baby und sie schrie Tag und Nacht, weil sie Koliken hatte. Ich trug sie in einem Tragetuch immer bei mir und wiegte und schaukelte sie ständig, während ich an der Tastatur stand und schrieb. Wenn ich aufhörte zu schaukeln, fing sie sofort an zu schreien. An guten Tagen bekam ich ungefähr fünf Stunden Schlaf. Nur Gott weiß, wie wir das ausgehalten haben; ich habe nur noch eine verschwommene Erinnerung daran.

Dennoch hat Gott damals durch mich gewirkt und er hat mehr als 70 000 Frauen ein aktuelles Thema nahe bringen können. *Gott kann durch Sie wirken, selbst wenn Sie selbst nicht wissen, wie das gehen soll.* Inzwischen wissen wir doch ganz genau, dass es ihm oft gefällt, die Werkzeuge auszuwählen, die ganz ungeeignet erscheinen. Wie können Sie also herausfinden, was Ihre persönliche Lebensaufgabe ist? Wie können Sie die „grobe Richtung" erfahren, in die Gott Sie führen will in Ihrem Dienst für ihn? Sie sollten darüber nachdenken, Sie sollten dafür beten, und Sie sollten auch die ehrliche Meinung anderer dazu hören. Bitten Sie Gott, dass er Ihnen die grobe Richtung zeigt und dass er Sie in den Entscheidungen des täglichen Lebens führt. „Treu ist, der euch beruft; er wird es auch tun." (1. Thessalonicher 5,24)

Denn ich kenne ja die Gedanken, die ich über euch denke, spricht der HERR, Gedanken des Friedens und nicht zum Unheil, um euch

Neunte Woche: Dienen

Zukunft und Hoffnung zu gewähren. Ruft ihr mich an, geht ihr hin und betet zu mir, dann werde ich auf euch hören. Und sucht ihr mich, so werdet ihr mich finden, ja, fragt ihr mit eurem ganzen Herzen nach mir, so werde ich mich von euch finden lassen, spricht der HERR. (Jeremia 29,11-14a)

Wenn Sie eine von den Frauen sind, die sich immer in tausend verschiedene Richtungen zerren lässt, dann gibt es hier für Sie einen kleinen Test, der Ihnen helfen kann zu unterscheiden, was Gott von Ihnen möchte und was alle möglichen Leute von Ihnen erwarten:

1. Wenn Sie morgen sterben müssten, an was sollten sich die Menschen dann bei Ihnen erinnern? Schreiben Sie einfach auf, was Ihnen in den Sinn kommt.

2. Wofür können Sie sich richtig begeistern? Wenn dieses Thema zur Sprache kommt, dann werden Sie richtig munter und reden wie ein Wasserfall.

3. Zu welcher Abteilung zieht es Sie immer, wenn Sie in einem Buchladen oder einer Bücherei sind?

4. Wofür werden Sie häufig gelobt? Was können Sie besonders gut?

5. Was wollten Sie immer werden, als Sie zehn Jahre alt waren? Denken Sie zurück an Ihre Kindheit; es könnte sein, dass Sie als kleines Mädchen noch besser wussten, wozu Gott Sie vorgesehen hat.

6. Wenn Sie nur noch eine einzige Tätigkeit ausüben könnten, und zwar den ganzen Tag lang und jeden Tag bis an Ihr Lebensende, was würden sie dann am liebsten tun?

7. Hat Gott Ihnen eine besondere Last aufs Herz gelegt – z. B. für eine bestimmte Bevölkerungsgruppe, für ein Land, einen bestimmten Dienst? Möglicherweise haben Sie dem Herrn auch vor langer Zeit, auf einer Jugendfreizeit vielleicht, einmal etwas Bestimmtes versprochen. Wahrscheinlich hat Gott schon viele Male auf viele verschiedene Arten versucht, Ihnen Ihre Lebensaufgabe zu zeigen. Überlegen Sie einmal.

8. Fassen Sie Ihre Gedanken jetzt in einigen Sätzen zusammen. Es könnte sein, dass das schon die Vorlage ist, mit deren Hilfe Sie Ihre Lebensaufgabe erkennen können. Bitten Sie Gott um seine Führung bei der „Feineinstellung". Schreiben Sie das, was Gott Ihnen gezeigt hat, vorn in Ihre Bibel (oder auf eine Karteikarte, die Sie in Ihre Bibel stecken) und schauen Sie es sich von jetzt an täglich an.

9. Was war für Sie im heutigen Abschnitt besonders wichtig?

Zur Wiederholung:

- Wenn wir die „grobe Richtung" kennen, ist es einfacher, Gottes Willen in den „kleinen Dingen" zu erkennen.
- Wenn ich verstehe, wie Gott mich haben wollte, als er mich schuf, dann ist das ein entscheidender Schritt, um ein Werkzeug in Gottes Hand zu werden.

Neunte Woche: Dienen

Dritter Tag

Zum Handeln bereit

Gestern haben wir die Gefahr aufgezeigt, etwas zu tun, das Gott uns gar nicht aufgetragen hat. Heute werden wir uns mit einer vielleicht noch größeren Gefahr beschäftigen: Gar nichts zu tun, obwohl Gott uns einen Auftrag gegeben *hat*. Wenn Gott uns eine bestimmte Not vor Augen stellt (und das tut er häufig, wenn wir beten – siehe achte Woche, fünfter Tag), dann ist das unser Stichwort, dann sollen wir handeln. Es ist nicht besonders sinnvoll, einen Monat zu warten, bevor ich eine Freundin anrufe, auf die der Heilige Geist mich aufmerksam gemacht hat. *Sie braucht mich genau dann, wenn er es mir sagt.* Wer weiß, vielleicht trägt sich diese Freundin gerade mit Selbstmordgedanken? Vielleicht steckt sie gerade in einer Krise, die ihr ganzes Leben auf den Kopf stellt? *Handeln Sie, wenn Gott es Ihnen zeigt.*

In diesem ganzen Buch haben wir uns bis jetzt mit der geistlichen und seelischen Wirklichkeit auseinander gesetzt; mit den geistlichen und seelischen Eigenschaften eines Werkzeuges, das Gott gebrauchen kann. Es ist wichtig, das geistlich-seelische Leben zu pflegen, das wird leider viel zu oft vernachlässigt. Aber es ist ebenso wichtig zu handeln. Unser Glaube muss unsere Hände und Füße in Bewegung bringen. Der Jakobusbrief gehört zu meinen Lieblingsstellen in Gottes Wort, und er sagt einiges darüber, wie unser Glaube sich im Leben zeigen soll:

> Was nützt es, meine Brüder, wenn jemand sagt, er habe Glauben, hat aber keine Werke? Kann etwa der Glaube ihn erretten? Wenn aber ein Bruder oder eine Schwester dürftig gekleidet ist und der täglichen Nahrung entbehrt, aber jemand unter euch spricht zu ihnen: Geht hin in Frieden, wärmt euch und sättigt euch! Ihr gebt ihnen aber nicht das für den Leib Notwendige, was nützt es? So ist auch der Glaube, wenn er keine Werke hat, in sich selbst tot. Es wird aber jemand sagen: Du hast Glauben und ich habe Werke.

Gott will mich

Zeige mir deinen Glauben ohne Werke und ich werde dir aus meinen Werken den Glauben zeigen! (Jakobus 2,14-18)

Was nützt ein Glaube, der nie einen anderen Menschen berührt? Was nützt ein Werkzeug, das immer nur im Schrank liegt und sauber aussieht? Man hat davon überhaupt keinen Nutzen. Wenn Gott Ihnen zeigt, was Sie tun sollen, dann fangen Sie sofort an. Hören Sie allerdings sorgfältig zu. Gott wird Ihnen zeigen, was auf Sie zukommt, und er möchte, dass Sie sich bis dahin vorbereiten, dass Sie sich auf die zukünftigen Aufgaben einstellen und üben. Vielleicht müssen Sie ein paar Tage warten, vielleicht Wochen, vielleicht sogar Jahre, bevor Gott Ihnen das Startsignal gibt. Aber seien Sie sicher: Wenn Gott Ihnen das Signal gibt, dann wird er Ihnen auch Weisheit und Kraft geben, seine Pläne zu seiner Zeit auszuführen. Wenn Sie das tun, was Gott für Sie vorgesehen hat, dann werden Sie in einem Monat mehr bewegen, als wenn Sie ein Leben lang nach Ihrer eigenen Mütze Gott dienen wollen.

Ich sage es noch einmal: *Wenn Sie das tun, was Gott für Sie vorgesehen hat, dann werden Sie in einem Monat mehr zustande bringen, als wenn Sie ein Leben lang in eigener Regie Gott dienen wollen.* Erforschen Sie Ihr Herz, ob Sie das wirklich so bejahen können. Und dann überprüfen Sie, ob Ihr *tägliches Leben* diese Haltung auch widerspiegelt. **Schreiben Sie auf,** was Sie aufgedeckt haben: Welche Hinweise zeigen, ob Sie das tun, was Gott Ihnen gesagt hat, oder das, was Ihnen selbst in den Sinn kommt?

Ich muss allerdings noch eine Warnung hinzufügen. Auch wenn Sie das tun, was Gott von Ihnen möchte, heißt das noch lange nicht, dass immer alles *glatt gehen* muss. Keineswegs! Wir leben in einer gefallenen Welt, deshalb müssen Sie mit Widerstand von Leuten rechnen, die Ihre Vorgehensweise missbilligen, die Ihre Motive in Frage stellen oder die Sie schlicht und einfach missverstehen. Und wer weiß, viel-

Neunte Woche: Dienen

leicht ist der eine oder andere Kritikpunkt ja auch berechtigt. Auch Sie sind schließlich nur ein Mensch. Außerdem haben wir noch einen Feind, der umhergeht wie ein brüllender Löwe und sucht, wen er verschlingen kann (1. Petrus 5,8).
Dennoch ist es besser, von Gott mitten in den Kampf gestellt zu werden, als im Schrank zu verstauben. Das folgende Gedicht zeigt sehr anschaulich und praktisch, was es bedeutet, ein Gefäß zu sein, das Gott gebrauchen kann:

„Ich will mehr"

Ich will mehr als dazugehören, ich will mitarbeiten.
Ich will mehr als mir Sorgen machen, ich will helfen.
Ich will mehr als glauben, ich will handeln.
Ich will mehr als nett sein, ich will gütig sein.
Ich will mehr als vergeben, ich will lieben.
Ich will mehr als verdienen, ich will andere bereichern.
Ich will mehr als lehren, ich will dienen.
Ich will mehr als leben, ich will wachsen.
Ich will mehr als freundlich sein, ich will ein Freund sein.
Denken Sie darüber nach und beten Sie ... und dann handeln Sie!

1. Welche Gedanken kommen Ihnen zu dem Gedicht „Ich will mehr"? Nennen Sie bei jeder Zeile ein persönliches Beispiel dafür, wie Sie mehr tun können:

   mitarbeiten

   helfen

   handeln

   gütig sein

Gott will mich

lieben

andere bereichern

dienen

wachsen

ein Freund sein

2. Können Sie sich an eine Situation erinnern, in der Gott Sie zum Handeln aufforderte und Sie sich weigerten? Was kam dabei heraus?

3. Möchte Gott vielleicht gerade jetzt, dass Sie etwas Bestimmtes tun, oder führt er Sie an eine bestimmte Stelle? Wie wollen Sie darauf reagieren?

4. Was war für Sie im heutigen Abschnitt besonders wichtig?

Zur Wiederholung:

- Glaube ohne Werke ist tot.
- Seien Sie bereit zu handeln, wenn Gott Sie zu jemandem schickt.

Neunte Woche: Dienen

Vierter Tag

———•••———

Greifen Sie Gott nicht vor!

Gestern haben wir uns vor Augen gehalten, dass es wichtig ist zu handeln, wenn Gott uns dazu auffordert. Ich bin eine, die immer am liebsten alle Sachen in die Hand nimmt, und deswegen meine ich fast immer, dass es nur richtig sein kann, irgendetwas zu tun. Im Zweifelsfall also immer am besten Volldampf voraus, ist mein Motto. Wenigstens etwas tun, was, ist egal ... Wenn ich mich in der Bibel umsehe, finde ich da einige verwandte Seelen, z. B. Rebekka.

Irgendwie mag ich Rebekka, und ich freue mich schon darauf, mich eines Tages mit ihr zu unterhalten. In 1. Mose 24 taucht sie zum ersten Mal auf und von Anfang an geht sie munter drauflos und nimmt die Sache in die Hand. Als Abrahams Diener durch die Wüste gezogen kommt, um eine Frau für Isaak zu suchen, ist Rebekka die Erste, die er trifft. Sobald er sie um Wasser bittet, gibt sie ihm „eilends" zu trinken (Vers 18). Dann bietet sie ihm an, genug Wasser für seine Kamele zu schöpfen (Vers 19). Falls Sie jetzt meinen, das sei eine Kleinigkeit: Es dürfte sich um ungefähr fünfhundert Liter Wasser gehandelt haben. Die Gefäße, die die Frauen damals trugen, waren groß genug für den Wasservorrat eines ganzen Tages. Und trotzdem *„eilte"* sie und *„lief* noch einmal zum Brunnen, um zu schöpfen" (Vers 20, Hervorhebung durch die Autorin). Diese Frau zeigt bewundernswerte Bereitwilligkeit und eine Menge Elan.

Rebekka lädt Abrahams Diener und seine Begleiter sofort ein, in ihrem Elternhaus zu übernachten (Vers 25), und als er ihr im Namen Isaaks einen Heiratsantrag macht, nimmt sie unverzüglich an (Vers 58). Ich habe Ihnen ja schon gesagt, die Frau weiß, was sie will. Und bis dahin ist es ja auch nur zum Vorteil für sie gewesen. Alles, was sie bis jetzt getan hat, steht anscheinend in Übereinstimmung mit Gottes Plänen. Aber irgendwann kriegt sie Schwierigkeiten in ihrem Leben, weil sie den Plänen Gottes immer vorgreifen will; sie will ständig vorauseilen.

Als Rebekka mit den Zwillingen Jakob und Esau schwanger ist, teilt Gott ihr ausdrücklich mit, dass Jakob der auserwählte Erbe ist, obwohl Esau als der Erstgeborene vom Gesetz her berechtigt wäre, sowohl den Besitz als auch die geistlichen Segnungen seines Vaters zu erhalten (1. Mose 25,23). Rebekka kennt also Gottes Plan; sie weiß, in welche Richtung es geht. Was sie nicht kennt, sind Gottes Zeitplan und die Einzelheiten seines Handelns.

Als sich Isaak bereitmacht, Esau den Erstgeburtssegen zu geben, kommt Rebekka in Schwung. In 1. Mose 27,1-40 können wir nachlesen, welchen raffinierten Plan Rebekka ausheckt, um Isaak zu täuschen, damit er Jakob segnet. Die Verschwörung hat tatsächlich erst einmal Erfolg, und Rebekka hat scheinbar wieder alle Fäden in der Hand. Dummerweise vertraut sie nur auf ihre eigenen Fähigkeiten und ihre eigene Klugheit und wendet sich nicht an Gott. Weil sie wieder Gottes Plänen vorgreift, muss Jakob lange Jahre seines Lebens *auf der Flucht* verbringen. Rebekka sieht ihren Sohn nie wieder; die ganze Familie ist für immer auseinander gerissen.

Rebekka hatte in der entscheidenden Situation plötzlich Torschlusspanik. „Seine Mutter aber sagte zu ihm: Dein Fluch komme auf mich, mein Sohn! Höre nur auf meine Stimme und geh, hole mir!" (1. Mose 27,13) Sie handelt aus Panik, gerade so, als ob Gottes Pläne durchkreuzt werden könnten, wenn sie sich nicht einmischt. *Gottes Wille ist doch nicht wie ein Schicksalsschlag!* Seine ewigen Pläne werden ausgeführt, ob wir uns da einmischen oder nicht. Gott benötigt uns nicht; wir müssen die Dinge nicht selber in die Hand nehmen, Gott ist sehr wohl in der Lage, das alleine zu regeln.

Wir wissen nicht, wie Gott es gemacht hätte, dass Jakob den Erstgeburtssegen erhält. Wir *wissen* aber mit Sicherheit, dass Gottes Vorhaben ausgeführt werden und dass er zu seiner Zeit Jakob den Erstgeburtssegen hätte zukommen lassen. Und wir können sicher sein, dass Gott sein Ziel ohne Lügen und Betrug erreicht hätte. Außerdem steht fest: „Der Segen des HERRN, der macht reich, und eigenes Abmühen fügt neben ihm nichts hinzu" (Sprüche 10,22). Rebekka fügte sich selbst und ihrer ganzen Familie ungeheuren Kummer zu, indem sie Gott vorgriff und versuchte, alles selbst zu regeln.

Wie ist das bei Ihnen? Vielleicht hat Gott auch Ihnen eine bestimmte Verheißung gegeben, entweder im Gebet oder durch sein Wort. Aber anstatt darauf zu warten, dass Gott zu seiner Zeit und auf seine nommen und hatte sich dabei auch zum Glauben an Jesus Christus bekannt. Falls sich aus der Gemeinde keiner um sie kümmern könnte, würde sie ein Fall fürs Jugendamt werden. In dem Augenblick, als ich von diesem Gebetsanliegen erfuhr, wusste ich genau, dass es Gottes Wille für uns war, diesem Mädchen ein Zuhause zu geben. Ich rief sofort bei der Gemeindeleitung an, um unsere Bereitschaft zu erklären. Der Pastor war völlig verblüfft; wir hatten gerade erst in der Gemeinde um Rat gefragt wegen ernsthafter finanzieller Probleme, die auch unsere Ehe beeinträchtigten. Ich war jedoch von Gottes Auftrag absolut überzeugt und daraufhin bereitete er ein Treffen mit dem Mädchen für den nächsten Tag vor.

Als mein Mann an diesem Abend nach Hause kam, erzählte ich ihm, was passiert war. Er glaubte zuerst, ich wäre völlig verrückt geworden. Seine Eltern waren gerade bei uns zu Besuch und auch sie waren der Ansicht, dass diese ganze Sache absolut undenkbar wäre. Dennoch traf ich mich am 29. August in der Gemeinde mit Nikki. Sie gab sich mürrisch und aggressiv. Bald hatten wir herausgefunden, dass Nikki vorbestraft war, mit Drogen und Alkohol zu tun hatte und außerdem auch noch angefangen hatte, sexuelle Erfahrungen zu sammeln. Der Knaller kam dann, als sie meinte, sie hasse Kinder, und die Vorstellung, mit einer Fünfjährigen unter einem Dach zu leben, fände sie grauenhaft.

Nun, daraufhin tat ich das, was jeder vernünftige Mensch an meiner Stelle getan hätte: Ich bot ihr ein Zuhause bei uns an ...

Drei Monate haben wir jetzt unser Leben mit ihr geteilt und Gott hat sie vor unseren Augen in eine reizende, strahlende junge Dame verwandelt. Sie kocht inzwischen sehr gerne und hat sich gestern und vorgestern allein ums Mittagessen gekümmert. (Falls Sie je die Gelegenheit bekommen, ihre Tacos zu probieren, dann greifen Sie zu!) Sie nimmt Gesangsunterricht bei einem netten Mädchen aus der Gemeinde und singt jetzt im Jugendchor mit. Ihrem Bruder hat sie bereits vom Herrn erzählt und ihn sogar dazu gebracht, sich zur Jugendfreizeit anzumelden. (Bei dieser Gelegenheit hatte sie selbst ja auch den Herrn kennen gelernt.) Gestern hat es Schulzeugnisse gegeben und sie hatte lauter Einsen und Zweien ... und eine Fünf in der Spalte „Häuslicher Fleiß". Nein, vollkommen ist sie natürlich nicht.

Unser „zweites Kind" kam nun sicherlich nicht so, wie wir es

Neunte Woche: Dienen

Fünfter Tag

―――――•••●•••―――――

Seien Sie auf Überraschungen gefasst!

Wir sind jetzt inzwischen am Ende der neunten Woche angelangt, und Sie kennen nun die fünf Voraussetzungen dafür, ein Werkzeug in Gottes Hand zu werden. Wenn Sie so ähnlich gestrickt sind wie ich, dann wollen Sie jetzt unbedingt erfahren, was Gott als Nächstes mit Ihnen vorhat – damit Sie die unbeschreibliche Freude erleben können, die entsteht, wenn Sie von ihm gebraucht werden. Aber ich muss Sie vorwarnen: Sie sollten sich darauf einstellen, dass etwas völlig Unerwartetes geschieht! Wenn Sie Ihr Leben Gott zur Verfügung stellen, dann wird er Sie vielleicht auf höchst überraschende Weise gebrauchen. Und wenn Sie ernsthaft beten: „Herr, ich bin bereit, mein Leben ganz in deinen Dienst zu stellen, wie auch immer, wo auch immer du willst!", dann sollten Sie wirklich auf Überraschungen gefasst sein.

Im heutigen Abschnitt will ich Ihnen erzählen, wie Gott in mein Leben eingegriffen hat. Ich habe Ihnen schon früher von meiner Fehlgeburt berichtet. Nachdem das passiert war, habe ich eine Menge anderer Paare gesehen, die ungefähr so lange verheiratet waren wie wir (zwölf Jahre, inzwischen dreizehn) und „eine Menge mehr vorzuweisen" hatten. Doch der Herr brachte mich durch diese Zeit der Trauer hindurch und allmählich begann die seelische Wunde zu heilen. Ich wusste allerdings, dass ich noch eine schwierige Hürde zu nehmen hatte: das Datum des errechneten, aber nun bedeutungslos gewordenen Geburtstermins, den 29. August. Ich versuchte, das Datum in der hintersten Ecke meines Kopfes zu verstauen, aber als der Tag immer näher rückte, wollte ich ihn nur noch aus meinem Bewusstsein streichen.

Am 28. August erreichte uns ein Gebetsanliegen. Ein junges Mädchen brauchte dringend ein neues Zuhause, denn beide Eltern waren ins Gefängnis gekommen. Das Mädchen hatte einige Wochen zuvor mit ihrer Freundin an einer Jugendfreizeit unserer Gemeinde teilge-

6. Rebekkas Anliegen *waren tatsächlich* gerechtfertigt, aber wie hätte sie ihre Anliegen anders zum Ausdruck bringen können? Was hätte sie tun können, anstatt diesen betrügerischen Plan auszuhecken?

7. Haben Sie schon einmal Gottes Handeln vorgegriffen? Was kam dabei heraus?

8. Hat Gott Ihnen etwas Bestimmtes vor Augen gestellt und nun werden Sie ungeduldig? Wollen Sie nun vorauseilen und Gott vorgreifen? Fühlen Sie sich versucht, die Dinge lieber selbst zu regeln? Beschreiben Sie, worum es geht und wieso Sie den Eindruck haben, Gott helfen zu müssen, um die Sache in Schwung zu bringen!

9. Wie könnten Sie mit dieser Situation anders umgehen, also ohne die Angelegenheit selbst in die Hand zu nehmen?

10. Was war für Sie im heutigen Abschnitt besonders wichtig?

Zur Wiederholung:

- Wenn wir die Dinge selbst in die Hand nehmen, statt uns Gottes Führung anzuvertrauen, machen wir uns selbst und anderen nur Kummer.
- Gottes Wille ist nicht wie ein Schicksalsschlag. Gottes Wille wird sich erfüllen, ob wir uns einmischen oder nicht.
- Greifen Sie Gott nicht vor. Warten Sie geduldig; er kümmert sich auch um die Einzelheiten dessen, was er verheißen hat.

Neunte Woche: Dienen

Weise sein Versprechen erfüllt, haben auch Sie vorgegriffen und damit eine Menge Schaden angerichtet. In meinem Leben ist so etwas leider immer und immer wieder passiert. Wie ich schon in einem früheren Abschnitt berichtet habe, hat Gott mir schon einen Tag nach meiner Wiedergeburt eine Ahnung meines Dienstes für ihn ins Herz gegeben. Und ständig und immer wieder habe ich versucht, Gottes Plänen vorzugreifen und die Dinge selbst in die Hand zu nehmen. Obwohl die Ziele, die ich dabei verfolgte, wirklich *in Übereinstimmung mit Gottes ausdrücklichem Willen* waren, konnte er meine Bemühungen nicht segnen. Und warum? Weil ich immerzu vorauseilte und seinen Plänen vorgriff.

Greifen Sie auch Gottes Plänen vor? Oder vertrauen Sie *völlig vorbehaltlos* dem Herrn, der versprochen hat, sich um alle Einzelheiten zu kümmern?

1. Was können wir über Rebekka erfahren aus der Art, wie sie mit Abrahams Diener umging? (Wenn möglich, lesen Sie 1. Mose 24; und falls Rebekkas Lebensgeschichte Sie genauso fesselt wie mich, auch 1. Mose 27.)

2. Stand ihre „zupackende Persönlichkeit" in Übereinstimmung mit Gottes Plan? Warum bzw. warum nicht?

3. Was hat Gott Rebekka in Bezug auf ihre Söhne klar gemacht?

4. War Rebekka zu Recht oder zu Unrecht in Aufregung, als sie bemerkte, dass ihr Mann Esau segnen wollte? Was könnte ihr durch den Kopf gegangen sein?

5. Rebekka hatte die richtigen Ziele vor Augen. Aber kann man in diesem Fall sagen: Der Zweck heiligt die Mittel? Warum bzw. warum nicht?

Neunte Woche: Dienen

erwartet hatten, und dennoch sind wir sehr dankbar. Und das Erstaunlichste an der ganzen Angelegenheit ist noch, dass ich einige Wochen nach Nikkis Ankunft bei uns wieder schwanger war. Gottes Zeitplan ist wirklich wunderbar. Dadurch, dass er unser Baby so früh zu sich nahm, hatten wir in unserem Leben Platz für Nikki. (Wir hätten den Gedanken nicht einmal in Erwägung gezogen, sie bei uns aufzunehmen, wenn meine Schwangerschaft weiter bestanden hätte.) Nun freuen wir uns auf unser drittes Kind. Und während wir uns als Familie auf diese aufregende Zeit vorbereiten, sind wir weiterhin auf Überraschungen gefasst – und wir vertrauen darauf, dass Gott uns mehr gibt, als wir bitten und uns vorstellen können.

In dieser Woche haben wir betrachtet, wie wichtig es ist, dem Herrn so zu dienen, wie er es führt, und nur das zu tun, was er uns vor die Füße legt. Wir haben herausgefunden, dass es nicht reicht, irgendwo eine Not zu sehen und einzugreifen; es ist vielmehr wichtig, auf Gottes Stimme zu achten und mit ihm zu gehen. Sie haben sich damit beschäftigt, wie Sie die „grobe Richtung" für Ihr Leben mit Gott herausfinden können, damit Sie wissen, wie Gott Sie gebrauchen will. Er kann zwar jeden gebrauchen, aber wer die grobe Richtung für seinen Dienst kennt, kann der Führung des Herrn leichter folgen als jemand, der in dieser Hinsicht orientierungslos ist. Wir haben betont, dass es entscheidend ist, zum Handeln bereit zu sein, wann und wo auch immer Gott uns führt; wir sollen stets bereitstehen, um unser Leben ganz in seinen Dienst zu stellen. Die Gefahr dabei ist allerdings, dem Herrn vorgreifen zu wollen. Wir können so begeistert sein von unserer Lebensaufgabe und deshalb unbedingt loslegen wollen, dass wir Gott vorgreifen und dadurch großen Schaden anrichten! Heute habe ich Ihnen von meinen persönlichen Erfahrungen erzählt, wie ich auf völlig unerwartete Weise zu einem Kind gekommen bin – und anhand dieses Beispiels konnten wir festhalten, dass man auf Überraschungen gefasst sein sollte, wenn man ein Werkzeug in Gottes Hand sein möchte.

Die fünfte Voraussetzung dafür,
ein Werkzeug in Gottes Hand zu werden, lautet:

Widmen Sie Ihr Leben dem Dienst für den Herrn,
so wie er Sie führt.

Gott will mich

1. Wie hat Gott Sie einmal auf ganz unerwartete Weise gebraucht?

2. Was „erwarten" Sie im Moment, was in Ihrem Leben passieren könnte?

3. Wie könnten Sie reagieren, wenn Gott auf ganz überraschende Weise eingreift?

4. Wie lautete der „Schwerpunkt der Woche"?

5. Wie lauten die fünf Voraussetzungen dafür, ein Werkzeug in Gottes Hand zu werden?

Zur Wiederholung:

- Machen Sie sich auf Überraschungen gefasst!
- Dienen Sie dem Herrn, wo immer er Sie hinführt ... auch wenn es nicht so geht, wie Sie es sich vorgestellt hatten.

Zehnte Woche: Freude erfahren

Schwerpunkt der Woche:

Erfahren Sie, dass es Freude mit sich bringt, ein Werkzeug in Gottes Hand zu sein

Leitvers der Woche:

*Ich bin der Weinstock, ihr seid die Reben.
Wer in mir bleibt und ich in ihm,
der bringt viel Frucht,
denn getrennt von mir könnt ihr nichts tun.*

Johannes 15,5

Gott will mich

Erster Tag

———•••◆•••———

Woher kommt die Freude?

Kennen Sie die Freude, die in Ihnen aufkommt, wenn Sie von Gott gebraucht werden? Kennen Sie die Freude, wenn Sie spüren, dass Ihr Leben sich an Gottes Maßstäben ausrichtet? Kennen Sie die Freude, wenn Sie im Glauben leben, im täglichen Gehorsam? Wenn Sie diese Freude nicht kennen, dann wissen Sie gar nicht, was Freude ist. Wir wollen heute darüber nachdenken, wie man diese Freude erfahren kann, die nur aus dem Thron Gottes fließt.

Auf welche Weise können wir diese Freude erlangen?

Durch Gehorsam: „Wenn ihr meine Gebote haltet, so werdet ihr in meiner Liebe bleiben, wie ich die Gebote meines Vaters gehalten habe und in seiner Liebe bleibe. Dies habe ich zu euch geredet, damit meine Freude in euch sei und *eure Freude völlig werde.* Dies ist mein Gebot, dass ihr einander liebt, wie ich euch geliebt habe. Größere Liebe hat niemand als die, dass er sein Leben hingibt für seine Freunde." (Johannes 15,10-13) Wenn wir Jesus nachfolgen, selbst durch ein dunkles Tal, selbst wenn es das Leben kosten sollte, dann werden wir vollkommene Freude erleben.

Durch ein Leben in seiner Gegenwart: „Du wirst mir kundtun den Weg des Lebens; Fülle von Freuden ist vor deinem Angesicht, Lieblichkeiten in deiner Rechten immerdar." (Psalm 16,11) Und außerdem: „Denn zu Segnungen setzt du ihn für immer; du erfreust ihn mit Freude vor deinem Angesicht." (Psalm 21,7) Haben Sie diese Freude schon erfahren? Als ich durch die schwere Zeit der Trauer ging, nachdem ich mein Kind durch die Fehlgeburt verloren hatte, da war ich eingehüllt in Gottes Gegenwart und erlebte eine Freude, die jenseits aller menschlichen Vernunft liegt. Wir müssen aber nicht darauf warten, dass erst ein Schicksalsschlag uns zwingt, einmal *innezuhalten*, einfach stillzusitzen und Gottes Gegenwart zu genießen. Wenn wir uns die Zeit nehmen, dann wird er uns mit seiner Freude erfüllen; das hat er versprochen.

Zehnte Woche: Freude erfahren

Durch das Nachdenken über Gottes Wort: „Das Gesetz des HERRN ist vollkommen und erquickt die Seele." (Psalm 19,8a) Und: „Deine Zeugnisse sind mein Erbe für ewig, denn die Freude meines Herzens sind sie. Ich habe mein Herz geneigt, deine Ordnungen zu tun. Für ewig ist der Lohn!" (Psalm 119,111-112) Finden Sie diese *Freude* in Gottes Wort oder lesen Sie es aus Pflichtbewusstsein? Vielleicht lesen Sie es überhaupt nicht? Wenn wir ernsthaft über Gottes Wort nachdenken, wenn wir es tief in unser Herz eindringen lassen und uns durch das Wort von innen her verändern lassen, dann werden wir entdecken, was es bedeutet, dass das Gesetz des Herrn die Seele erquickt.

Durch das Erfahren seines Trostes: „Als viele unruhige Gedanken in mir waren, beglückten deine Tröstungen meine Seele." (Psalm 94,19) So, nun müssen Sie sich festhalten. Jetzt kommt eine ziemlich verrückte Angelegenheit, und ich sage ausdrücklich dazu, dass *so eine Geschichte eigentlich hier nicht passiert – zumindest nicht übermäßig oft!* Die Sache war so: Ich hatte mal wieder ziemlich heftige Depressionen. Im Nachhinein muss ich sagen, dass ich wohl gefährlich nahe an einem Nervenzusammenbruch vorbeigeschlittert bin. Meine Gedanken liefen immer nur im Kreis: Keiner liebt mich, alle finden mich schrecklich, ich wollte, ich wäre schon unter der Erde ...

An einem Sonntag saß ich in der Gemeinde, verfluchte mich selbst und den Tag meiner Geburt. Ich war völlig am Ende, nachdem ich tagelang ununterbrochen geweint hatte. Ich hatte geweint, bis ich nicht mehr weinen konnte. Ich hatte geweint, bis ich kaum noch Luft bekam. Ich hatte geweint, bis mein ganzes Gesicht wehtat. Haben Sie schon jemals so geweint?

Ich sah mich in der Gemeinde um und murmelte vor mich hin. „Keiner hier kümmert sich um mich. Keiner mag mich. Ich hasse mich. Oh Gott, wie ich mich hasse." In diesem Augenblick hatte ich ein Gefühl, als ob jemand mich in die Arme schließen würde. Es war eine so allumfassende, tröstende Umarmung, wie ich sie noch nie erlebt habe. Ich fühlte eine Liebe und Wärme, die mich von Kopf bis Fuß durchströmte.

Und dann nahm ich Gottes Reden zu mir wahr: „Ich habe dich lieb, Donna. Ich habe dich lieb, so wie du bist. Ich liebe dich."

Es war *die Umarmung Gottes. Er neigte sich zu mir hinab, um mich zu trösten, er schloss mich in seine himmlischen Arme*, und ich wurde mit unaussprechlicher Freude erfüllt. Tränen liefen über mein Gesicht, während ich mich seiner innigen Umarmung überließ. Mein armer Ehemann hatte keine Ahnung, was plötzlich mit mir los war. Er sah nur, dass ich über das ganze Gesicht strahlte und dass mir tatsächlich Tränen übers Gesicht liefen. (Das hat ihn, glaube ich, am meisten beeindruckt. Er wusste, dass das nur ein Wunder sein konnte, denn ich hätte eigentlich keine Tränen mehr übrig haben können.) Ich war so überwältigt, dass ich die Versammlung tränenüberströmt verlassen musste. Zwanzig Minuten stand ich draußen und genoss noch im Nachhinein die Freude, die mir mein Gott durch seinen Trost geschenkt hatte.

Nun, ich kann Ihnen keine göttliche Umarmung garantieren, aber Gott garantiert Ihnen, dass sein Trost Ihrer Seele Freude gibt. Selbst wenn Sie keine Freunde mehr um sich haben, ist der Gott allen Trostes doch da. Suchen Sie ihn, und Sie werden ihn finden.

Durch die Erinnerung an das, was Gott getan hat: „Der HERR hat Großes an uns getan: Wir waren fröhlich!" (Psalm 126,3) Wenn Ihre Freude das nächste Mal den Bach runter geht, dann rufen Sie sich all die wunderbaren Dinge ins Gedächtnis zurück, die Gott für Sie bereits getan hat. Dafür ist eine „Dankbarkeitsliste" (wir sprachen in der fünften Woche davon) so überaus nützlich. Und dafür ist es auch so sinnvoll, Gottes Wort zu kennen; wir können uns dann schnell an die herrlichen Taten Gottes für sein Volk erinnern. Wenn wir dringend Nachhilfe in der Freude brauchen, dann können wir uns an Schadrach, Meschach und Abed-Nego erinnern, die drei Männer, die in den Feuerofen geworfen wurden, aber dennoch standhaft blieben:

> Schadrach, Meschach und Abed-Nego antworteten und sagten zum König: Nebukadnezar, wir haben es nicht nötig, dir ein Wort darauf zu erwidern. Ob unser Gott, dem wir dienen, uns erretten kann – sowohl aus dem brennenden Feuerofen als auch aus deiner Hand, o König, wird er uns erretten – oder ob nicht: Es sei dir jedenfalls kund, o König, dass wir deinen Göttern nicht dienen und uns vor dem goldenen Bild, das du aufgestellt hast, nicht niederwerfen werden. (Daniel 3,16-18)

Ich bin sicher, dass Sie wissen, wie die Sache ausgeht. Falls nicht, schlagen Sie es nach! Es wird Ihr Herz mit Freude erfüllen.

Zehnte Woche: Freude erfahren

Durch Standhaftigkeit in schweren Zeiten: Schwere Zeiten gibt es bei jedem Menschen. Es gibt ein Buch mit dem Titel: *Schmerz ist unvermeidlich, aber Jammern ist freiwillig* ... *Also stecken Sie sich eine Geranie an den Hut und seien Sie glücklich!* Besser ist es natürlich, wenn Sie Gottes Wort in Ihrem Herzen haben und nicht nur „glücklich", sondern voller Freude sind. Was es auch für Sie bedeuten mag, halten Sie durch! Gott verheißt denen, die auch in Schwierigkeiten nicht aufgeben: „Die mit Tränen säen, werden mit Jubel ernten. Er geht weinend hin und trägt den Samen zum Säen. Er kommt heim mit Jubel und trägt seine Garben." (Psalm 126,5-6)

Wir haben jetzt nur eine Hand voll Verse betrachtet, die mit Freude zu tun haben. In dieser Woche werden wir uns noch weiter damit beschäftigen, dass wir voller Freude sein dürfen als Werkzeuge in Gottes Hand.

1. Auf welche Arten können wir nach der Bibel Freude erfahren? (Stöbern Sie erst in Ihrem Gedächtnis, bevor Sie im heutigen Abschnitt nachlesen.)

2. Haben Sie schon einmal Freude erfahren, obwohl die äußeren Umstände alles andere als freudig waren? Wie war das? Wie unterscheidet sich diese Freude von der Freude, die wir aufgrund der Lebensumstände erleben?

3. Die größte Freude, die man erfahren kann, ist die Freude, anderen zu dienen. Es gibt viele Möglichkeiten, diese Freude zu erfahren, indem man Freude in das Leben seiner Mitmenschen bringt. Welche Möglichkeiten fallen Ihnen ein?

4. Wir können Freude erfahren, indem wir anderen Freude machen. Aber tun wir das auch immer? Denken Sie über die Bereiche Gebet, Ausdauer, Höflichkeit, Pünktlichkeit und Reinheit nach. Welche persönlichen Mängel fallen Ihnen ein? Belegen Sie Ihre Antworten mit Beispielen.

5. Was sollte in Ihrem Leben im Keim erstickt werden? Wie sieht es zum Beispiel aus mit Klatsch, Kritiksucht oder Gleichgültigkeit?

6. Wir können einander ermutigen, die Freude, die wir erfahren, weiterzugeben, indem wir mit gutem Beispiel vorangehen. Wir wollen treu sein im Dienst für den Herrn, selbstlos und wahrheitsliebend; wir wollen unserem Herrn nachfolgen und einander lieben. Zeigt der Herr Ihnen in diesen Beispielen Bereiche, an denen Sie arbeiten sollen?

7. Da, wo wir auftauchen, wollen wir Freude in das Leben *anderer Menschen* bringen. Wie sieht es da bei Ihnen aus? Gehen Sie mit einem Lächeln auf andere zu? Bringen Sie neue Ideen ein? Haben Sie den Wunsch, allen Dingen etwas Gutes abzugewinnen?

8. Was war für Sie im heutigen Abschnitt besonders wichtig?

Zur Wiederholung:

- Wir können auch unter widrigen Umständen Freude erfahren.
- Die größte Freude im Leben entsteht durch den Dienst, den wir für andere tun.

Zehnte Woche: Freude erfahren

Zweiter Tag

Die Freude am Dienst und die Gefahr zerschlagener Hoffnungen

Wir sind nicht zu einem Leben der Muße in Ruhm und Ehre berufen. Wir sind berufen zu einem Leben des Dienstes. Wenn wir das vergessen, kann Gott uns nicht gebrauchen und unsere Freude schwindet. Ein Beispiel aus dem Markusevangelium kann das deutlich machen:

> Und es treten zu ihm Jakobus und Johannes, die Söhne des Zebedäus, und sagen zu ihm: Lehrer, wir wollen, dass du uns tust, um was wir dich bitten werden.
> Er aber sprach zu ihnen: Was wollt ihr, dass ich euch tun soll?
> Sie aber sprachen zu ihm: Gib uns, dass wir einer zu deiner Rechten und einer zu deiner Linken sitzen in deiner Herrlichkeit! Jesus aber sprach zu ihnen: Ihr wisst nicht, um was ihr bittet. Könnt ihr den Kelch trinken, den ich trinke, oder mit der Taufe getauft werden, mit der ich getauft werde? Sie aber sprachen zu ihm: Wir können es. Jesus aber sprach zu ihnen: Den Kelch, den ich trinke, werdet ihr trinken, und mit der Taufe, mit der ich getauft werde, werdet ihr getauft werden; aber das Sitzen zu meiner Rechten oder Linken zu vergeben steht nicht bei mir, sondern ist für die, denen es bereitet ist.
> Und als die Zehn es hörten, fingen sie an, unwillig zu werden über Jakobus und Johannes. Und Jesus rief sie zu sich und spricht zu ihnen: Ihr wisst, dass die, welche als Regenten der Nationen gelten, sie beherrschen und ihre Großen Gewalt gegen sie üben. So aber ist es nicht unter euch; sondern wer unter euch groß werden will, soll euer Diener sein; und wer von euch der Erste sein will, soll aller Sklave sein. Denn auch der Sohn des Menschen ist nicht gekommen, um bedient zu werden, sondern um zu dienen und sein Leben zu geben als Lösegeld für viele. (Markus 10,35-45)

Gott will mich

Jakobus und Johannes wollten wissen, wer im Himmelreich die besten *Plätze* bekommen würde. Sie erwarteten, sich dort *niedersetzen* zu können und bedient zu werden. Sie erwarteten von Jesus, ihnen die Ehrenplätze zu reservieren. Die anderen Jünger waren entrüstet. Warum? Wegen der Gerechtigkeit? Das glauben Sie wohl nicht ernsthaft, oder? Sie waren entrüstet, weil *sie selbst die Ehrenplätze haben wollten*. Und was sagt Jesus dazu? „Der Sohn des Menschen ist nicht gekommen, um bedient zu werden, sondern um zu dienen."

Wenn Sie ein Werkzeug in Gottes Hand sein möchten, dann müssen Sie sich diesen Satz einprägen. Nichts auf der Welt kann den Erfolg unseres Dienstes stärker behindern – und uns davon abhalten, die Freude im täglichen Leben zu erfahren – als eine Haltung, die nur zum Ausdruck bringt: „Ich bin nicht gekommen, um zu dienen, sondern um bedient zu werden." Wenn wir solche Gedanken im Kopf haben, dann haben wir Jesus nie gekannt und nie erfahren. Dann haben wir seine Botschaft nicht verstanden.

Finden Sie, dass ich übertreibe? Nun, dann wollen wir mal ein paar Beispiele anschauen. Stellen Sie sich folgende Szene vor: Ihr Mann (oder jemand anders, der Ihnen nahe steht) vergisst Ihren Geburtstag. Sie sind sauer. Wieso? Sie haben natürlich erwartet, dass er Ihnen „dient", indem er Ihnen zum Beispiel ein Geschenk macht. Und das ist ja auch wirklich keine ungewöhnliche Erwartung. Es war zweifellos nicht besonders nett von Ihrem Mann, Ihren Geburtstag zu vergessen. Aber wenn Ihr ganzes Verlangen wäre, Ihrem Mann zu dienen und nicht von ihm bedient zu werden, dann würde eine solche Sache Sie nicht so entsetzlich mitnehmen.

Vielleicht sind Sie grundsätzlich unzufrieden mit Ihrer Ehe. Könnte es sein, dass Sie vielleicht unrealistische Erwartungen haben über eine Ehe im Allgemeinen? Mein Mann und ich hatten eine schwere Ehekrise zu bewältigen, als er arbeitslos wurde. Ich kann Ihnen sagen, ein arbeitsloser Ehemann, das ist *nicht* gerade die wahre Freude! Und ich hatte immer nur den einen Gedanken: „Wenn ich diesen Kerl bloß loswerden könnte ... ich wäre innerhalb einer Woche mit Robert Redford zusammen und dann hätte ich keine Probleme mehr." (Leute, die manisch-depressiv veranlagt sind, so wie ich, haben schon manchmal so verrückte Ideen. Es gab Zeiten, da habe ich wirklich geglaubt, was ich mir zusammengesponnen habe.)

Zehnte Woche: Freude erfahren

Nun, eines Tages hatten wir einen handfesten Ehekrach. Wir beschlossen, uns irgendwo ungestört hinzusetzen und die ganze Angelegenheit endlich auszudiskutieren. Also gingen wir zu McDonald's, wegen unserer vierjährigen Tochter. Denn Gott sei Dank gibt es da einen Spielplatz! Also, wir saßen jedenfalls da und hielten uns gegenseitig alle unsere Fehler vor. Er entsprach überhaupt nicht den Erwartungen, die ich an ihn als Ehemann stellte. Ich entsprach überhaupt nicht den Erwartungen, die er an mich als Ehefrau stellte. Schließlich sagte mein Mann: „Kennst du irgendeinen, der eine vollkommene Ehe führt? Kennst du irgendeinen, der wenigstens eine gute Ehe führt?"

Das war's. Eine ganz einfache Aussage, aber sie holte mich in die Wirklichkeit zurück. Das Leben ist nicht vollkommen. Also erwarten Sie auch nicht, dass es vollkommen sein soll. Sie sind nun einmal nicht mit Robert Redford verheiratet. Und selbst wenn Sie es wären, dann müssten Sie wahrscheinlich feststellen, dass auch das nicht „das Gelbe vom Ei" ist. Es ist nicht Ihre Aufgabe, Ihren Mann zu beurteilen, zu erziehen oder ihn anderweitig ändern zu wollen. Es ist aber ihre Aufgabe, *ihm zu dienen* und ihn zur Nachfolge zu ermutigen. Wenn Sie gedanklich auf irgendeiner anderen Basis stehen, dann können Sie davon ausgehen, dass sehr bald Bitterkeit aufkommen wird. Freude, ade!

Wie sieht es mit unseren Kindern aus? Dienen wir ihnen wirklich? Oder erwarten wir nicht vielmehr von ihnen, dass sie uns dienen, indem sie Musterkinder sind? Wir haben die Erwartung, dass sie den Herrn lieben, dass sie nur Einsen schreiben; dass sie Sportskanonen sind; dass sie den oder die Richtige heiraten, aber nicht, bevor *wir* so weit sind. Das ist ja alles gut und schön, aber wir haben keine Recht, solches Verhalten einzufordern! Ein Lieblingssatz meiner Mutter war immer: „Ihr undankbaren Kinder!" Sie hatte acht davon, sie musste es wohl wissen. Ja, Kinder sind undankbar. Das kommt wohl ganz von selbst, im Doppelpack mit Computerspiel und Barbiepuppe.

Als unsere Tochter Leah drei war, musste Gott mir einmal einbläuen, was es bedeutet, den eigenen Kindern zu dienen. Das war auch während der Arbeitslosigkeit meines Mannes. Ich arbeitete fünfzehn Stunden am Tag – *ohne Babysitter* und ohne irgendwelche Hilfe. Cameron war den ganzen Tag auf Arbeitssuche, und das jeden Tag; er konnte mir also auch nicht helfen. Ich war sozusagen „allein erziehende Mutter".

Gott will mich

Aber jetzt geht es weiter. Meine Tochter kam also eines Tages zu mir und sagte: „Mami, du kümmerst dich gar nicht um mich." „Aus dem Munde der Säuglinge ... !" Und ich dachte: Irgendwie hat sie Recht. Ich beschloss also einen besonderen Mutter-und-Tochter-Tag. Was glauben Sie, was dabei herauskam? Sie durfte sich aussuchen, wo sie zum Mittagessen hinfahren wollte. Zuerst sagte sie: „Börger King." Als wir da waren, wollte sie aber nicht mehr „Börger King", sondern Pizza Pizza. (Damit meinte sie eine Pizzeria-Kette mit dem Namen „Peter Piper Pizza". Da gibt's nicht nur Pizza, sondern auch so eine Art Mini-Kirmes mit Karussells und Spielgeräten usw.) Nun, davon gibt es bei uns in der Gegend Tausende, und deshalb dachte ich, ich fahre einfach mal weiter, denn an der nächsten Ecke wird schon so ein Peter Piper Pizza-Laden auftauchen. Was glauben Sie, wie die Geschichte weitergeht?

Meine Tochter quengelte in ihrem Kindersitz, seit wir das Haus verlassen hatten. Die Autofahrer hinter mir wurden langsam ungeduldig, weil ich ständig abbremste und jede Einkaufsstraße nach einem Peter Piper Pizza-Laden absuchte. Diese Mutter-Tochter-Beziehungs-Maßnahme lief irgendwie anders, als ich mir das vorgestellt hatte!

Schließlich war ich völlig verzweifelt. Ich entdeckte irgendwo so eine kleine Familien-Pizzeria. Ich muss wohl nicht extra erwähnen, dass es da weder Karussells noch Spielsachen noch irgendetwas für Kinder gab. Alle Hoffnungen waren zerschlagen. Meine Tochter war nicht begeistert. Aber sie entdeckte sehr schnell ein verräuchertes Hinterzimmer, wo eine Horde Jugendlicher ein Videospiel hatte. Sie spielten: „Schieß auf alles, was sich noch rührt!"

Meine Tochter fing an herumzurennen und ihre Wut am Mobiliar auszulassen, als ob sie gerade aus einem Heim für schwer Erziehbare ausgerissen wäre. Mir war ganz schlecht von dem vielen Zigarettenrauch. Das Essen kam und kam nicht. *Ich hatte nicht gerade die beste Laune.* Ich schimpfte über die miese Bedienung und erteilte meiner Tochter Befehle, die sie allerdings völlig unbeeindruckt ließen. Ich fing an, Leah durch das ganze Lokal hinterherzulaufen und den Tag zu verfluchen, an dem sie geboren wurde. Ich redete die ganze Zeit *laut* mit mir selbst. Gerade da kam eine Frau auf mich zu, schaute mich etwas verwirrt an und sagte. „Sind Sie nicht ... eh ... Donna Partow?" (Peinliche Stille.) „Ich war letzte Woche bei Ihrem Seminar." Mir

Zehnte Woche: Freude erfahren

ging nur der Gedanke durch den Kopf, dass es gar nicht immer so toll ist, wenn man irgendwie berühmt ist. Meine einzige Hoffnung war nur, dass diese Frau nicht ausgerechnet meinen Vortrag über die „Freude der Elternschaft" gehört hatte ...

Die Sache ist die: *Ich war nicht dahin gefahren, um meiner Tochter damit einen Gefallen zu tun, um ihr zu dienen.* Überhaupt nicht. Ich hatte eher die Erwartung, dass *sie mir* zu Diensten sein müsste. Ich hatte die Erwartung, dass sie irgendwie „mitspielen" würde. Sie sollte mir sozusagen versichern, dass ich sie vernachlässigen konnte, ohne dass es mich etwas kosten würde. Sie sollte mich in der Öffentlichkeit gut dastehen lassen. So wie Jakobus und Johannes erwartete ich einen *Ehrenplatz*. Und als ich den nicht bekam, schmolz meine Freude dahin wie Mozzarella im Pizza-Ofen.

1. Was sollte Jesus für Jakobus und Johannes nach deren Ansicht tun? Welches Motiv verbarg sich hinter diesem Wunsch?

2. Jesus musste ihnen bescheinigen, dass sie die ganze Sache völlig falsch verstanden hatten. Was hätte laut Jesus *ihr eigentliches Verlangen sein sollen?*

Dritter Tag

Die Freude am Dienst (zweiter Teil)

Heute werden wir uns weiter mit der Freude am Dienst beschäftigen ... und mit der Gefahr zerschlagener Hoffnungen.
Wir wollen mal ein paar typische Beispiele betrachten. Wo möchte ich denn vielleicht gar nicht selbst dienen, sondern erwarte nur, dass mir gedient wird? Wie wär's mit der Gemeinde? Sie gehen natürlich hin, aber die Versammlung ist langweilig, die Predigt zum Gähnen. Sie wollten eigentlich Kraft tanken für die kommende Woche. Sie wollten geistliche Hilfe bekommen. Und jetzt sind Sie enttäuscht. Keiner hat Sie nach der Versammlung begrüßt. Nicht einer hat die Operation Ihrer Mutter erwähnt, obwohl Sie dieses Gebetsanliegen weitergegeben haben. Sie sind verletzt und Sie hüten Ihr vermeintliches Recht, verletzt zu sein, wie einen kostbaren Schatz. Und warum? Weil Sie zur Gemeinde gegangen sind, um bedient zu werden, und nicht, um selbst zu dienen. *Bye bye*, Freude!
Und selbst wenn wir uns bemühen zu dienen, schleicht sich diese Haltung ein und sie kann eine Menge kaputt machen. Warum fühlen sich viele so ausgebrannt? Warum können wir auf einmal nicht mehr? Wir erwarten immer Erfolge unserer Arbeit, und wenn sie ausbleiben, dann geben wir auf. Wir erwarten, dass Leute uns danken, dass sie uns bewundern, *dass sie uns einen Ehrenplatz anbieten*. Und wenn sie es dann nicht tun, sind wir sauer oder verbittert. Aber denken Sie daran: Der Sohn des Menschen ist nicht gekommen, um bedient zu werden, sondern um zu dienen und um sein Leben zu geben als Lösegeld für viele. Wir sollen das Gleiche tun.
Ist es nicht erstaunlich? Wir können in bester Absicht einen Dienst für den Herrn beginnen; und nach einer Weile sind wir irgendwie gar nicht mehr bei der Sache. Ist es nicht erstaunlich, *wie unsere Motive das Wasser trüben können?* Ich weiß, dass ich selbst ständig meine Beweggründe überprüfen muss, um herauszufinden, warum ich das

Zehnte Woche: Freude erfahren

tue, was ich gerade tue. Gerade eben erst rief jemand von unserer Gemeinde an und bat mich, bei der Weihnachtsfeier zu sprechen. Als sie mich letztes Jahr gefragt haben, habe ich geantwortet: „Eher lass ich mich nackt durch die Stadt schleifen, teeren und federn und öffentlich verbrennen!" Was meinen Sie, warum ich so reagiert habe? Weil Jesus in Lukas 4,24 spricht: „Ich sage euch, dass kein Prophet in seiner Vaterstadt angenehm ist." Ich weiß, dass das stimmt!

Dieses Jahr wollte ich auch auf keinen Fall zusagen. Denn wenn ich irgendwo spreche, dann *will ich auch „angenehm sein", akzeptiert werden.* Ich will, dass die Leute mich mögen und mich ehren. Ich will also sozusagen, dass das Publikum mir dient. Ich will, dass sie mir sagen, wie toll ich bin, und vor allem will ich, dass sie meine Bücher kaufen. *Können Sie sich das vorstellen: Das habe ich jetzt alles zugegeben!*

Als ich letzten Sonntag in der Gemeinde war, überflog ich die Gemeindezeitung und mir fielen einige Ankündigungen für die Frauenarbeit ins Auge. Da war's: „Weihnachtsfeier am 7. Dezember, Referent steht noch nicht fest." „Oh nein, jetzt werden sie mich wieder fragen!", dachte ich. Und der Heilige Geist sagte zu mir: „Dieses Mal wirst du zusagen." Ich brachte die Stelle aus Lukas 4 ins Spiel, aber der Herr ließ sich davon nicht beeindrucken. „Diesmal musst du es kapieren, Donna. Du machst das nicht, *um geehrt zu werden. Du machst das, um mir zu gehorchen.*"

Tief im Innern weiß ich, dass *Gott mich ruft, um den Frauen in meiner Gemeinde zu dienen,* auch wenn sie nicht im Gegenzug auch mir dienen. Selbst wenn sie mich nicht mögen; selbst wenn sie mir nicht sagen, wie großartig ich das mache; ja, und selbst wenn sie meine Bücher nicht kaufen. Gott beruft mich, um zu dienen, nicht um bedient zu werden.

Gott hat mir diese Sache so eindringlich klar gemacht, dass ich sicher bin: Einige Frauen, die dieses Buch lesen, müssen das unbedingt wissen. In den letzten paar Wochen sind eine ganze Menge Leute in verschiedensten Situationen auf mich zugekommen und haben gesagt: „Ich habe Ihren Vortrag gehört", oder: „Ich habe Ihr Buch gelesen." Tja, ist ja schön, aber was hat das für einen Wert? Schreibe ich für das bisschen Geld, das ich pro Buch bekomme? Das wäre ja lächerlich! Gibt es vielleicht noch irgendetwas Wichtigeres als das Autorenhonorar, irgendetwas Wichtigeres als *gelesen zu werden?*

Mir wird gerade bewusst, dass ich als Werkzeug in Gottes Hand völlig versagt habe, wenn Sie am Ende dieser zehn Wochen sagen sollten: „Ich habe ein Buch von Donna Partow gelesen." *Wenn es so ist, habe ich als Werkzeug in Gottes Hand völlig versagt.* Haben Sie denn wirklich dieses Buch zur Hand genommen, nur um zu lesen, was Donna Partow in ihrem Büro zu Hause getippt hat? Haben Sie es nicht eher gelesen, um ein Werkzeug in Gottes Hand zu werden? Haben Sie sich nicht damit beschäftigt, um mehr *von Gott* zu lernen, *um näher zu ihm gezogen zu werden?* Es ist völlig bedeutungslos, ob Sie ein Buch von Donna Partow gelesen haben oder nicht. Es ist völlig bedeutungslos, außer wenn durch das Buch Gott selbst zu Ihnen spricht. Sie haben dieses Buch jetzt eine Weile während Ihrer Stillen Zeit mit Gott gelesen und Sie hatten die Erwartung, dass der allmächtige Gott dadurch zu Ihnen spricht. Ihr Ziel ist es, Gottes Stimme zu hören; und wenn er nicht durch mich spricht, wenn ich dabei bloß im Weg stehe und die Aufmerksamkeit auf mich selbst ziehe und auf meine Ideen und meine Meinung, was würde es Ihnen bringen?

Ich bitte Sie, Ihr eigenes Leben und Ihren eigenen Dienst für den Herrn zu durchforsten. Sind Sie in Ihrem Dienst ein Werkzeug, *das Menschen näher zum Herrn zieht,* oder *ziehen Sie die Aufmerksamkeit nur auf sich selbst?* Und jetzt noch mal mit Gefühl, bitte! Zieht Ihr Dienst Menschen zu Gott hin – oder zieht Ihr Dienst nur die Aufmerksamkeit auf Sie selbst? Ich sag es Ihnen ja nicht gern, aber wenn Sie die Aufmerksamkeit nur auf sich selbst ziehen, wenn Sie also lieber bedient werden wollen, als selbst zu dienen, dann werden Sie noch in größere Schwierigkeiten kommen. Denn Gott teilt seine Ehre nicht mit anderen. Er teilt seine Ehre nicht mit mir und er teilt seine Ehre auch nicht mit Ihnen. Wenn es sein müsste, würde er also Ihren Dienst kurzerhand beenden. Glauben Sie mir, *ich kenne das.*

Sie können einen kleinen Test machen, bevor Sie irgendetwas Neues für den Herrn anfangen oder bevor Sie irgendeine gute Tat tun. *Fragen Sie sich: Kann ich diese Sache tun, ohne eine Gegenleistung zu erwarten?* Wenn die Antwort „nein" lautet, dann tun Sie es nicht. Egal, ob Sie nun ein Dankesschreiben erwarten, Lob, Anerkennung, einen Orden oder sonst etwas. *Tun Sie es nicht,* wenn Sie irgendetwas anderes erwarten, als von den Lippen Ihres Meisters zu hören: „Gut gemacht, guter und treuer Knecht." Wenn Sie einen Dienst beginnen mit dem geheimen Wunsch, *bedient zu werden anstatt zu dienen,* dann werden alle Anstrengungen Ihnen eher Kummer als Freude bringen. Und was noch viel schlimmer ist, sie könnten sogar den Herrn entehren.

Zehnte Woche: Freude erfahren

Probieren Sie das einmal aus, wenn Sie das nächste Mal sauer sind oder ärgerlich, vorwurfsvoll, eifersüchtig oder enttäuscht – jedenfalls alles andere als voller Freude: Gehen Sie die folgenden fünf Fragen durch und beobachten Sie, ob Ihre Freude zurückkehrt:

1. Was hält mich davon ab, so viel Freude wie möglich in dieser Situation zu erfahren? Wenn man den Grund für seine Freudlosigkeit kennt, ist das der erste Schritt, um die Freude wiederherzustellen.

2. Welche Erwartungen habe ich in Bezug auf die Menschen oder die Umstände, die mir die Freude rauben? Sind diese Erwartungen überhaupt realistisch?

3. Ist es mein innigster Wunsch zu dienen – oder will ich, dass man mir dient? Es ist ja nichts grundsätzlich Falsches, bedient zu werden. Auch Jesus wurde erfrischt und bedient, ebenso Paulus. Aber erwarten Sie es nicht! Gott kennt Ihre Bedürfnisse, er wird für Sie sorgen!

4. Bin ich bereit, mich von Gott in dieser Situation und durch diese Situation gebrauchen zu lassen? Egal, wie schwierig oder unbequem es für mich werden könnte?

5. Bin ich bereit, Gott alles Mögliche benutzen zu lassen – sei es der Ehemann, die Kinder, die Gemeinde, die Umstände, was auch immer der Herr will –, um mich zu einem Werkzeug in seiner Hand zu machen? Ob es nun so etwas scheinbar Unbedeutendes ist wie eine Schlange an der Kasse im Supermarkt oder etwas so Entsetzliches wie der Tod eines Kindes.

Stellen Sie sich diese fünf Fragen immer dann, wenn Sie spüren, dass die Freude Ihnen entgleitet. Und staunen Sie über den Unterschied, den eine Änderung der Sichtweise mit sich bringen kann.

1. Denken Sie an eine Sache (z. B. eine Aufgabe in der Gemeinde oder eine Beziehung), die Sie mit „besten Absichten" begonnen haben, aber nach einer Weile verärgert aufgegeben haben. (Hier könnten Ihnen wirklich viele Situationen in den Sinn kommen.) Was war dabei, im Nachhinein betrachtet, Ihr eigentliches Ziel?

2. Bringen Sie die Angelegenheit dem Herrn im Gebet. Bekennen Sie und empfangen Sie seine Vergebung.

3. Haben Sie bei einem Alltagskonflikt oder einer schwelenden Unzufriedenheit jetzt erkannt, dass diese Probleme ihren Ursprung darin haben, dass Sie bedient werden möchten? Nennen Sie einige Beispiele und überlegen Sie, wie Sie eine Haltung des Dienens entwickeln können, die christus-ähnlicher ist.

4. Welche fünf Fragen werden Sie sich demnächst stellen, wenn Ihnen die Freude wieder abhanden zu kommen droht?

5. Wem sollten Sie dienen? Schreiben Sie Namen auf! Beschreiben Sie, wie Ihre Erwartung, „bedient" zu werden, diese Beziehungen in der Vergangenheit belastet haben und wie Sie das ändern wollen.

6. Was war für Sie im heutigen Abschnitt besonders wichtig?

Zur Wiederholung:

- Unsere Berufung ist es, anderen zu dienen, und nicht, bedient zu werden. Wenn wir das aus den Augen verlieren, dann verlieren wir auch die Freude.
- Wenn wir die Erwartung haben, dass andere uns dienen sollen, dann verscherzen wir uns damit die Freude, die Gott uns schenken möchte.

Zehnte Woche: Freude erfahren

Vierter Tag

In Christus bleiben

In dieser letzten Woche wollen wir nun das in den Mittelpunkt unserer Betrachtung stellen, was der Herr seinen Jüngern vor seiner Kreuzigung auch als Letztes mit auf den Weg gab.

Ich bin der wahre Weinstock, und mein Vater ist der Weingärtner. Jede Rebe an mir, die nicht Frucht bringt, die nimmt er weg; und jede, die Frucht bringt, die reinigt er, dass sie mehr Frucht bringe. *Ihr* seid schon rein um des Wortes willen, das ich zu euch geredet habe. Bleibt in mir und ich ihn euch! Wie die Rebe nicht von sich selbst Frucht bringen kann, sie bleibe denn am Weinstock, so auch *ihr* nicht, ihr bleibt denn in mir.

Ich bin der Weinstock, *ihr* seid die Reben. Wer in mir bleibt und ich in ihm, der bringt viel Frucht, denn getrennt von mir könnt ihr nichts tun. Wenn jemand nicht in mir bleibt, so wird er hinausgeworfen wie die Rebe und verdorrt; und man sammelt sie und wirft sie ins Feuer und sie verbrennen. Wenn ihr in mir bleibt und meine Worte in euch bleiben, so werdet ihr bitten, was ihr wollt, und es wird euch geschehen. Hierin wird mein Vater verherrlicht, dass ihr viel Frucht bringt und meine Jünger werdet.

Wie der Vater mich geliebt hat, habe auch ich euch geliebt. Bleibt in meiner Liebe! Wenn ihr meine Gebote haltet, so werdet ihr in meiner Liebe bleiben, wie ich die Gebote meines Vaters gehalten habe und in seiner Liebe bleibe. Dies habe ich zu euch geredet, damit meine Freude in euch sei und eure Freude völlig werde. Dies ist mein Gebot, dass ihr einander liebt, wie ich euch geliebt habe. Größere Liebe hat niemand als die, dass er sein Leben hingibt für seine Freunde. *Ihr* seid meine Freunde, wenn ihr tut, was ich euch gebiete. (Johannes 15,1-14)

Wenn Sie bis zu diesem Kapitel treu durchgehalten haben – und dabei immer in Gottes Wort geforscht haben und über die Schriftstellen nachgedacht haben –, dann sind Sie mit Sicherheit geistlich gewachsen. So, jetzt haben Sie alles gelernt, was man wissen muss; dann müssen Sie also nur noch einfach den Rest zu Ende machen und dann die Ärmel hochkrempeln und die Arbeit des Herrn anpacken. Alles klar? Nein, noch nicht ganz.

Es ist mir ja peinlich, es zuzugeben, aber bis vor ganz kurzer Zeit habe ich gedacht, dass das reicht für ein Leben als Christ. Ich dachte, man muss nur herausfinden, was man tun soll – durch eine Predigt, beim Bibellesen oder in der Stillen Zeit – und es dann einfach tun. Wenn ich es dann gut gemacht habe, ist Gott zufrieden mit mir. Wenn ich versage (und ich versage eigentlich fast immer), dann wird Gott mir mit Strafe drohen.

Das ist im Übrigen das, was bei den meisten Religionen schließlich rauskommt. Wir rackern uns auf der Weltbühne ab und Gott ist nur Zuschauer und bewertet uns mit Punkten von eins bis zehn. Die beliebtesten Religionen lehren, dass Gott keinen absoluten Maßstab mehr ansetzt. Das heißt, solange ich nicht viel schlechter bin als alle anderen, sollte ich auch gerade noch so in den Himmel kommen.

Aber alle Religionen, die sich auf „Werke-Gerechtigkeit" gründen, sind von Menschen erdacht. Das wahre Christentum hat nichts mit Werken zu tun, sondern mit einer Beziehung. Da geht es um den allmächtigen Gott, der sich zu den Menschen hinabbeugt und eine persönliche liebevolle Beziehung mit sündigen Menschen aufnehmen will, mit Menschen wie Sie und ich. Wir wissen zwar eigentlich, dass wir nur durch das liebevolle Werben des Heiligen Geistes zum Herrn gefunden haben, aber im Alltag vernachlässigen wir die Pflege unserer Beziehung zu Gott.

Wir wollen uns noch einmal vor Augen halten, was wir im Verlauf dieses Buches bereits angesprochen haben: Wenn wir Frucht bringen, und das ist eine natürliche Auswirkung unseres Lebens mit Jesus Christus, *dann geschieht das zur Ehre des Vaters*. Und warum will Gott, dass wir ihm die Ehre geben? Ist das etwa Gottes Egoismus? Keineswegs! Er möchte, das die Menschen *sehen, dass wir seine Jünger, seine Nachfolger sind, damit auch sie den Wunsch verspüren, seine Jünger zu werden*. Wir können vielleicht meinen, dass das nicht gerade eine besonders wirkungsvolle Methode ist, *aber es ist die Methode, die Gott bestimmt hat, um die Welt zu erreichen*.

Zehnte Woche: Freude erfahren

Gott hat Sie und mich nur aus einem Grund geschaffen: Damit wir seine Ehre widerspiegeln und uns an der liebevollen Beziehung zu ihm erfreuen. Wenn wir versuchen, aus eigener Kraft „große Dinge für den Herrn" zu tun, dann berauben wir Gott seiner Ehre. Der Herr freut sich überhaupt nicht darüber; Jesus sagt sogar, der Vater wird uns „*wegnehmen*". Was Gott überhaupt nicht gebrauchen kann, das ist jemand in der Gemeinde, der auf Ehre und Ruhm erpicht ist; Satan hat schon genug solche Leute an allen möglichen Stellen eingeschleust.

Wenn wir Frucht bringen wollen – und nichts anderes bedeutet es doch, wenn ich ein Werkzeug in Gottes Hand bin –, dann müssen wir in enger Gemeinschaft mit dem Herrn bleiben. Er ist der Weinstock. Er ist die Quelle des Lebens. Wenn wir einfach losrennen und irgendwo als *unabhängiger Unternehmer* eine Arbeit beginnen, dann haben wir uns selbst von der Quelle des Lebens abgeschnitten. Wir werden nicht nur keine Frucht bringen; es ist dann auch bloß eine Frage der Zeit, bis wir vertrocknen und absterben.

Vielleicht haben Sie in diesem Abschnitt den Eindruck bekommen, dass Gott ein finsterer und strenger Gott ist, der mit gezückter Axt durch die Gemeinde geht und nur darauf wartet, dass jemand stolpert. Nichts ist von der Wahrheit weiter entfernt als diese Vorstellung. Er schneidet nur solche Zweige ab, die bereits tot sind. Und er tut das nur aus einem einzigen Grund: Er tut es um des ganzen Baumes willen, das ist die Gemeinde. Ein toter Zweig kann nie wieder Frucht bringen, aber er kann verhindern, dass andere Zweige Frucht bringen. Ist Ihnen schon einmal aufgefallen, dass jemand, der geistlich tot ist, eines der größten Hindernisse im Werk des Herrn ist?

Solange wir in ihm bleiben, werden wir Frucht bringen und in der Liebe des Vaters bleiben; das hat Jesus uns verheißen. Das heißt aber nicht, dass wir nicht wie ein Baum gereinigt werden müssen, und dieses Beschneiden ist unser ganzes Leben lang nötig. Aber wir können ganz sicher sein, dass Gott diese Reinigung nur *aus einem einzigen Grund* zulässt: Damit wir noch mehr Frucht bringen.

Warum erzählt Jesus diese ganzen Sachen über den Weinstock und die Reben und das Reinigen? „Dies habe ich zu euch geredet, damit meine Freude in euch sei und eure Freude völlig werde." Haben Sie die Wahrheit dieser Worte erfahren? Es gibt keine größere Freude im Leben als die Gewissheit zu haben, den Zweck meines Daseins zu erfüllen. Wenn Ihr

Gott will mich

Leben dem Herrn die Ehre gibt und Sie in enger Gemeinschaft mit ihm leben, dann kann nichts auf dieser Welt Ihnen diese Freude rauben. Bleiben Sie in ihm, und er wird in Ihnen bleiben. Dann wird Ihre Freude vollkommen sein.

1. Was bedeutet es, „in Christus zu bleiben"? Geben Sie einige praktische Beispiele aus dem täglichen Leben, wie Sie in ihm bleiben können.

2. Spiegelt Ihr Leben Ihr Bekenntnis wider, dass Sie getrennt von Christus absolut nichts *von bleibendem Wert* tun können?

3. Wie würde sich Ihr Leben verändern, wenn Sie in dem Bewusstsein leben würden, ohne Christus absolut nichts von bleibendem Wert tun zu können? Geben Sie konkrete Beispiele an!

4. Was sagt Jesus über das Geheimnis vollkommener Freude? Haben Sie diese Freude schon jemals erlebt? Wann war das?

5. Was war für Sie im heutigen Abschnitt besonders wichtig?

Zur Wiederholung:

- Jesus Christus ist der Weinstock – die einzige Quelle des Lebens. Wir müssen in enger Verbindung mit ihm bleiben.
- Getrennt von Jesus Christus können wir nicht das Geringste tun, das irgendeinen Wert im Reich Gottes hätte.
- Unsere Freude wird vollkommen, wenn wir viel Frucht bringen.

Zehnte Woche: Freude erfahren

Fünfter Tag

Die Freude, die vor uns liegt

In dieser Woche haben wir uns darüber Gedanken gemacht, wie wir in unserem Leben als Christen Freude erfahren können. Wir sollten dabei durchaus keine oberflächliche Freude erwarten. Jesus war das vollkommene Werkzeug, mit dem der Vater seine Werke auf der Erde vollbringen konnte, und er hat uns sein Beispiel für ein ziemlich ungewöhnliches Leben hinterlassen:

- In einem Stall geboren
- In Armut gelebt
- Von den Schlauen verachtet
- Von den Unwissenden geliebt
- Gefährte von Sündern
- Von einem Freund verraten
- Von den Menschen verlassen, denen er am meisten vertraute
- Gefangen und schließlich hingerichtet von den Machthabern

Und warum hat Jesus das alles ertragen? *Wegen der Freude, die vor ihm lag.* Was war das für eine Freude? War es die Freude, den Beifall der Menschen zu hören? Nein. War es die Freude, dass alles, was er anpackte, „zu Gold wurde"? Nein. War es die Freude, in der Beliebtheitsskala der Menschen ganz oben zu stehen? Nein. Es war die tiefe und anhaltende Freude, die nur entstehen kann, wenn wir es zulassen, dass der Vater durch uns wirken kann. Es ist die Freude, die nur dann entsteht, wenn wir aus ganzem Herzen *ein Werkzeug in Gottes Hand* sind. *Es ist die Freude, die entsteht, wenn wir nur auf unseren Lohn in der Ewigkeit schauen.*

(Lasst uns) hinschauen auf Jesus, den Anfänger und Vollender des Glaubens, der um der vor ihm liegenden Freude willen die Schande

Gott will mich

nicht achtete und das Kreuz erduldete und sich gesetzt hat zur Rechten des Thrones Gottes. Denn betrachtet den, der so großen Widerspruch von den Sündern gegen sich erduldet hat, damit ihr nicht ermüdet und in euren Seelen ermattet! (Hebräer 12, 2-3)

Wenn Sie weiterhin mit dem Ziel leben, ein Werkzeug in Gottes Hand zu werden, machen Sie sich auf schwere Zeiten gefasst, *aber verlieren Sie die vor Ihnen liegende Freude nicht aus den Augen.* Erwarten Sie den Widerstand sündiger Menschen – und das schließt auch die Menschen in den Gemeinden und im Dienst für den Herrn mit ein –, *aber verlieren Sie die vor Ihnen liegende Freude nicht aus den Augen.* Diese Freude wird Sie vor völliger Erschöpfung und Bitterkeit bewahren. Diese Freude hat Gott einzig und allein für uns vorgesehen, wenn wir unser Leben ganz in seine Hände legen und nur danach streben, ein Werkzeug in der Hand Gottes zu werden.

Er selbst aber, der Gott des Friedens, heilige euch völlig; und vollständig möge euer Geist und Seele und Leib untadelig bewahrt werden bei der Ankunft unseres Herrn Jesus Christus! Treu ist, der euch beruft; er wird es auch tun. (1. Thessalonicher 5,23-24)

Ich kann es kaum glauben, dass wir jetzt am Ende unserer zehn gemeinsamen Wochen angekommen sind. Ich möchte Sie bitten, sich nun etwas Zeit zu nehmen, um darüber nachzudenken, was Gott Ihnen gezeigt hat.

1. Wissen Sie, wer Gott ist? Was genau haben Sie über sein Wesen, sein Wort, seinen Willen, seine Handlungsweise erfahren?

Zehnte Woche: Freude erfahren

2. Ist Ihr Verständnis dafür gewachsen, wer Sie sind, und warum Gott Sie so gemacht hat, wie Sie sind? Und was noch wesentlicher ist: Können Sie sich so annehmen, wie Gott Sie geschaffen hat? Haben Sie aufgehört, mit Ihrem Schöpfer zu hadern?

3. Sind Sie bereit, sich selbst zu verleugnen – Ihre geheimen Pläne, Ihre innersten Sehnsüchte, Ihre Hoffnungen und Träume –, um ganz von Gott erfüllt zu werden?

4. Sind Sie bereit, sich reinigen zu lassen – selbst wenn es schmerzhaft ist? Sind Sie bereit, sich durch beständiges Bekenntnis und Buße rein zu halten?

5. Sind Sie bereit, sich von Gott stets aufs Neue erfüllen zu lassen, so dass Sie weitergeben können, was Gott Ihnen schenkt?

6. Haben Sie gelernt, sorgfältiger auf Gottes Stimme zu achten? Sind Sie bereit, ihm zu folgen, wenn er Sie führen will?

7. Ist es Ihr innigstes Verlangen, ein Werkzeug in Gottes Hand zu sein? Sagen Sie Ihre Bereitschaft zu völliger Hingabe dem Herrn und schreiben Sie Ihr Gebet auf.

Zur Wiederholung:

- Jesus hat das Leiden ertragen *im Blick auf die Freude, die vor ihm lag.*
- Richten Sie Ihren Blick nur auf Jesus. Ganz gleich, welche Hindernisse auf Ihrem Weg liegen, wenn Sie danach streben, ein Werkzeug in Gottes Hand zu werden, gehen Sie weiter. Und denken Sie immer an *die Freude, die vor Ihnen liegt.*

Gott will mich

Fünf Voraussetzungen dafür, ein Werkzeug in Gottes Hand zu werden

---

NEHMEN SIE ES AN,
dass Gott Sie so gemacht hat, wie Sie sind.

VERLEUGNEN SIE SICH SELBST,
um in Ihrem Leben Platz für Gott zu schaffen.

LASSEN SIE ES ZU, DASS GOTT SIE REINIGT,
auch wenn es wehtut.

LASSEN SIE SICH IMMER WIEDER NEU ERFÜLLEN
mit dem lebendigen Wasser des Heiligen Geistes.

WIDMEN SIE IHR LEBEN
dem Dienst für den Herrn,
so wie er Sie führt.

Anmerkungen

Anmerkungen für Gruppenleiterinnen

In den folgenden Abschnitten finden Sie einige Hilfen für die Durchführung von Gruppenstunden zum Thema dieses Buches. *Bitte kopieren Sie eine ausreichend große Anzahl aller Arbeitsblätter, bevor Sie sie ausfüllen!*

Persönliche Angaben der Teilnehmerin

Bitten Sie alle Teilnehmerinnen, das Blatt mit den persönlichen Angaben während des ersten Gruppentreffens auszufüllen. Planen Sie dafür reichlich Zeit ein. Die Angaben können Ihnen später helfen, den einzelnen Frauen persönlich geistliche Hilfestellung zu geben. Wenn alle fertig sind, können Sie sich über die einzelnen Fragen austauschen, *aber fordern Sie keine der Teilnehmerinnen direkt zu einer persönlichen Stellungnahme auf.* Die meisten Menschen mögen es nicht, im „Rampenlicht" zu stehen. Stellen Sie deshalb gleich zu Beginn klar, dass die Teilnahme am Gruppengespräch zwar erwünscht ist, aber nicht eingefordert wird.

Nehmen Sie sich vor, mit jeder Gruppenteilnehmerin regelmäßig *auch außerhalb der Gruppentreffen* Kontakt aufzunehmen, z. B. durch einen Anruf, eine Grußkarte oder einen gemeinsamen Spaziergang. Es ist wichtig, dass Sie persönliches Interesse am geistlichen Wachstum und am Wohlergehen der Teilnehmerinnen zeigen. Das Blatt mit den persönlichen Angaben hilft Ihnen, die einzelnen Teilnehmerinnen und ihre Bedürfnisse kennen zu lernen und Gespräche in Gang zu bringen.

Gebetsanliegen

Nach meinen Erfahrungen passiert es häufig, dass die Gebetszeit in Frauengruppen in nutzloses Geschwätz oder Meckerei ausartet – zwanzig Minuten werden „Gebetsanliegen" breitgetreten und zwei Minuten wird tatsächlich gebetet. Das *Gebet* verändert Dinge, nicht die Vorbereitung aufs Gebet. Stellen Sie gleich zu Beginn klar, dass Sie beabsichtigen, die Gebetszeit auch für das *Gebet* zu nutzen. Um die Angelegenheit zu erleichtern, geben Sie allen Teilnehmerinnen mehrere Zettel für Gebetsanliegen mit. Ermuntern sie jede Teilnehmerin, während der Woche ihre Gebetsanliegen aufzuschreiben, und reservieren Sie auch zu Beginn jedes Gruppentreffens ein wenig Zeit dafür, weitere Anliegen zu notieren und Sie bei Ihnen abzugeben. Wenn Sie alle Gebetszettel eingesammelt haben, sehen Sie sie schnell durch und sortieren Sie solche aus, die als „persönlich" gekennzeichnet sind. Den Rest verteilen Sie an alle Frauen, die die Bereitschaft geäußert haben, laut zu beten.

Gebetstagebuch

Zusätzlich zu den Gebetszetteln finden Sie als Kopiervorlage ein Gebetstagebuch für die Gruppenleiterin. Jede Woche nach dem Gruppentreffen können Sie hier alle neuen Gebetsanliegen eintragen und anschließend die einzelnen Zettel vernichten.

Um das Gebetstagebuch immer auf dem neuesten Stand zu halten ist es sinnvoll, auch außerhalb der Gruppentreffen persönliche Kontakte zu pflegen. Bieten Sie den Frauen an, dass sie jederzeit bei Ihnen anrufen können, um Ihnen neue Gebetsanliegen, Änderungen oder Gebetserhörungen mitzuteilen. Wenn Sie einen Kopierer zur Verfügung haben, können Sie die aktuelle Liste vor jedem Treffen kopieren, dann hat jede Teilnehmerin immer eine vollständige Gebetsliste. Ansonsten kann auch jede ihre *eigene* Gebetsliste führen und Sie geben zu Beginn der Gebetszeit die jeweils neuen Anliegen bekannt.

Karten mit Bibelversen und Leitgedanken

Beim wöchentlichen Abfragen des Bibelverses gilt die Regel nicht, dass keine Teilnehmerin zu einer persönlichen Äußerung aufgefordert wird. Jede Teilnehmerin sollte zu Beginn des Gruppentreffens den jeweiligen Wochenvers auswendig aufsagen. Versuchen Sie, eine möglichst lockere Atmosphäre dabei zu schaffen in dem Wunsch, „einander zu Liebe und guten Taten anzuspornen". Seien Sie feinfühlig und vermeiden Sie es, jemanden in Verlegenheit zu bringen. In der Regel werden *nahezu alle* Frauen sich Mühe geben, wenn es ihnen bewusst

Anmerkungen

ist, dass jede Woche von ihnen erwartet wird, den Bibelvers auswendig aufzusagen. Wenn die Teilnehmerinnen ihre Bibelvers-Kärtchen überall dabei haben, dann sollte es auch keinen Grund geben, sich innerhalb einer Woche nicht einen Vers merken zu können. Schauen Sie sich bei Bedarf immer noch einmal die praktischen Tipps der dritten Woche (fünfter Tag) an: „Wie kann ich mir Gottes Wort einprägen?" Mit Hilfe dieser Ratschläge kann jeder Schriftstellen auswendig lernen.

Auf den Bibelvers-Kärtchen stehen außerdem noch Leitgedanken zum jeweiligen Thema der Woche. Die sollen zwar nicht auswendig gelernt werden, aber sie können eine Hilfe sein, um sich das Wochenthema noch einmal zu vergegenwärtigen.

Gebetsanliegen   Datum: _____
von: _____
Anliegen: _____
_____
_____

○ nur für die Gruppenleiterin   ○ für alle

Gebetsanliegen   Datum: _____
von: _____
Anliegen: _____
_____
_____

○ nur für die Gruppenleiterin   ○ für alle

Gebetsanliegen   Datum: _____
von: _____
Anliegen: _____
_____
_____

○ nur für die Gruppenleiterin   ○ für alle

Gebetsanliegen   Datum: _____
von: _____
Anliegen: _____
_____
_____

○ nur für die Gruppenleiterin   ○ für alle

Persönliche Angaben der Teilnehmerin

Name _____   Telefon _____

Adresse _____

_____

Warum möchten Sie an diesen zehn Gruppentreffen teilnehmen?

_____
_____

Was ist im Moment Ihr größtes Problem/Ihre größte Herausforderung?

_____
_____

Welche Hilfe erhoffen Sie von den Gruppentreffen bzw. von den anderen Teilnehmerinnen?

_____
_____

Was möchten Sie im Lauf der kommenden zehn Wochen in Ihrem Leben ändern?

_____
_____

Welche besonderen Charaktereigenschaften möchten Sie stärken?

_____
_____

Welche bestimmten Gewohnheiten möchten Sie verbessern?

_____
_____
_____

Schreiben Sie fünf Dinge auf, die Sie von einer Frauen-Bibelgruppe erwarten. Was davon ist Ihnen angenehm, was fürchten Sie?

_____
_____
_____
_____

Wenn Sie bereits andere zeitlich begrenzte Treffen besucht haben, was hat Ihnen geholfen, bis zum Schluss durchzuhalten? Was könnte ein Grund für Sie sein, zwischendurch aufzuhören?

_____
_____
_____

Was kann die Gruppenleiterin dazu beitragen, um die Treffen möglichst erfolgreich zu gestalten?

_____
_____

Gebetstagebuch

Datum	Name	Anliegen	neuester Stand/ Lob und Dank

1. Woche: Jesaja 55,8-9

Denn meine Gedanken sind nicht eure Gedanken und eure Wege sind nicht meine Wege, spricht der HERR. Denn so viel der Himmel höher ist als die Erde, so sind meine Wege höher als eure Wege und meine Gedanken als eure Gedanken.

2. Woche: 2. Chronik 16,9

Denn des HERRN Augen durchlaufen die ganze Erde, um denen treu beizustehen, deren Herz ungeteilt auf ihn gerichtet ist.

3. Woche: 2. Mose 15,11+13

Wer ist dir gleich unter den Göttern, o HERR!
Wer ist dir gleich, so herrlich in Heiligkeit, furchtbar an Ruhmestaten, Wunder tuend!
In deiner Gnade hast du geleitet das Volk, das du erlöst, hast es durch deine Stärke geführt zu deiner heiligen Wohnung.

4. Woche: 2. Korinther 5,17-18

Daher, wenn jemand in Christus ist, so ist er eine neue Schöpfung; das Alte ist vergangen, siehe, Neues ist geworden. Alles aber von Gott, der uns mit sich selbst versöhnt hat durch Christus und uns den Dienst der Versöhnung gegeben hat.

5. Woche: Philipper 2,3-4

Tut nichts aus Eigennutz oder eitler Ruhmsucht, sondern dass in der Demut einer den anderen höher achtet als sich selbst; ein jeder sehe nicht auf das Seine, sondern ein jeder auch auf das der anderen!

6. Woche: 1. Johannes 1,8-9

Wenn wir sagen, dass wir keine Sünde haben, betrügen wir uns selbst, und die Wahrheit ist nicht in uns. Wenn wir unsere Sünden bekennen, ist er treu und gerecht, dass er uns die Sünden vergibt und uns reinigt von jeder Ungerechtigkeit.

1. Woche: Gott gebraucht unvollkommene Werkzeuge

- Sie müssen nicht vollkommen sein, um ein Werkzeug in Gottes Hand zu werden.
- Gott erwählt oft scheinbar ungeeignete Menschen, um sein Werk zu vollbringen.

2. Woche: Ein Werkzeug ist von Gott allein abhängig

- Selbstvertrauen heißt: Ich verlasse mich auf meine eigenen Fähigkeiten im Umgang mit Menschen und Lebensumständen.
- Gottvertrauen heißt: Ich verlasse mich auf Gottes Kraft, der durch mich Menschen und Umstände verändern kann.
- Unser Leben sollte zeigen, dass wir nur darauf vertrauen, dass Gott für uns sorgt.

3. Woche: Den Schöpfer kennen lernen

- Wenn wir die Hoheit unseres Gottes betrachten, dann möchten wir ihn immer besser kennen lernen.
- Gottes Wesen zeigt, dass er uns nicht benötigt; dennoch möchte er seine Werke durch uns vollbringen.

4. Woche: Gottes auserwähltes Werkzeug

- Vergleichen Sie sich nicht mit anderen. Gott hat Sie genau so gemacht, wie er Sie haben wollte.
- Gott sieht das Herz an. Sein Urteil beruht nicht darauf, wo wir uns gerade befinden, sondern wie weit wir bereits gekommen sind.

5. Woche: Verleugnen Sie sich selbst ... machen Sie in Ihrem Inneren Platz für Gott!

- Wir müssen den Stolz und den Schmerz der Vergangenheit loslassen.
- Wir müssen unsere Zukunftsträume loslassen.

6. Woche: Lassen Sie es zu, dass Gott Sie reinigt

- Gott gebraucht Menschen und Prüfungen, um uns zu reinigen.
- Gebet, Nachdenken über Gottes Wort, Bekenntnis und Buße sind erforderlich, wenn Gott uns reinigt; ebenso die Stille vor Gott.

7. Woche: Epheser 5,18b-20

Werdet voller Geist, indem ihr zueinander in Psalmen und Lobliedern und geistlichen Liedern redet und dem Herrn mit eurem Herzen singt und spielt! Sagt allezeit für alles dem Gott und Vater Dank im Namen unseres Herrn Jesus Christus!

8. Woche: Psalm 130,5-6

Ich hoffe auf den HERRN, meine Seele hofft, und auf sein Wort harre ich. Meine Seele harrt auf den HERRN, mehr als die Wächter auf den Morgen, die Wächter auf den Morgen.

9. Woche: Psalm 90,12

So lehre uns denn zählen unsere Tage, damit wir ein weises Herz erlangen!

10. Woche: Johannes 15,5

Ich bin der Weinstock, *ihr* seid die Reben. Wer in mir bleibt und ich in ihm, der bringt viel Frucht, denn getrennt von mir könnt ihr nichts tun.

7. Woche: Ein Gefäß muss gefüllt werden

- Ein Gefäß kann kein Wasser herstellen. Es kann nur etwas ausgießen, wenn es zuvor gefüllt wurde.
- Wir müssen uns mit dem lebendigen Wasser erfüllen lassen, nicht nur mit der richtigen Lehre und religiösen Riten.

---

8. Woche: Auf Gottes Stimme achten

- Gott spricht noch immer zu seinem Volk. Wenn Sie ihn nicht hören können, ist Ihr Leben in der Nachfolge in Gefahr.
- Gott spricht durch sein Wort und wenn Sie beten; er spricht durch andere Menschen oder durch die Umstände.

---

9. Woche: Dienen Sie dem Herrn da, wo er Sie hinführt

- Gott möchte Ihnen seinen Willen offenbaren.
- Seien Sie bereit zu handeln, aber greifen Sie Gott nicht vor.
- Wenn wir den Sonntag als einen Tag der Ruhe begehen, haben wir die Zeit nachzudenken und uns neu vom Herrn erfüllen zu lassen.

---

10. Woche: Erfahren Sie die Freude, von Gott gebraucht zu werden

- Jesus hat das Leiden erduldet, denn er wusste, welche Freude ihn erwartete.
- Wenn wir erwarten, dass andere uns dienen, statt selbst anderen zu dienen, dann verlieren wir unsere Freude.
- Richten Sie den Blick auf Jesus. Welche Hindernisse auch vor Ihnen auftauchen, gehen Sie weiter, wenn Sie ein Werkzeug in Gottes Hand sein wollen. Und vergessen Sie nie die Freude, die vor Ihnen liegt.